"十三五"国家重点出版物出版规划项目
交通安全科学与技术学术著作丛书

内河船舶能效优化技术

袁裕鹏　王　凯　尹奇志　著

科 学 出 版 社
北　京

内 容 简 介

本书紧跟当前相关领域的发展前沿，以内河营运船舶为研究对象，整理并归纳了近几年作者在内河船舶能效优化相关领域的研究方法和科研成果。本书主要介绍了水路运输的发展现状、船舶能效与排放控制概述，及船舶能效优化方法的研究进展；探讨了船舶能效影响因素及优化方法，详细介绍了船舶能效数据采集与管理系统，包括数据需求分析、数据采集与存储方案、船载系统与岸基平台的设计；进一步介绍了船舶能效数据的清洗方法、特征分析、主成分分析和敏感性分析等；书中还介绍了船舶能效的建模方法，如白箱模型、黑箱模型和灰箱模型，并提出了航段划分与优化的策略；讨论了考虑多目标的船舶能效优化方法，并分析了在不同通航环境下如何提高船舶的能效和降低运营成本；最后结合实船案例，展示作者团队在内河船舶能效优化应用方面的研究进展，进一步探讨该领域未来的研究方向。

本书可供高等院校轮机工程、海事管理、航海技术、交通运输、船舶与海洋工程、能源动力系统及自动化等专业的硕士研究生学习、使用，也可作为从事轮机工程、船舶与海洋工程、环境保护工程、港航管理等工作的技术人员的参考用书。

图书在版编目（CIP）数据

内河船舶能效优化技术 / 袁裕鹏，王凯，尹奇志著. — 北京 ：科学出版社，2025. 2. —（交通安全科学与技术学术著作丛书）. — ISBN 978-7-03-081263-6

Ⅰ. U674

中国国家版本馆 CIP 数据核字第 2025494KW2 号

责任编辑：孙伯元　郭　媛 / 责任校对：崔向琳

责任印制：师艳茹 / 封面设计：无极书装

科学出版社 出版

北京东黄城根北街 16 号

邮政编码：100717

http://www.sciencep.com

北京九州迅驰传媒文化有限公司印刷

科学出版社发行　各地新华书店经销

*

2025 年 2 月第　一　版　开本：720×1000　1/16

2025 年 2 月第一次印刷　印张：13 1/2

字数：272 000

定价：120.00 元

（如有印装质量问题，我社负责调换）

“交通安全科学与技术学术著作丛书”编委会

(按姓名汉语拼音排序)

“交通安全科学与技术学术著作丛书”序

交通安全作为交通的永恒主题，已成为世界各国政府和人民普遍关注的重大问题，直接影响经济发展和社会和谐。提升我国交通安全水平，符合新时代人民日益增长的美好生活需要。

“交通安全科学与技术学术著作丛书”的出版体现了我国交通运输领域的科研工作者响应“交通强国”战略，把国家号召落实到交通安全科学研究实践和宣传教育中。丛书由科学出版社发起，我国交通运输领域知名专家学者联合撰写，入选首批“十三五”国家重点出版物出版规划项目。丛书汇聚了水路、道路、铁路及航空等交通安全领域的众多科研成果，从交通安全规划、安全管理、辅助驾驶、搜救装备、交通行为、安全评价等方面，系统论述我国交通安全领域的重大技术发展，将有效促进交通运输工程、船舶与海洋工程、汽车工程、计算机科学技术和安全科学工程等相关学科的融合与发展。

丛书的策划、组织、编写和出版得到了作者和编委会的积极响应，以及各界专家的关怀和支持。特别是，丛书得到了吴有生院士、范维澄院士、翟婉明院士、丁荣军院士、李骏院士和郑健龙院士的指导和鼓励，在此表示由衷的感谢！科学出版社魏英杰编审为此丛书的选题、策划、申报和出版做了许多烦琐而富有成效的工作，特表谢意。

交通安全科学与技术是一个应用性很强的方向，得益于国家对交通安全技术的持续资金投入和政策支持，丛书结合 973 计划、863 计划和国家自然科学基金、国家支撑计划、重点研发任务专项等国家和省部级科研成果，是作者在长期科学研究和实践中通过不断探索撰写而成的，汇聚了我国交通安全领域最新的研究成果和发展动态。

我深信这套丛书的出版，必将推动我国交通安全科学与技术研究工作的深入开展，在技术创新、人才培养、安全教育和工程应用等方面发挥积极的作用。

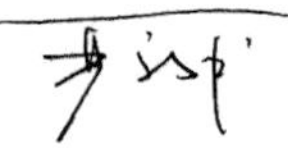

中国工程院院士　武汉理工大学教授
水路交通控制全国重点实验室主任
智能航运与海事安全国际科技合作基地主任
国家水运安全工程技术研究中心首席科学家

前　　言

在过去的五十年里，人类文明得到了空前的发展，但这种辉煌是建立在无节制的化石能源消耗之上的，导致 CO_2 和其他温室气体的排放量不断增加，加剧全球气候变暖。国际能源署(International Energy Agency，IEA)数据显示，2018 年全球 CO_2 排放总量高达 33513.25Mt(million tonnes)，其中由化石能源燃烧造成的 CO_2 排放量已占 CO_2 排放总量的 34.06%。能源消耗造成的 CO_2 排放在全球变暖问题中是不可忽视的。交通运输作为国民经济和社会发展的基础产业和服务行业，是社会经济活动中物流和客流的载体，在国家经济和社会发展中具有重要的作用。水路运输具有运量大、成本低、环境友好等优势，对国民经济的发展和国际贸易起着重要的支撑作用。

随着全球贸易的增长，航运业排放的 CO_2 对气候问题产生的负面影响引起了人们的广泛关注。此外，不断提升的燃油成本也给航运企业的营运带来了诸多挑战。减少燃油成本对航运企业来说是具有吸引力的，航运企业仍有意图采取更经济节能的措施。基于上述原因，船舶能效优化是能够同时解决环境问题和经济问题的措施之一。航运业排放的温室气体与船舶油耗密切相关，提高船舶能效水平，降低船舶油耗，既能帮助航运企业降低成本，也有利于减少温室气体排放。在复杂的国际环境下，各国及国际组织都开始制定落实控制排放的相关法规，并且排放标准越来越严格，以此来促使船舶相关企业落实节能减排政策。

航运业的发展受各种具有强制性的法规、公约和不断攀升的航运成本综合约束。为了顺应时代的发展，船舶节能减排相关课题研究与应用也得到了快速完善并取得了进步。船舶能效研究是节能减排和提升船舶企业竞争力的有效途径之一，通过对船舶营运管理方式及动力系统的统筹优化，可以在确保减少航运业碳排放量的同时增加企业的利润。近年来，内河船舶能效优化成为学术界关注的焦点，研究人员研究并提出了各种能效优化方法。

在此背景下，武汉理工大学船舶新能源与能效控制技术团队依托国家自然科学基金项目“船舶主机能效与通航环境动态响应关系研究”、国家科技支撑计划项目“长江船运主力船型清洁能源推进系统关键技术及示范应用”“高能效江海直达关键技术”、国家重点研发计划项目“船舶运行能效提升与排放控制技术”、工业和信息化部绿色智能内河船舶创新专项、工信部高技术船舶科技专项“内河

500 客位以上客船节能环保示范船开发”“船舶混合动力系统工程化应用研究”等，从船舶的能耗系统的分析、能效采集系统的设计、数据的预处理与分析、能源消耗实时分析、能效智能评估、能效的动态建模、营运效果分析与节能减排智能决策技术以及能效管理系统的开发等方面开展系统性研究，取得一系列研究成果。本书就是在上述研究成果的基础上开展的编撰工作。

本书以内河船舶能效管理与优化为核心，着重介绍船舶能效研究的现状、能效数据的分析、能效建模及优化方法。全书共 10 章，主要内容包括船舶能效影响因素与优化方法、船舶能效数据采集与管理系统、船舶能效数据挖掘分析、船舶能效建模方法、船舶能效优化方法、船舶能效优化实例、船队营运能效优化管理以及电力推进船舶能效优化等。第 1 章、第 2 章和第 6～8 章由袁裕鹏和王凯完成，第 3 章和第 5 章由王凯完成，第 4 章由袁裕鹏和尹奇志完成，第 9 章由尹奇志完成，第 10 章由袁裕鹏完成。为了便于阅读，本书提供部分彩图的电子文件，读者可自行扫描前言二维码查阅。

本书得到中国工程院院士、水路交通控制全国重点实验室主任、武汉理工大学严新平教授的精心指导，在此表示诚挚的敬意。此外，在本书中有关船舶的数据及能效系统应用的对象船舶数据，来自招商局集团中国长江航运集团有限公司和重庆市东江实业有限公司，在此向上述公司及相关人员的帮助表示衷心的感谢。科学出版社的编辑及其他工作人员为本书的编辑出版提供了大量的帮助，同时本团队的研究生郭晓东、王小宇和熊喆在编辑本书电子文档时做了大量烦琐的工作，在此深表谢意。感谢武汉理工大学对本书的出版给予的资助。

由于作者水平有限，书中难免存在不足之处，敬请读者批评指正。

部分彩图二维码

目　　录

第 1 章　概　论

1.1　水路运输的发展现状

在过去的五十年里，CO_2 和其他温室气体的排放量不断增加，从而使大气进一步升温，加剧全球气候变暖，地球的温度大约上升了 0.85℃。全球 CO_2 的排放量已经从 1990 年的 20650Mt(million tonnes)，持续增长至 2022 年的 36800Mt，并保持持续增长的趋势。1990～2022 年全球及交通运输行业的 CO_2 排放量如图 1-1 所示。交通运输作为国民经济和社会发展的基础产业和服务行业，是社会经济活动中物流和客流的载体，在国家经济和社会发展中具有重要的作用。由图 1-1 可以看出，交通运输行业的 CO_2 排放量随着经济的快速发展而持续走高，尽管在 2020 年有所下降，但是 2022 年交通运输行业全年的 CO_2 排放量仍达到 7950Mt，占全年总排放量的 21.6%。因此，在应对全球变暖的气候问题时，交通运输行业应该积极承担起一定的社会责任[1-5]。

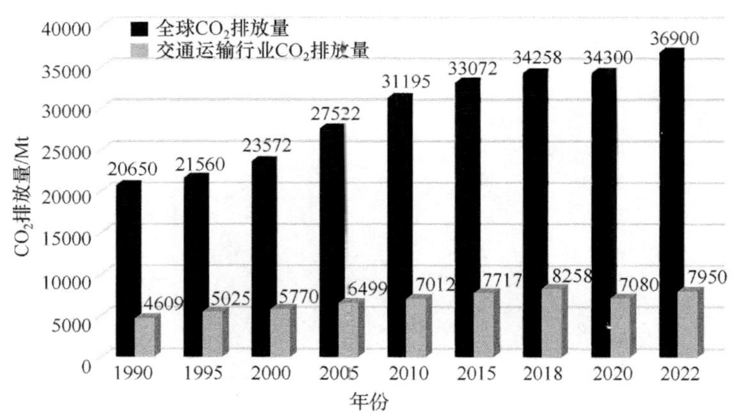

图 1-1　1990～2022 年全球及交通运输行业的 CO_2 排放量

交通运输包括轨道运输、道路运输、水路运输、航空运输和管道运输五大方向。作为子领域之一的水路运输是一种以船舶为主要运输工具，以港口或港站为运输基地，以水域包括海洋、河流和湖泊为运输活动范围的运输方式，一直是世界上许多国家重要的运输方式之一。水路运输具有重要的地位，其作用在于：①促进了城市化、中心化；②为经济全球化、贸易全球化建立链接；③加速了我国参与全球化分工；④是资源节约型社会的重要实现方式[6]。

水路运输对国民经济的发展和国际贸易起着重要的支撑作用。据统计，2012 年我国铁路和公路的货物运输量分别达 39.04 亿 t、244.81 亿 t，货物周转量分别为 29187 亿 t/km、43389.67 亿 t/km，平均运距分别为 747.6km、177.24km。2012 年全国完成水路货物运输量 37.89 亿 t、货物周转量 68427.53 亿 t/km，平均运距 1805.72km。其中，内河运输完成货物运输量 18.86 亿 t、货物周转量 16892.63 亿 t/km，平均运距 1276.8km；远洋运输完成货物运输量 5.81 亿 t、货物周转量 45999.15 亿 t/km，平均运距 7917.2km。全年长江干线货物承运量 15.12 亿 t。

随着航运业的迅猛发展，全球 80%以上的贸易通过水路运输完成。然而，水路运输在能源消耗和污染物排放方面也是其他行业所不能比的，其油耗量占据了全社会油耗总量的 8.33%，碳排放量占据全球碳排放总量的 3.33%。随着过去几十年全球经济的扩张，全球贸易量和排放量都呈现出每年超过 3%的增长趋势[7]。虽然国际航运业对各国的国内生产总值(gross domestic product, GDP)贡献很大，但国际航运对空气质量的负面影响也应得到更多的关注[8]。近年来，航运业已经被指出是温室气体的重要排放源，国际海事组织(International Maritime Organization, IMO)2014 年的温室气体研究报告显示，2007 年全球船舶排放的 CO_2 约为 10.46 亿 t，约占全球 CO_2 排放总量的 3.3%，若不加以限制，全球航运业在 2050 年的 CO_2 排放量将会在 2007 年的基础上增长 150%～250%。2000～2020 年交通运输行业碳排放比例如图 1-2 所示。

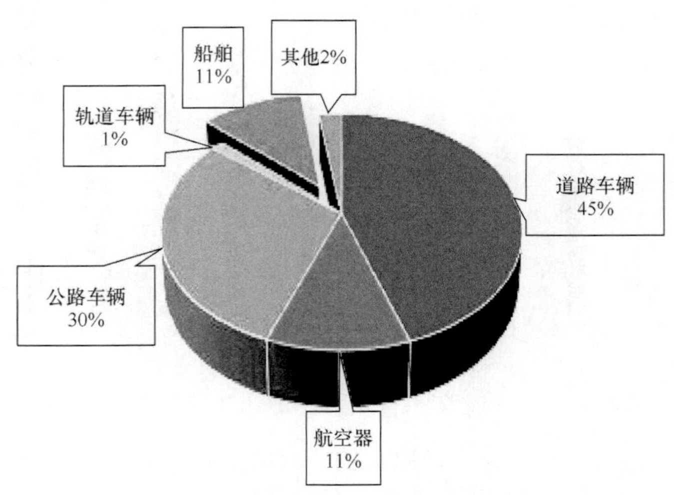

图 1-2　2000～2020 年交通运输行业碳排放比例

我国拥有世界上最多的船舶。据《2010 年公路水路交通运输行业发展统计公报》统计：2010 年底，全国拥有水上运输船舶 17.84 万艘，净载重量 18040.86 万 t，平均净载重量 1011.22t/艘，载客量 100.37 万客位，集装箱箱位 132.44 万 TEU，船舶功率 5330.44 万 kW，动力以柴油机为主。据石油化工科学研究院有关数据，2007 年渔业船舶柴油消耗量为 663 万 t，水路运输船舶柴油消耗量为 833 万 t，合计 1496 万 t。

与世界船舶相比，我国船舶缺陷明显，散货船比例较高，邮轮和集装箱船比例偏低，大量应用低端柴油机，船舶平均吨位小，平均船龄较老，船舶大型化、集装箱化与国际水平相比有较大差距。在柴油机大气污染物排放方面，我国内河船舶大气污染物排放量显著高于欧美发达国家同等功率船舶。随着我国经济的进一步发展，航运业不断壮大，船舶尾气的排放对大气的污染也越来越严重。我国经济格局呈现沿海和东部地区较为发达、中部和西部地区较为落后的态势，大气环境污染也呈现与之相对应的分布态势，即沿海和东部地区大气污染严重、中部和西部地区大气环境较为良好。而沿海和东部的浙江省正是我国航运业最为发达、船舶最为密集的地区，也是工业污染、城市建设污染、机动车污染最为严重的地区，多重污染的叠加，使空气中凝结核增多，雾霾形成概率增大，影响范围更广，持续时间更长，大气污染物浓度更大，影响也更严重。有关研究显示，相对于上海和浙江等港口城市，船舶尾气污染物占当地大气污染物的比例高达 40%；根据油耗排放系数简单估算，船舶消耗 2000 万 t 柴油的 CO、HC、NO_x、PM 排放量分别是 30 万 t、6.3 万 t、112 万 t、6 万 t，合计 154.3 万 t。其中，船舶 NO_x 排放量在全国机动车 NO_x 排放量中占比 20%左右，在全国 NO_x 排放量中占比 5%左右。对于环境容量原本就很稀缺、生态环境已经非常脆弱的沿海和东部地区，船舶尾气污染物排放是重要的影响因素，因此控制船舶大气污染物及主要温室气体的排放迫在眉睫。

在这样的国际环境下，各个国家及其国际组织在早些年开始制定排放控制相关的法规，并且排放标准越来越严格，惩罚力度越来越大，以此来促使船舶相关企业落实节能减排政策，降低船舶 CO_2 排放量，提升能源利用效率。1997 年，《联合国气候变化框架公约》第三次缔约方大会在日本京都举行，会议通过了具有法律约束力的《京都议定书》，对 2012 年前主要发达国家减排温室气体的种类、减排时间表和额度等做出了具体规定，但航运业不受《京都议定书》限制。随着形势的变化，航运业成为各界要求降低 CO_2 排放量的主要目标，欧盟在 2009 年 9 月底召开的布鲁塞尔欧盟会议上，为区内航运业制定碳减排目标，希望在 2020 年前较 2005 年减少 20%的碳排放量。2009 年，哥本哈根世界气候大会首次将航运业纳入减排目标。在之后的航运业气候变化报告会上，IMO 宣布，航运业将通过技术装备升级和营运手段革新来全面执行哥本哈根世界气候大会所设定的减排目标。

欧盟在 2003 年 10 月正式发布碳排放交易机制，规定成员方厂商必须符合欧盟碳排放贸易机制(European Union Emissions Trading System, EU ETS)规定的 CO_2 排放标准，如果减排量超标，就可卖出称为“欧盟排碳配额”(European Union allowance, EUA)的 CO_2 排放权；反之，如果减排量没有达标，就必须从市场购买相应配额的排放权。2008 年，英国通过的《气候变化法案》使英国成为世界上第一个为减少温室气体排放、适应气候变化而建立具有法律约束性长期框架的国家。法国单方面提出碳关税，从 2010 年 1 月 1 日开始对那些在环保立法方面不及欧盟严格的国家的进口产品征收碳关税。2020 年 12 月由联合国及有关国家倡议举办了气候雄心峰会，旨在纪念《巴黎协定》达成五周年，进一步动员国际社会强化气候行动。我国政府承诺，2050 年单位 GDP CO_2 排放将比 2005 年下降 65%以上[9-13]。

1.2 船舶能效与排放控制概述

1.2.1 船舶能效基本概念

船舶能效是用于衡量船舶对能源利用效率大小的一种评价指标，即对于投入营运或者正在设计的船舶，考虑其在投入生产过程中为航运企业提供的服务获得的回报所对应的能耗与总能耗之比。提高能效，是指用更少的能耗投入提供同等能耗的服务。船舶能效是能效研究众多领域中的一个分支。

针对投入营运的船舶，IMO 在船舶能效管理计划中提出用船舶能效营运指数(energy efficiency operational indicator, EEOI)来衡量营运船舶的能效水平。EEOI 反映的是船舶实际航行运输过程中单位运输量所排放的 CO_2 量，EEOI 越低，表明船舶的营运能效水平越高。针对船舶设计阶段，船舶能效设计指数(energy efficiency design index, EEDI)是对每单位船舶货物运输量所产生的 CO_2 排放量的一个估算。EEDI 只是一个设计指标，其考虑船舶在设计工况下产生 CO_2 排放的主要因素和可能的改进手段，并鼓励船舶设计单位、造船厂、设备制造厂采取各种措施来改进船舶能效，促进技术进步和革新，而与船舶的营运情况无关。采用 EEDI，就是要在船舶设计阶段提高船舶货物运输量，并通过各种手段降低 CO_2 的排放量。

1.2.2 船舶能效与排放控制法规

《国际防止船舶造成污染公约》(International Convention for the Prevention of Pollution from Ships，简称《MARPOL 公约》)是为了保护海洋环境，由 IMO 制定的有关防止和限制船舶排放油类及其他有害物质污染海洋方面的国际公约。2011 年 7 月，海洋环境保护委员会(Marine Environment Protection Committee, MEPC)

第 62 届会议通过了《MARPOL 公约》附则Ⅵ修正案，增加了“船舶能效规则”，能够强制性地对航运业实施节能减排规定，船舶能效规则引入了两种强制性能效机制，即新造船的 EEDI 和要求船舶配备的船舶能效管理计划(ship energy efficiency management plan, SEEMP)，在 SEEMP 中，IMO 提出利用 EEOI 来衡量营运船舶的能效水平。2020 年 11 月举行的 MEPC 第 75 届会议上，引入了现有船舶能效指数(energy efficiency existing ship index, EEXI)的概念，旨在降低现有船舶碳排放强度，以实现 2030 年的短期减排目标。

1. 船舶能效营运指数

EEOI 有较长的发展和演化过程，EEOI 的前身是 IMO 早在 2005 年就已经提出的船舶 CO_2 排放指数。2005 年 7 月召开的 MEPC 第 53 届会议通过了《船舶 CO_2 排放指数自愿试用临时导则》(简称《导则》)。IMO 在《导则》中对 EEOI 的含义和相关计算方法做出了详细的解释和说明。利用《导则》提供的计算方法，船东可以计算其所属船舶的能效情况。其 CO_2 运输效率指标，或者称为 CO_2 排放指数定义如下：

$$\mathrm{Index}_{CO_2} = \frac{m_{CO_2}}{T} \tag{1-1}$$

式中，m_{CO_2} 为船舶在航次中的燃料总量；T 为运输周转量。

IMO 在 MEPC 第 53 届会议后，推荐各船级社和航运企业根据《导则》中船舶 CO_2 排放指数公式的计算方法，在自愿的基础上对排放结果进行统计和测算。通过航运企业对该方法进行应用及测算，尤其是相关船级社的大力配合，在《导则》的试用期间，IMO 获得了大量的实船数据，基于这些数据的分析工作，IMO 陆续对《导则》做出了相应的完善和优化。

2009 年 7 月，在 IMO 总部举行了 MEPC 第 59 届会议，这次会议通过了新的《船舶能效营运指数(EEOI)自愿使用指南》(简称《指南》)。根据该决议，将船舶 CO_2 排放指数命名为船舶能效营运指数(EEOI)，其具体定义如下：

$$\mathrm{EEOI} = \frac{\sum_i \mathrm{FC}_i \times C_{\mathrm{carbon}}}{\sum_i m_{\mathrm{cargo},i} \times D_i} \tag{1-2}$$

式中，i 为燃料种类；FC_i 为船舶在航次 i 中消耗的燃料总量；C_{carbon} 为燃料的 CO_2 转换因子；m_{cargo} 为装载量；D 为船舶单航次航行的里程(船舶在运输作业中实际航行的距离，用 n mile(海里)或 km 作为计量单位)。

在 EEOI 的应用和计算中，货物单位的选取涉及指数在不同船型中的适用性和船型之间的可比性，因此《指南》对货物的单位做出了非常明确、细致的阐述，从而扩大了 EEOI 的覆盖范围。EEOI 中一般货物的单位以 t 为单位，如散货、原油、化学品等，特殊货物(如集装箱船、客船)的单位可以不同，如果一艘船舶同时运送多种货物，那么该船也可以对其他单位进行折算，从而使最终结果以 t 为单位。EEOI 的单位取决于运输工作量的计量形式，如 t/(t · n mile)、t/(TEU · n mile)、CO_2/(人 · n mile) 等。因此，EEOI 适用于所有的运输船舶。应当指出，由 EEOI 的定义可以看出，其大小与船舶的营运能效水平成反比，即船舶的营运能效水平随着 EEOI 的增大而降低。

2. 船舶能效设计指数

2008 年 3 月，国际海事组织 MEPC 第 57 届会议在伦敦召开，这次会议专门成立了温室气体排放控制小组，批准了关于加快船舶温室气体排放研究工作的建议，并于会后增加一次“CO_2 排放指数机制”会间工作组会议。会上，丹麦和日本分别递交了以“新造船强制性 CO_2 设计指数”和“船舶实际营运状态下每单位装货容量 CO_2 排放指数开发”为议题的报告，并在会后形成了一个保留丹麦“设计指数的数值界定主要与船舶尺寸和船型密切相关”的结论，同时又加入日本“充分考虑实际航运条件的船舶排放指数”的新造船 CO_2 设计指数公式：

$$\mathrm{EEDI}=\frac{\left(\sum_{j=1}^{M} f_j\right)\left(\sum_{i=1}^{n\mathrm{ME}} P_{\mathrm{ME}(i)} C_{\mathrm{FME}(i)} \mathrm{SFC}_{\mathrm{ME}(i)}\right)+\left(\prod_{k=1}^{L} f_k\right)\left(\sum_{i=1}^{n\mathrm{AE}} P_{\mathrm{AE}(i)} C_{\mathrm{FAE}(i)} \mathrm{SFC}_{\mathrm{AE}(i)}\right)}{\mathrm{Capacity} V_{\mathrm{ref}} f_{\mathrm{W}}} \tag{1-3}$$

2008 年 10 月召开的 MEPC 第 58 届会议首次提出将新造船 CO_2 设计指数改为新造船 EEDI：

$$\begin{aligned}\mathrm{EEDI}=&\frac{\left(\prod_{j=1}^{M} f_i\right)\left(\sum_{i=1}^{n\mathrm{ME}} P_{\mathrm{ME}(i)} C_{\mathrm{FME}(i)} \mathrm{SFC}_{\mathrm{ME}(i)}\right)+\left(P_{\mathrm{AE}} C_{\mathrm{FAE}} \mathrm{SFC}_{\mathrm{AE}*}\right)}{f_i \mathrm{Capacity} V_{\mathrm{ref}} f_{\mathrm{W}}}\\&+\frac{\left[\left(\prod_{j=1}^{M} f_j \sum_{i=1}^{n\mathrm{PTI}} P_{\mathrm{PTI}(i)}-\sum_{i=1}^{\mathrm{neff}} f_{\mathrm{eff}(i)} P_{\mathrm{AEeff}(i)}\right) C_{\mathrm{FAE}} \mathrm{SFC}_{\mathrm{AE}}\right]}{f_i \mathrm{Capacity} V_{\mathrm{ref}} f_{\mathrm{W}}}\\&-\frac{\sum_{i=1}^{\mathrm{neff}}\left(f_{\mathrm{eff}(i)} P_{\mathrm{eff}(i)} C_{\mathrm{FME}} \mathrm{SFC}_{\mathrm{ME}}\right)}{f_i \mathrm{Capacity} V_{\mathrm{ref}} f_{\mathrm{W}}}\end{aligned} \tag{1-4}$$

式中，下标 ME 和 AE 分别代表主机和辅机；i 代表主/辅机的编号。

(1) Capacity 表示船舶的载重量，定义为船舶在密度为 1.025kg/m^3 的水中，处于最大吃水时船舶的排水量与空船重量的差值。对于干散货船、油船、气体运输船、滚装货船和普通货船，定义 Capacity 为该船的载重量；对于客船和滚装客船，根据 1969 年通过的《国际船舶吨位大量公约》定义 Capacity 为该船的载重量；集装箱船定义 Capacity 为船舶载重量的 65%。

(2) P 表示主/辅机功率，单位为 kW。其中，P_{ME} 表示主机功率；P_{AE} 表示辅机功率；P_{AEeff} 表示由技术创新导致的辅机功率消耗降低；P_{eff} 表示由技术创新导致的主机功率消耗降低。

(3) V_{ref} 表示在无风浪的条件下，船舶在上述主/辅机功率，最大装载条件下的航速。

(4) SFC 通常称为油耗率(specific fuel consumption)，单位为 g/(kW·h)，该参数与所采用的燃油有关，具体数值可以通过查询相关规范获得。

(5) f_j 为针对冰区航行时需增加船舶动力而设置的修正系数，EEDI 中主要针对油船、干散货船、普通散货船的 f_j 做了具体规定。

(6) f_i 通常称为 Capacity 的修正系数，其也是针对在冰区航行的船舶设置的因子。通常为保证船舶的破冰能力，增加其钢板的厚度，进而增大了船舶重量，减小了容量，主要包括油船、干散货船、普通货船、集装箱船和气体运输船等。

(7) f_{eff} 表示新能效技术创新因子，主要是考虑能源回收利用的系数。

(8) f_W 表示一个无因次化的系数，它反映的是船舶在典型海况下航行时的失速情况，关于该系数目前存在很大的分歧，所以在 EEDI 正式发布之前暂定为 1.0。

由上述介绍可以看出，EEDI 中分子部分主要反映的是船舶营运时的油耗量(主要与主/辅机功率和油耗比有关)、采用的节能减排技术等方面，而分母部分重点反映在船舶最大载重量(Capacity)、失速系数(f_W)等参数上。

这一“新”概念不仅将新造船 CO_2 设计指数采用的排放与效益之比改为节能、减排和效益之比，更重要的是它表征了船舶设计时每单位船舶运输所创造的社会效益(货物运输量)产生的环境成本(CO_2 的排放量)，不考虑船舶的营运情况，只考虑船舶设计采用的各种能效改进措施。EEDI 不但实质性地突出了船舶改进能效的各种措施，鼓励船厂、船舶设计单位、设备厂利用各种措施来改进船舶能效，促进技术的进步和革新，并且进一步强调了国际船舶的节能减排增效目标，因此在国际海事界迅速成为各方关注和争论的焦点话题。EEDI 目前审核范围的船型包括客船、干散货船、气体运输船、油船、集装箱船、滚装货船、普通货船以及滚装客船等共十种船型，但采用柴油电力推进、燃气推进和混合推进系统的船型不适用该公式。

3. 船舶能效管理计划

IMO 在 MEPC 第 62 届会议通过了《MARPOL 公约》附则Ⅵ修正案，新增的《船舶能效管理计划(SEEMP)制订导则》要求所有 400 总吨及以上的国际航行船舶必须持有满足公约要求的 SEEMP。

SEEMP 是针对现有船舶提出的能效概念，是一个统筹规划的概念，着眼于全局，优化的空间较单船更大，数学模型也更复杂。EEDI 和 SEEMP 两项标准的提出，督促船舶革新技术，提升船舶的科技含量，同时要求船队内部加强管理，合理降低能效。从船舶营运的角度来看，船舶能效规则有利于行业的长远发展，既能节省成本，又能保护环境，一举两得。SEEMP 在能效管理上设定目标，而 EEOI 对船舶能耗进行定量管理。

《船舶能效管理计划(SEEMP)制订导则》旨在成为一个能效管理手段，对船舶能效进行监测与管理，通过计划、实施、监测和自我评估四个步骤提高船舶能效。在计划和实施阶段，充分考虑船舶能效提升的相关技术措施和营运措施；在船舶能效监控与测量方面，若采用 EEDI，则需按照 IMO 的规定或主管机关的要求进行计算和验证，船舶的能耗、能效和 CO_2 排放指标在船舶投入使用前应得到有效的评审和确认，若采用 EEOI，则需按照 IMO 制定的相关文件要求收集燃油类型和数量、航行距离和货物类型及数量等相关的信息，并进行计算；在监测阶段，采取合理可行的监测措施，如油耗的监测应严格按照相关的法规或规范执行；在自我评估阶段，合理分析影响船舶能效的因素，并采取措施提高船舶能效水平。通过建立能效管理体系并采用 EEDI、EEOI 作为监测工具，可逐步实现新造船舶和营运船舶的能效优化，促进航运业的绿色高效发展。

4. 现有船舶能效指数

1) 发展历程

1997 年，《京都议定书》获得通过。同时，IMO 正式启动了国际航运业温室气体减排议题的讨论。同年 9 月 26 日，IMO 防止大气污染外交大会通过了《MARPOL 公约》1997 年议定书，将“防止船舶造成大气污染规则”作为附则正式写入《MARPOL 公约》，由此诞生了航运业第一部具有强制性的节能减排法规。

2003 年，IMO 大会 A.963(23)号决议督促其下属机构 MEPC 确立和监理国际航运温室效应气体(green house gas, GHG)减排机制，并提出优先开展针对技术、操作和基于市场三个方面的解决方案的评估。之后，经过近八年的研究与讨论，IMO 在 2011 年 7 月召开的 MEPC 第 62 届会议上正式将船舶能效要求纳入《MARPOL 公约》附则Ⅵ，首次将技术性减排措施——EEDI、操作性减排措施——SEEMP 作为强制要求纳入《MARPOL 公约》，强制管理范畴为 400 总吨及以上国际航行船舶的能效。针对市场机制，各国自 2009 年开始便连续向 IMO 提交多份提案，IMO 多个成员方就各方案展开了激烈的讨论。但由于其与碳市场、碳交易和碳金融等直接相关，且部分市场机制方案还涉及排放峰值、资金征收和使用等敏感问题，至今 IMO 还未能就任何一种方案达成统一共识。

2015 年，在气候变化巴黎大会上，航运业减排成为备受关注的议题之一，达成了针对现有船舶提升能效的航运业“三步走”减排路线图，并制定了数据收集机制。“三步走”减排路线图第一步是数据收集，第二步是对数据进行分析和研究，第三步是形成适合行业特征的减排方案。

2016 年，国际民航组织第 39 届大会达成了减排目标和相关市场机制协议，形成了第一个全球性行业减排市场机制。同年,《巴黎协定》正式生效，该协定为 2020 年后全球应对气候变化行动做出安排，并制定了长期减排目标，形成 2020 年后的全球气候治理格局。这些进展都给 IMO 增添了更大的压力和动力，因此在 2016 年 10 月召开的 MEPC 第 70 届会议上，通过了 IMO 船舶温室气体减排综合战略路线图，初步确定了 IMO“三步走”战略实施时间表。会上正式通过了“关于船舶油耗数据收集系统”的《MARPOL 公约》附则Ⅵ修正案，并自 2019 年 1 月 1 日开始首个数据监测报告周期。

随着航运业绿色转型的蓝图绘就成型，航运业减排进程也正式进入快车道。按照路线图，IMO 在 2018 年 MEPC 第 72 届会议上通过了船舶温室效应气体减排初步战略，对国际航运业应对气候变化行动做出了临时性总体安排，并在 10 月召开的 MEPC 第 73 届会议上批准了 IMO 初步战略计划的 2023 年前后续行动计划。

随着船舶能效议题研讨的不断深入，业界逐渐意识到，鉴于船舶服役周期往往长达数十年的实际情况，2030 年前，市场上仍然会有大量不受 EEDI 限制的船舶在营运航行，因此对船舶节能减排的研究必须兼顾全球船队中大量现有船舶。2019 年数据显示，全球船队的 CO_2 排放量共计约 8 亿 t。其中，67%的排放量来自 2013 年 1 月 1 日前建造的、吨位在 400 总吨以上的现有船舶，而这些船舶不适用于 EEDI 的规定。为提升这类船舶的能效水平，在 2019 年举办的 MEPC 第 74 届会议上日本提出了 EEXI 的理念，EEXI 考虑了与 EEDI 相协调，是面向短期减排目标的强制性技术方案，旨在“以可控的技术方案实现船舶减排”，侧重于船舶自身减排性能的提升。该草案在 2020 年 11 月举行的 MEPC 第 75 届会议上获得批准，并在 MEPC 第 76 届会议上正式通过，于 2023 年正式生效。同时，将启动 EEXI 的计算、检验和验证等配套导则的制定起草工作，并在 MEPC 第 76 届会议上定稿。归根结底，EEXI 是新造船舶相关的 EEDI 概念对现有船舶的扩展，因此大多数程序与 EEDI 相同，仅对有限的设计参数进行了一些修正。本书根据 IMO 公开提供的资料，对 EEXI 的核心计算方法进行全面讲解，作为未来履约实施的基础。

2) 现有船舶能效指数基本内容

EEXI 考虑的是 EEDI 的延伸，是面向短期减排目标的强制性技术方案，旨在以可控的技术方案实现船舶减排，侧重于船舶自身减排性能的提升。其中，船舶设计要素涵盖了船体结构优化、船用设备能效提升、船舶燃机改进与燃料选取等内容；船舶导航要素拟涵盖航行计划制订、船机负荷选取等。EEXI 不考虑船舶航行过程中的不可控要素，如风、浪、流等海况环境，以及经济行情变化等。这些不可控要素需要航运业从实际情况统筹考虑。

针对当前研讨中的 EEXI，初步提出了三种应对举措：①限制船机功率；②更换燃料或加装节能设备；③旧船换新船。但从当前研讨会的情况来看，各方尚未就这些举措的实施达成一致意见。欧洲造船厂协会(Community of European Shipyards' Associations, CESA)从技术成熟度、船舶改装难度、减排技术潜力三个维度评估了现有船舶减排技术的发展水平。其中，限制船机功率被认为是当前集"较强减排潜力""较高技术成熟度""较易船舶改装难度"三个优点于一身的短期减排举措。但实际上，限制船机功率将不可避免地造成船舶航速下降，在实际操作层面存在争议。首先，在相同航程下，航期将会延长，造成船东保险及其他费用的增加；然后，在不利海况下航行时安全风险会提高；最后，将造成航运不便利，小岛屿国家、偏远国家的航运利益可能会受到影响。此外，EEXI 相关法规一经生效，或将在短期内拉动船舶绿色改装业务量与船舶环保配套设备市场，同时将有望拉动绿色船舶基础设施建设与投资。

EEXI 获得值计算方法与限值要求均已确定，并在 2021 年举行的船舶温室气体减排工作组第 8 次会议完成。根据目前的方案，EEXI 获得值与 EEDI 获得值的计算方法基本类似，区别在于：

(1) 设计航速的简化；

(2) 油耗率的简化；

(3) 主机功率限值的引入。

EEXI 限值基本等同于 EEDI 第二阶段或第三阶段的要求，即 EEXI 获得值要符合以下要求：

$$\text{Attained EEXI} \leqslant \text{Required EEXI} = \left(1 - Y/100\right)\text{EEDI Reference line value}$$

式中，Y 为折减系数，其大小与船舶类型和尺度有关。

3) 新规则具体的技术要求

现有船能效要求，与前期将现有船舶技术能效短期措施和营运能效短期措施分别进行讨论的模式不同，船舶温室气体减排会间工作组第七次会议(ISWG-GHG 7)经过多轮讨论，最终形成了针对 EEXI 要求的基于目标型(goalbased)的技术能效和营运能效融合方案，并基于此起草了"关于强制实施目标型技术和营运措施以减少国际航运碳强度"的《MARPOL 公约》附则Ⅵ修正案草案，要求规则生效后，现有营运船(包括 EEDI 要求生效前的船舶和已满足 EEDI 要求的船舶)既要满足 EEXI 要求，还要满足营运能效碳强度指标(carbon intensity indicator, CII)要求，同时还需按照年度营运能效进行分级(A～E 级)。

EEXI 要求框架参照新造船 EEDI 要求框架制定，是根据船舶固有技术参数并考虑主机限定后功率进行评估得到的能效指数，其所适用船型也与 EEDI 要求适用船型一致。目前《MARPOL 公约》附则Ⅵ修正案草案对各船型的 Required EEXI 的设定基本等同于 2022 年 4 月 1 日生效的对新造船的 Required EEDI 要求，但对 200000 载重吨及以上的散货船和液货船、120000 载重吨以下的集装箱船，以及滚装客船和滚装货船的要求有所放宽。

现有船 Attained EEXI 的计算和验证导则也参照新造船 Attained EEDI 的计算和验证方法制定，MEPC 第 75 届会议后成立通信工作组对其进行完善，并报 ISWG-GHG 8 和 MEPC 第 76 届会议审核和批准。同时，考虑到限定主机功率很可能成为现有船为满足 EEXI 要求所采取的主要手段，通信工作组还将同步推出“为满足 EEXI 要求采用的轴功率/主机功率限定系统及其储备功率使用导则”草案。

在营运能效方面，将采用 CII 以表征船舶实际的营运能效水平。在规则强制生效后，每个日历年需对船舶 CII 进行验证，同时还需根据该船营运能效在当年全球船队中的排名对船舶 CII 进行年度评级。根据目前的修正案草案，表现不佳的船舶暂时不会直接导致惩罚性后果，但需要制订改正计划并纳入 SEEMP。与 IMO 燃油数据收集机制和现有船技术能效要求相一致，针对现有船的营运能效要求及分级机制仅适用于 5000 总吨及以上的 EEDI 适用船型。

针对船舶营运能效的规则要求已经推出，但是就 CII 的具体指标、要求基准线、为达到 IMO 温室气体减排初步战略要求所需达到的折减比例、Attained CII 的计算和验证方法、年度评级级别范围的设定，以及需要与之配套的 SEEMP 的制订和实施要求等，目前均尚无具体要求，有待 MEPC 第 75 届会议后通信工作组进一步制定，并在 ISWG-GHG 8 提交审核。

4) 新规则应对建议

针对现有船的短期能效措施在 2023 年 1 月 1 日已经开始实施。按照目前《MARPOL 公约》附则Ⅵ修正案草案的规定，EEXI 的验证需要在修正案生效后的第一次年度、中间或换证检验(取早者)完成。对已经具有速度功率曲线数据的 EEDI 船舶来说，一方面船舶已持有完整的 EEDI 技术案卷，另一方面船舶本身能效较好，仅通过有限的主机功率调整即可满足 EEXI 的要求，因此在规定的时间内完成 EEXI 的验证并不困难。但对实施 EEDI 要求前的船舶而言，需要具备充分的时间进行能效评估，并完成能效提升措施的选择和实施。

在能效提升措施的选择方面，对老旧船舶来说，仅通过降功率方式满足 EEXI 要求可能并不现实，就市场运作而言可能也不经济，因此需要通过船型改造或者加装节能装置等方式提升船舶能效。此时，需要提前进行船舶能效评估，选择合适的改造方案，并提前计划排期以完成改造工作和 EEXI 所需要的验证资料的准备。在计算验证方法的选取方面，采用 EEXI 航速估算方法可能会低估船舶的技术能效，如果不能接受估算方法带来的能效损失，按照目前的 EEXI 计算验证导则，就必须进行符合要求的模型试验，这也需要充分的时间进行计划和准备。

在营运能效方面，CII 和计算验证方法均尚未确定，用于 CII 评估的 IMO 数据收集系统(data collection system, DCS)的数据也尚未公布，但其最终的减排目标(IMO 温室气体减排初步战略)和动态的判定机制已经明确。目前《MARPOL 公约》附则Ⅵ修正案草案中对 CII 欠佳的船舶并未给出惩戒措施，但考虑到修正案中的后审议机制，不排除后续在 ISWG-GHG 7/2/26 提出的强制性惩罚措施会被纳入《MARPOL 公约》附则Ⅵ中。因此，建议航运企业现阶段在采用已有的 EEOI、年度效率比率(annual efficiency ratio, AER)进行船队营运能效摸底的同时，在营运能效措施和船队营运能效管理等方面提前做好规划，并在必要时提前做好船队更新的战略部署。

1.3 船舶能效优化方法研究现状

近年来，船舶能效优化成为学术界关注的焦点，研究人员研究并提出了各种能效优化方法，如图 1-3 所示。提高船舶能效，一方面可以采用各种技术优化方法，另一方面可以采用营运优化方法。技术优化方法包括螺旋桨改进、船体防污措施、发动机改进、船体优化设计和采用清洁能源等。但采用这些新的技术措施需要增加额外的成本，而在营运的过程中通过各种措施提高船舶能效成本更低甚至不需要投资，因此船东更愿意通过营运优化措施来提高船舶能效。内河船舶航道较窄，航线较为固定，因此内河船舶较为常用的营运优化方法包括航速优化、纵倾优化和船队部署优化等。

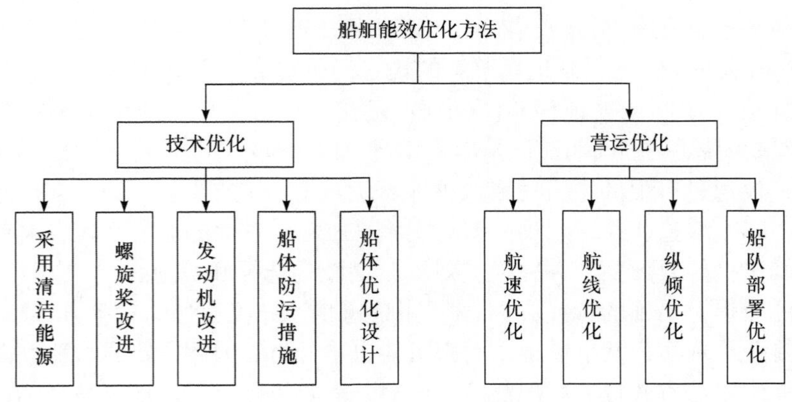

图 1-3 船舶能效优化方法

船舶能效优化方法的研究是实现船舶节能减排的有效途径。近年来，航运业对探索船舶能效管理措施的研究逐年升温。IMO 近年来一直积极推动并采用技术和营运等措施以减少船舶温室气体排放，提高船舶能效，并积极探索船舶能效评价指标与能效管理方法。目前，技术、营运等方面的措施已成为 IMO 控制国际航运业温室气体排放、提高船舶能效的核心内容。

在技术措施方面，基于 IMO 提出的衡量新造船舶能效指标的 EEDI 计算公式，主要通过船舶耗费能源所产生的 CO_2 排放量和船舶运输对社会产生的效益的比值来衡量运输船舶的能效水平。基于 EEDI 的分析，为了满足不断提高的能效要求，未来船型将向以下方向发展：减少阻力的船型、新能源利用船型[14]、绿色动力推进系统船型等。各类船型所涉及的船舶减阻与节能装置应用技术是减少船舶能源消耗、提高能源利用效率、降低 EEDI 的有效途径[15]。有资料表明，球鼻艏船型的设计对大型货船来说可降低阻力达 8%～11%；Sayyaadi 和 Nematollahi[16]通过双体船模型试验验证了气模减阻的有效性，并指出合适的空气喷射速率可降低 5%～8%船舶阻力；白秀琴等[17]研究的仿贝壳表面形貌的船舶绿色防污技术可以有效地防止海洋污损生物对船体的附着，为探索船舶防污减阻与能效管理提供了新的途径。在节能装置应用技术方面，消涡鳍、前置预旋导轮的应用，以及伴流补偿导管的设计可获得 3%～8%的节能效果。此外，新能源利用技术与清洁推进系统设计技术也是新造船舶能效管理的重要技术措施，如太阳能光伏发电系统和以液化天然气(liquefied natural gas, LNG)为替代燃料的清洁推进系统等。目前，太阳能光伏发电系统的研究主要集中在光伏并网逆变控制技术、最大功率点跟踪控制技术及电能的存储与转换等方面。在应用方面，日本的“御夫座领袖号”(Auriga Leader)的光伏系统可以满足 6.9%的照明需求或 0.2%～0.3%的动力需求，从而减少燃料的消耗，降低排放；武汉理工大学等单位在“中远腾飞轮”上成功安装了世界上最大的太阳能光伏系统并投入使用，其可减少 1.5%的 CO_2 排放和 2%的油耗，此项目的实施对于我国掌握新能源动力系统关键技术及实现船舶节能减排起到了积极的示范作用。在清洁能源应用方面，Smith[18]针对 LNG 动力船舶的排放、经济效益和营运等问题进行了研究。此外，LNG 与柴油双燃料船舶发动机的使用可有效降低 SO_x 排放和 CO_2 排放。

在营运措施方面，船舶能效的提升具有巨大的潜力。基于 EEOI 的分析，降低单位货物周转量的 CO_2 排放，主要是降低船舶单位距离油耗。在船舶航行的过程中，主机所消耗的能量占总输入能量的 70%～90%；柴油发电机和辅助锅炉等辅助设备所消耗的能量占总输入能量的 10%～30%。其中，主机的能耗直接与推进系统的运行效率及船舶阻力有关，辅机的能耗则与设备的运行状态密切相关。因此，主推进系统优化设计与控制技术的应用，以及船舶关键能耗设备的综合管理与控制是船舶营运能效提升的关键[19]。Simić 和 Radojčić[20]通过建立船舶推进系统模型，分析了不同条件下推进系统的能量传递关系。Gershanik[21]研究了一种考虑通航环境的船舶主机负荷在线优化控制方法，此方法可以减少船舶油耗 4%。另外，除了改善能耗设备本身的能量转换效率以外，废热回收利用技术也是降低能耗的有效途径，如双循环废热回收发电系统。实验结果表明，此系统可提高推进效率 2.824%，且主发动机的油耗和 CO_2 排放可减少约 6.06%。此外，实现船舶能耗关键设备的综合管理与控制是船舶能效整体提升的关键。Hansen 和 Freund[22]分析了吃水等因素对船舶燃油效率的影响，并在此基础上推出了 ECO-Assistant 软件，使船员能够实时监控主/辅机的油耗情况。美国的 Jeppesen Marine 公司推出了“航行与船舶优化系统(VVOS)”软件。在此基础上，Ballou 计算了 CO_2 减排效果，并指出通过优化路线、选择合适航速等多种措施的配合，可大幅降低船舶油耗。此外，Bal Beşikçi 等[23]开发了一个基于人工神经网络(artificial neural network, ANN)的燃料预测模型的高能效船舶营运决策支持系统，此系统综合考虑了船舶航速、主机转速、吃水、纵倾、装载量和海况的影响，为船舶操纵者优化船舶运行提供了有效的方法。基于能效管理的船舶航速系统可以计算船舶营运经济航速，并结合航线、航向、航速及气象、水文等信息，对船舶营运航速的模型不断进行优化，从而指导船舶航行，以达到船舶节能减排的目的。

1.3.1 航速优化

船舶航速是影响船舶油耗的主要因素之一，对船舶营运的经济性具有较大影响[24]。降速航行不仅可以降低油耗，提高营运经济性，也可以有效地降低船舶温室气体排放[25,26]。近年来，船舶航速的优化模型和方法获得了国内外专家学者的广泛研究[27-30]。本节从航速优化模型、油耗预测模型和航速优化模型求解方法三方面进行详细介绍。

1. 航速优化模型

建立航速优化模型是航速优化研究的基本步骤之一。研究人员针对不同的优化目标考虑不同的实际情况建立航速优化模型。在早期的研究中，航速优化模型通常进行了一定的简化，考虑的因素并不全面。随后，研究人员不断地对模型进行改进和完善，目的是使这些模型更符合实际情形，或能够应用在特定的背景下。

目前，船东和航运企业更侧重于通过优化航速来降低成本或提高利润，大多数航速优化模型的优化目标是降低船舶航行成本和提高利润，研究重点是船舶航速对航行成本和利润的影响。单纯地减少燃料费用并非就能降低船舶营运成本，船舶航速还会间接地对营运成本中的一些其他费用造成影响。Corbett 等[31]考虑到船舶消耗的燃油费用和固定的租船营运费用构建航速优化模型，用于得到特定航线的最优航速，并讨论了燃油价格和最优航速之间的关系，即随着燃油价格上涨，最优航速会降低。最优航速也会受到定期租船费用的影响，会随着燃油价格和定期租船费用之间的比例发生变化。Chang 和 Wang[32]根据船舶航速、燃油价格和定期租船费用提出了四种方案，进而说明减速对船舶营运成本的影响。结果显示，在高燃油价格和低定期租船费用的情况下，减速带来的收益最大，但在优化模型中仅考虑燃油费用和租船营运费用是不够全面的。Psaraftis 和 Kontovas[33]将燃油费用、租船费用、货物库存成本等加入优化模型中，并考虑船舶载荷对油耗的影响，证实了最低排放航速和最经济航速不一定相同，提出了可以设置燃油税，人为提高燃油价格，进一步降低船舶航速，减少船舶 CO_2 排放，但这种行为会提高航运企业的营运成本。Wen 等[34]在 Psarafits 和 Kontovas[33]研究的基础上研究了时间、成本与排放三个不同目标下的多航线航速优化问题，将 Psaraftis 和 Kontovas[33]的研究范围扩展到了多艘船舶，可以部署不同的船舶完成货物运输，除了考虑成本，托运人的满意度也不容忽视，托运人更喜欢在期望的时间内卸货。Du 等[35]提出了一种双目标优化模型，可同时优化航行成本和托运人满意度，并在模型中采用模糊隶属函数描述托运人满意度(图 1-4)，托运人倾向于在时间窗[e, l]取得货物，其中，e 表示卸货时间较早，l 表示卸货时间较晚；在卸货港，托运人能容忍的最早到达时间是 E，最晚到达时间是 L。

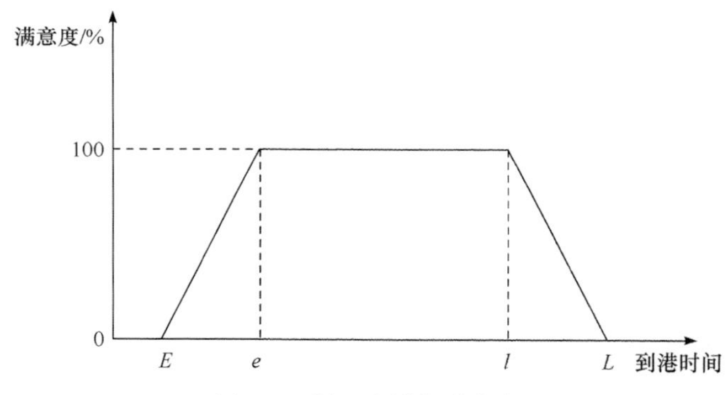

图 1-4 托运人模糊满意度

政府和组织机构希望降低船舶排放。2018 年，IMO 将基于市场的政策措施作为 2050 年净零排放计划的候选措施，基于市场的政策措施是指政府或组织采取某种强制性的市场机制，通过经济性手段引导航运企业降低排放。基于市场措施的共同点是基于碳排放定价，考虑到未来可能需要缴纳的碳排放费用，Wang 和 Xu[36]从燃油费用、船舶碳排放税、滞期费等方面建立了航速优化模型，在模型中考虑了三种不同形式的碳排放税，分析了不同碳排放税对船东利润和船舶碳排放的影响。研究结果显示，采用超过某一阈值的碳排放征税的方式能够大幅度降低船舶碳排放，并且对船舶营运成本的影响较小。Lan 等[37]额外考虑了碳排放交易机制对船舶营运的影响，建立了四种在不同形式碳排放机制(无碳排放限制、碳排放税、碳排放上限与碳排放交易)下的航速优化模型，并分析比较了碳排放税和碳排放交易机制对船舶营运成本和船舶碳排放的影响。研究结果显示，碳排放税的减排效果较强，具有一定的强制性；碳排放交易机制的减排效果较弱，但对航运企业的利润影响较小。Xing 等[38]在考虑两种碳排放机制(碳排放上限和碳排放税)的基础上建立了船舶航速和船队部署的混合整数非线性规划模型，并研究了不同碳排放上限和碳税价格对船队规模及船舶航速的影响。Ding 等[39]研究了固定和累进碳税税率两种碳排放税方案对北极航线的经济可行性的影响，虽然两种方案都会增加船舶航行成本，降低盈利能力，但采用累进碳税的额外成本小于采用固定碳税的额外成本，更容易被航运企业所接受。综上所述，从短期来看，无论采用何种碳排放机制，都会提高船舶的营运成本，在航运市场持续低迷、运力过剩的情况下，这部分成本会被船东和航运企业所承担，使船东和航运企业在市场竞争中面临更大的压力；从长期来看，碳排放机制会激励船舶节能减排技术的发展，也会提高现代节能船舶的竞争优势。

上述研究的一个共同的局限是忽略了不确定因素的影响。不确定性是船舶航运中的一个重要特征，由于拥堵、装卸时间、燃油价格和天气条件不确定等，在船舶航行过程中都可能存在极大的不确定性。Qi 和 Song 等[40]考虑到不确定的港口时间(港口时间定义为港口为船舶服务的预留时间)和班轮班次要求，假定港口没有具体的时间窗口，允许船舶随时到达，如果一艘船比预定时间早到达港口，那么它不会影响船舶的停港时间，同时引入惩罚措施，惩罚延迟到达港口的船舶，设计了班轮航线最优的船舶调度方案，提出了一种随机近似算法来解决这一问题。Aydin 等[41]研究了港口时间不确定的航速优化问题，提出了一个动态规划模型来确定最优航速、加油港口与加油量，该模型具有具体的港口时间窗，船舶提前到港会有额外的等待时间，允许船舶在计划航线以外的港口加油。除了港口时间，燃料价格受到多种因素的影响，波动很大，而且在不同的加油港口，其价格也有很大的差异，为降低运输加油成本，一些研究人员尝试将加油问题与航速优化结合起来。Sheng 等[42]考虑到燃油价格和油耗的不确定性，建立了班轮加油模型，对航速优化问题进行了研究，此项研究的主要贡献是在速度优化过程中引入了加油策略，为了模拟燃油价格的变化，选择在港口对港口的基础上离散燃油价格的百分比变化，这种方法大幅度降低了问题的规模。Wang 等[43]在各港口燃油价格为无分布随机变量的情况下，为确定船舶航线上的最优航速和在不同港口的最优燃油购买量，建立了一个包含随机燃料价格的机会约束规划模型，该模型不需要详细的燃油价格概率分布，只需要简单的关于燃油价格的统计信息。Hou 等[44]针对在冰区航行的船舶建立了考虑不确定冰载荷的 EEOI 优化模型，将冰载荷描述为具有特定概率分布的随机变量，并通过小波分解实现了冰载荷的数据挖掘，证明了将冰载荷作为随机变量来考虑是合理的。

为了降低特定区域的排放量，IMO 引入排放控制区(emission control area, ECA)，全球海洋环境得到了一定改善，但如何在 ECA 内设计航行计划和优化船舶航速仍是航运业需要解决的重要问题。

针对进出 ECA 的船舶进行航速优化通常需要和航线优化联合起来，因为船舶在 ECA 内航行需要使用价格更高的低硫燃油，通常会尽量缩短在 ECA 内的航行距离。Fagerholt 和 Psaraftis[28]提出了两种船舶进出 ECA 的航速优化模型：第一种模型用于确定某一需要穿过 ECA 的给定港口序列上的船舶最优航线和航速，目的是最小化燃油费用，但其只针对一些实际的航线进行计算研究，无法提供最佳的航线和航速；第二种模型是基于模拟光折射的航速和航线优化模型，其优化了船舶进出 ECA 的边界点，也就是 ECA 折射问题，如图 1-5 所示。图中，A 点为船舶在 ECA 内的出发点，B 点为船舶航行目的地，C 点为船舶离开 ECA 的位置，x 为船舶在 ECA 内航行的距离，y 为船舶在 ECA 外航行的距离，d 为 A 点与 B 点之间的距离，h 为 A 点距离 ECA 边界最近的距离，j 为 B 点距离 ECA 边界最近的距离，h、j 和 d 的长度通常是已知的，h、j、d 的长度和船舶在 ECA 内外航行所使用燃油的价格决定了 C 点的位置和 x、y 的长度。双目标混合整数规划模型的目标是将燃料成本和 SO_2 排放量降到最低，通过改变 ECA 的边界，分析 ECA 带来的影响，该模型也验证了 ECA 规则能够有效地降低船舶 SO_2 的排放量。由于租船费用和货物库存成本因市场状况和航运部门不同有很大差异，上述模型都忽略了船舶航速对租船营运费用和货物库存成本的影响。此外，还有一种确定最优航速和船队规模的混合整数成本最小化模型，其中航速为连续决策变量，船队规模为整数决策变量，这项研究的主要贡献是将货物库存成本纳入成本最小化目标函数中，对航速优化模型进行了调整。值得注意的是，由于船舶降速航行，船队需要增加额外的船舶来保证同样的货物运输量，从而增加了船队的营运成本，优化模型需要在航速优化与船队规模之间进行权衡。

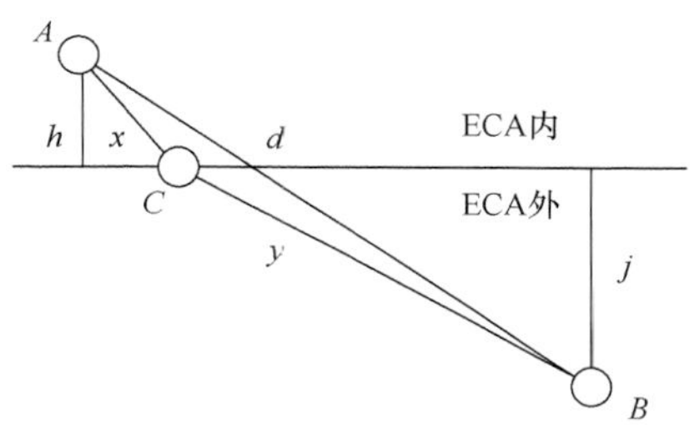

图 1-5　ECA 折射问题说明

根据优化目标、船舶类型、能否调整船队规模、油耗函数、是否考虑不同航段最佳航速、航路选择、是否考虑港口、是否考虑 ECA、是否考虑不确定因素以及是否考虑排放，对文献中的航速优化模型进行分类总结，如表 1-1 所示。由表可得出以下结论。

(1) 大部分优化模型的优化准则都是单个目标，很少同时将多个目标作为优化准则，未来可以进一步考虑建立多目标优化模型，以满足成本最小化、托运人满意度最大化、风险最小化、排放最小化等多种优化目标，开展多目标航速优化研究。

(2) 部分研究已经将船舶航速优化与航线优化、船队部署优化结合起来，并取得了不错的优化效果，未来可以将航速、航线、纵倾和船队部署同时优化，建立多阶段混合整数优化模型，充分发挥基于操作管理措施的优化潜力。

(3) 少数研究考虑了不确定因素的影响，如燃油价格、港口时间和冰载荷，除了这些因素，还可以考虑不确定运输需求、运价、恶劣海况等不确定因素的影响，未来有必要引入不确定参数来建立航速优化模型，进一步研究不确定因素影响下的船舶航速优化问题。

(4) 很少有研究考虑新能源船舶的航速优化问题，这可能是因为目前新能源船舶的数量较少，但未来新能源船舶的数量会日益增长，有必要针对新能源船舶建立航速优化模型，开展航速优化研究。

表 1-1　航速优化模型分类总结

优化目标	船舶类型	能否调整船队规模	油耗函数	是否考虑不同航段最佳航速	航路选择	是否考虑港口	是否考虑ECA	是否考虑不确定因素	是否考虑排放
年度利润	集装箱船	否	三次函数	否	固定航线	否	否	否	是
航次利润	集装箱、油轮、散装船	否	三次函数	否	固定航线	否	否	否	否
年度成本	集装箱船	否	三次函数	是	灵活航线	否	否	否	否
航次成本、排放、时间	集装箱船	否	三次函数	是	灵活航线	是	否	否	是
航次成本、托运人满意度	不定期货船	否	未指定	是	固定航线	是	否	否	否
航次利润	未指定	否	三次函数	是	固定航线	是	否	否	是
航线利润	集装箱船	能	三次函数	否	固定航线	是	否	否	是
周营运成本	集装箱船	能	三次函数	否	固定航线	否	否	否	是
单位集装箱运输成本	集装箱船	否	三次函数	否	固定航线	否	否	否	是
航次总油耗	集装箱船	否	三次函数	是	固定航线	是	否	是	是

续表

优化目标	船舶类型	能否调整船队规模	油耗函数	是否考虑不同航段最佳航速	航路选择	是否考虑港口	是否考虑 ECA	是否考虑不确定因素	是否考虑排放
航次总油耗或碳排放	集装箱船	否	三次函数	是	固定航线	是	否	是	是
航次成本	集装箱船	否	三次函数	是	固定航线	是	否	是	否
航线成本	集装箱船	否	幂函数	否	固定航线	是	否	是	否
EEOI	冰区船舶	否	三次函数	否	固定航线	否	否	是	否
航次燃油成本	未指定	否	线性插值函数	是	灵活航线	是	是	否	否
每日利润	未指定	否	三次函数	是	灵活航线	否	是	否	否
航次燃油费用、SO_2 排放	集装箱船	否	线性插值函数	是	灵活航线	是	是	否	是
年度成本	集装箱船	能	三次函数	是	灵活航线	否	是	否	是

2. 油耗预测模型

建立精确的油耗预测模型是航速优化的基础，在上述航速优化模型中，通常认为船舶单位时间内的油耗是航速的三次函数，并没有深入探讨船舶油耗受到哪些因素的影响，这也可能是研究重点不同。但实际上，船舶航行油耗受到许多外部环境因素的影响。例如，在风浪流等环境扰动因素影响下，船舶会产生多个维度的摇摆运动，在大幅度摇摆的同时，船舶航行阻力增加，进而造成船舶的航速损失。这些影响因素导致即使在相同的航速下，船舶的油耗也会有很大的区别[45]。油耗预测模型的研究重点是预测在不同条件下船舶油耗和航速的对应关系。油耗预测模型可以分为三类，即白箱模型、黑箱模型和灰箱模型。三种油耗预测模型的优缺点比较如表 1-2 所示。

表 1-2　油耗预测模型的优缺点比较

模型类别	模型可解释性	预测准确性	对历史数据的需求	外推能力	对专业知识的需求
白箱模型	较好	一般	不需要	较好	需要
黑箱模型	差	较好	大量	差	不需要
灰箱模型	较好	较好	少量	较好	需要

1) 白箱模型

白箱模型一直是最常见的油耗预测模型，其通常是基于某一领域的相关知识建立的，它的结构和参数都是已知的。

孙星等[46]基于船-机-桨的能量传递关系，建立了考虑船体阻力、螺旋桨推进和主机性能的能效模型。船舶主机消耗燃油发出功率经过齿轮箱、轴系等装置传递至螺旋桨，螺旋桨收到功率后，经过螺旋桨与水流之间的相互作用，最终转化为推力克服船舶航行阻力推动船舶运动，而水流、波浪、水深、风等海洋扰动因素会改变船舶航行阻力和运动状态，从而对航速产生影响，船-机-桨相互作用关系如图 1-6 所示。

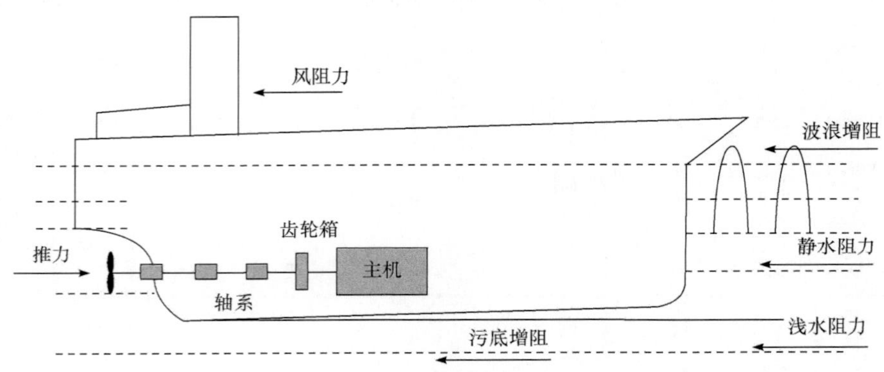

图 1-6　船-机-桨相互作用关系

船舶航行阻力可以分为静水阻力和附加阻力，计算船舶静水阻力的方法有很多，包括基于理论公式的方法和基于计算流体力学的方法，目前最常用的计算船舶静水阻力的理论方法为 Holtrop-Mennen 方法，孙星等[46]和范爱龙等[47]就是采用这种方法计算出了船舶静水阻力，其普遍适用于任何种类的船舶。量化风浪对船舶航行影响的方法有两种：一种是孙星等[46]所采用的计算给定速度下的阻力增值的方法；另一种是估计在给定主机功率条件下的航速损失。Kwon[48]提出了一种简单实用的方法，只需要知道船舶遭遇风浪的等级和风浪角等数据就能计算船舶航速降低的百分比，并具有较好的精度，是目前较为常用的预测风浪对船舶造成航速损失的方法。Yang 等[49]在建立的油耗预测模型中采用 Kwon[48]提出的方法计算了航速损失，并对航速进行了校正，还考虑了洋流对船舶航速和航向的影响，区分了对地航速和对水航速。考虑水流的影响在预测内河船舶的油耗时非常普遍，但在预测远洋船舶的油耗时还较为少见。Lu 等[50]提出了一种半经验船舶运行性能预测模型，对 Kwon[48]提出的方法进行了改进，额外考虑了针对特定船型的减速系数和船型系数，提高了预测特定船舶在不同航速、迎浪角、吃水和风浪等级下的油耗预测精度。Li 等[51]在建立油耗预测模型时考虑了自愿航速损失和非自愿航速损失的影响，其中非自愿航速损失是指由于风浪影响导致船舶航行阻力增加所损失的航速，自愿航速损失是指在恶劣海况下，为了保证船舶航行安全，船长自愿降低的航速。自愿航速损失与船舶参数相关，存在多种不同的计算标准，Li 等[51]采用 Aertssen 提出的计算方法，该方法的优点是简单实用，只需要知道船长、遭遇风浪等级和风浪角等数据就能计算自愿航速损失，但其研究缺乏船体线形和实际航行数据，无法对模型进行验证以及定量分析风浪对船舶能效的影响。

上述理论方法在预测船舶在不同通航环境下的航行油耗时往往进行一些简化，预测结果与实际油耗会存在一定的偏差。

2) 黑箱模型

与白箱模型相反的是，黑箱模型是在历史数据的统计训练基础上建立的，并且模型内的结构和参数是未知的。黑箱模型相对于白箱模型具有更好的拟合性能，但黑箱模型也存在其系数无法反映船舶领域的专业知识和无法被其他研究人员直接使用的缺点[52]。

人工神经网络(ANN)是较为常用的黑箱模型建模方法，Yan 等[53]利用实船航行数据建立了基于反向传播(back propagation, BP)神经网络的能效预测模型，并进行了环境因素对船舶能源效率影响的敏感性分析。与传统采用经验公式的方法预测船舶油耗相比，该方法可以得到较高精度的预测结果。Sun 等[54]在基于 ANN 建立预测模型的基础上，利用遗传算法对 ANN 模型中的初始连接权值进行优化，很大程度上提高了 ANN 模型的训练收敛速度。Zhang 等[55]针对在北极冰区航行的船舶建立了基于 BP 神经网络的 EEOI 预测模型，但其仅将船舶航速和冰浓度作为预测模型的输入，与其他环境因素相比，冰浓度与船舶 EEOI 之间的相关性较强，但这也导致了该模型存在某些局限性。孙星[56]也在之前研究的基础上利用 BP 神经网络构建了船舶能效的预测模型，并与其所搭建的白箱模型进行对比，结果表明，BP 神经网络预测性能相对更好。

除了神经网络，Wang 等[57]提出了一种最小绝对收缩和选择算子(least absolute shrinkage and selection operator, LASSO)回归模型来预测船舶油耗，并与 ANN 回归模型、支持向量回归(support vector regression, SVR)模型和高斯过程(Gaussian process, GP)回归模型对比了预测结果的有效性，如图 1-7 所示。由图 1-7 可知，LASSO 回归模型具有更好的计算精度和预测性能。Gkerekos 等[58]比较了不同机器学习算法对船舶油耗预测的有效性，包括线性回归、决策树回归、随机森林回归、额外树回归、SVR、k 最近邻、ANN 和集成方法。结果表明，额外树回归模型和随机森林回归模型表现更好，相比于利用人工记录的船舶中午报告中的数据，采用自动数据采集和检测系统采集的数据使模型预测精度提高了 7%。牟小辉等[59]采用随机森林算法建立了油耗预测模型，并与 BP 神经网络模型和 SVR 模型比较了预测结果的有效性，结果同样显示随机森林模型的预测性能更好。Farag 和 Ölçer[60]采用 ANN 和多元回归技术相结合的方法，对船舶的功率和油耗进行了估算，该模型具有在实时环境下工作和适应环境变化的能力。王胜正等[61]建立了交替稀疏自编码(alternating sparse auto-encoders, ASAE)模型来预测海洋气象对船舶航速的影响，并将其与 SVR 模型、BP 神经网络模型、深度信念网络模型、稀疏自编码(sparse auto-encoders, SAE)模型的预测结果进行了对比。研究结果显示，ASAE 模型的预测精度更高。SAE 模型是常用的深度学习方法之一，深度学习相比于浅层的神经网络能够对更高维海量的数据集合进行学习训练，并且训练方式更加简捷有效；ASAE 模型在 SAE 模型的基础上，再对每一个隐含层进行有监督学习(参数优化)，相当于每一个隐含层交替进行一次无监督学习和有监督学习，最后在顶层使用 BP 神经网络对所有层参数进行优化，该模型改善了深度学习中存在的梯度弥散问题。

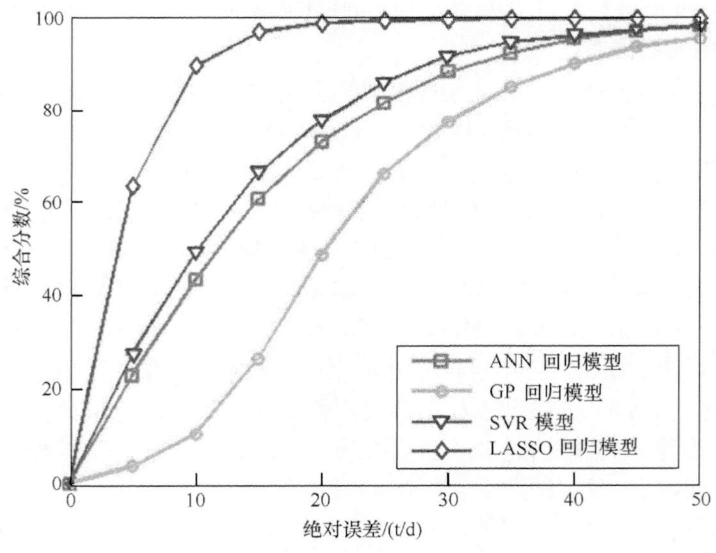

图 1-7　回归模型性能比较

3) 灰箱模型

灰箱模型是通过相关领域先进知识来建立模型结构的，并通过训练历史数据确定模型参数。

Coraddu 等[62]根据船舶自动化系统采集的数据研究了船舶油耗的预测问题，提出并比较了白箱模型、黑箱模型和两种灰箱模型在船舶油耗方面的预测性能。研究结果表明，两种灰箱模型的预测性能都明显优于白箱模型。Meng 等[63]利用实际的航行日志数据，对某一集装箱船的油耗率与其决定因素(包括航速、排水量、海况与天气条件)之间的关系进行建模，但航行日志数据可能存在不准确性，这会影响所建立模型的准确性，导致在模型中即使两艘相同的姐妹船舶处于相同的天气条件下，油耗也会表现出很大的区别。Yang 等[64]提出了一种基于遗传算法的灰箱模型，基于船舶推进的基本原理对船舶油耗进行了建模，并利用遗传算法对模型中的未知参数进行了估计，能一次性确定模型中所有的参数，具有更高的精确度。与现有的灰箱模型相比，所提出的模型在估计通用参数时可以利用 100%的数据。

根据船舶类型、预测模型类别、理论方法、预测模型输入、预测模型输出与数据采集方法，对文献中的油耗预测模型分类总结，如表 1-3 所示。油耗预测模型与航速优化模型的研究重点不同，因此它们的分类方法也有所不同[65]。由表 1- 3 可得出以下结论。

(1) 大部分预测模型的类别都是白箱模型或黑箱模型，只有少数预测模型是灰箱模型，但灰箱模型弥补了白箱模型和黑箱模型的缺点，灰箱模型与白箱模型相比具有更好的预测准确性，与黑箱模型相比具有更好的外推能力，未来可以建立更多的灰箱模型进行油耗预测研究。

(2) 几乎所有预测模型都没有考虑污底对船舶航行的影响，在重度污底的情况下，增加的航行阻力占总阻力的 50%以上，这可能是预测模型普遍存在一定误差的原因之一。

(3) 黑箱模型与白箱模型相比具有更好的预测准确性，这主要是由于黑箱模型是基于人工智能算法对数据进行训练学习建立的，随着未来人工智能技术的发展，采用更为先进的人工智能算法进行自主学习，是进一步提高模型预测精度的方法之一。

(4) 部分研究中采用的数据是人工采集的航行日志数据，人工采集的数据准确性较低，并且采集频率很慢，采用数据采集系统采集的数据能够有效提升预测模型的预测精度，未来需要在更多的船舶上安装数据采集系统，这也有利于航速优化在实际中的应用。

表 1-3　油耗预测模型分类总结

船舶类型	预测模型类别	理论方法	预测模型输入	预测模型输出	数据采集方法
内河船舶	白箱模型	Holtrop-Mennen 方法	主机转速、风速、浪高、水流速度	对地航速和单位时间油耗量	数据采集系统
油轮	白箱模型	Kwon 方法	航速、风浪方向、风浪等级、洋流速度、洋流方向	每小时油耗量	航行日志

续表

船舶类型	预测模型类别	理论方法	预测模型输入	预测模型输出	数据采集方法
油轮	白箱模型	Holtrop-Mennen 方法和改进 Kwon 方法	对水航速、风浪方向、风浪等级	单位时间油耗量	航行日志
集装箱船	白箱模型	Kwon 方法和 Aertssen 方法	航速、船长、风浪方向和等级	每小时油耗量	无
内河船舶	黑箱模型	BP 神经网络	主机转速、风速、风向角、水深、水流速度	对地航速和单位时间油耗量	数据采集系统
散货船	黑箱模型	ANN 和遗传算法	主机转速、风速、风向角、浪高、水流速度	对地航速和单位时间油耗量	数据采集系统
冰区船舶	黑箱模型	BP 神经网络	冰浓度、航速	EEOI	数据采集系统
内河船舶	黑箱模型和白箱模型	BP 神经网络和 Holtrop-Mennen 方法	主机转速、风速、风向角、水深、水流速度	对地航速和单位时间油耗量	数据采集系统
集装箱船	黑箱模型	LASSO	船体数据、天气数据、海况数据等	每日油耗量	航运企业航行数据平台
散货船	多种黑箱模型	线性回归、决策树回归、随机森林回归、额外树回归、SVR、k 最近邻、ANN 和集成方法	航速、主机转速、水流速度、风速、风向角、海况、吃水等	每日油耗量	数据采集系统和航行日志
内河旅游船	黑箱模型	随机森林算法	航速、风速、风向角、水流速度、水深	每千米油耗量	数据采集系统
特大型油轮	黑箱模型	ANN 和多元回归	船舶对地航速、水深、风速、涌浪和波浪等级、海流大小等参数	每海里油耗量	船舶自动连续检测系统、自动识别系统和天气预报
集装箱船	黑箱模型	ASAE	船体数据、天气数据、主机数据等	船舶航速	数据采集系统
化学品船	白箱模型、黑箱模型和两种灰箱模型	Harvald 方法、正则化最小二乘法、LASSO 回归、随机森林回归	船体数据、主机数据、天气数据等	轴功率、轴扭矩和主机油耗	数据采集系统
集装箱船	灰箱模型	Kwon 方法和最小二乘法	航速、排水量、波高、风浪方向、风浪等级	每日油耗量	航行日志
油轮	灰箱模型	Kwon 方法和遗传算法	航速、排水量、风浪方向、风浪等级	每日油耗量	航行日志

3. 航速优化模型求解方法

在航速优化研究中，除了建立优化模型，利用合适的优化算法和优化策略对航速优化模型的目标函数进行最优求解，也是重要的一步，且能在一定程度上提升能效优化的效果。

1) 优化算法

随着航速优化问题研究的深入，优化模型变得越来越复杂，在实际案例中由于优化问题的计算量过大，一般很难找到全局最优解。针对这些复杂的优化问题，为了减少求解时间和提高求解质量，研究学者不断地引入一些先进高效的算法或对算法进行改进。

优化算法主要包括启发式算法和精确算法。精确算法是指可得到最优解的算法。当最优解可以被找到时，通常直接利用 CPLEX 或 LINGO 等求解器得到最优解。启发式算法是相对于精确算法提出的。那些受大自然的运行规律影响或者面向具体问题的经验启发出来的方法，常称为启发式算法。启发式算法通常能在合理的时间内给出优化问题的一个可行解[66-68]。

在研究船舶航速优化问题时，通常使用的油耗函数只能够估计船舶油耗，并且在航行途中的天气情况也无法预知，得到一个精确的最优航速没有太大的意义。此外，启发式算法相对于精确算法的求解效率高得多，因此研究学者通常设计一些特定的启发式算法，以解决某些具体的航速优化问题。Fagerholt 和 Psaraftis[28]针对固定航线的航速优化(speed optimization over a path, SOP)，为精确优化有时间窗口约束的固定航线的每一段航速，将到达时间作为决策变量，采用离散到达时间的方法将其转变为求最短路径的问题。Norstad 等[69]针对 SOP 提出了一种递归平滑算法，尽可能地使船舶保持较低和恒定的航速，该算法较 Fagerholt 和 Psaraftis[28]提出的方法具有更快的求解速度，并且可以应用于所有油耗函数为凸函数的优化问题，其假定整个航程的所有航段的船舶油耗函数相同，如果油耗也取决于负载和天气情况，这种方法就无法使用。此外，其还提出了一种多起点局部搜索算法，该算法能够有效解决不定期船舶的航线和航速优化问题。He 等[70]同样针对 SOP 提出了一种高效的 SOP 算法，该算法比一般的凸优化算法计算速度快 20～100 倍，其假定航线上不同航段的油耗函数都为凸函数，但考虑到天气和负载等因素的影响，油耗函数可以具有一定的差异。Wen 等[71]提出了一种具有启发式列生成和高效数据预处理的分支价格算法，目的是得到船舶最优航路和航线上各航段的最优航速，该启发式算法可以在较短的时间内找到高质量的解。Andersson 等[72]给出了一种求解航线规划中航速优化问题的滚动启发式算法，可以更广泛地应用于航线和航速优化问题。

此外，也有部分元启发式算法被引入航速优化研究中。相比于启发式算法，元启发式算法通常不针对某种问题的特有条件，能够广泛地应用于求解各类问题。元启发式算法是启发式算法经过改进后得到的，它是随机算法与局部搜索算法相结合的产物。Yu 等[73]为了求解所提出的双目标模型，设计了一种基于非支配性排序遗传算法的改进算法，该算法的特点是采用一种快速的非支配排序方法和拥挤距离的比较算子，使每一代的个体都能够满足双目标优化问题的多种约束。研究结果表明，改进后的算法具有更高的收敛速度。Wang 等[74]采用粒子群优化(particle swarm optimization, PSO)算法求解多目标优化问题，得到的非劣解可以通过权衡船舶的经济性和安全性选择最优的主机转速，与遗传算法相比，PSO 算法可调整的控制参数较少，更容易实现。Zhen 等[75]提出了一种基于禁忌搜索算法的求解模型的方法，其将该求解方法与 CPLEX 求解器进行了比较。结果显示，基于禁忌搜索算法的求解模型的方法针对其所提出的混合整数规划模型具有更高的求解效率。Ma 等[76]为了对经过 ECA 的船舶同时进行航速和航线优化，首先利用 Dijkstra 算法生成了一个初始航线，减小优化问题的规模，然后对初始航线进行划分，生成航段节点，最后使用 CPLEX 求解器从初始路径中找到最佳的航线和航速(图 1-8)，相较于 Dijkstra、Astar 等方法，该方法的优化结果最优。

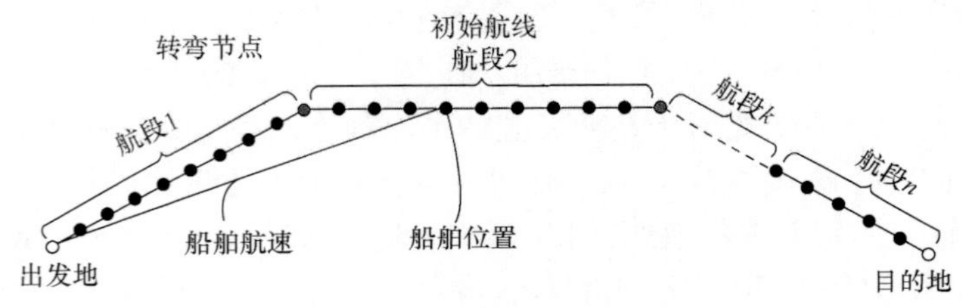

图 1-8　初始航线分段

上述无论是精确算法还是启发式算法，都是在所有信息均已知的情况下进行优化求解的。然而，在船舶航行途中很多参数具有随机性、模糊性和不确定性。例如，船舶航行前方可能突然出现恶劣海况，导致原优化方案不可行。目前还缺少能够在实际航行途中面对各种突发事件进行实时优化的算法研究。

2) 优化策略

除了对优化算法进行改进，部分研究学者还会引入一些新的技术或策略对航速优化模型求解方法进行完善，为航速优化提供更好的优化方案。本书将这些技术或策略统称为优化策略。优化算法可以看成技术层面上的优化求解方法，优化策略更多的是一种思想层面的优化求解方法。这些优化策略可以使航速优化更显著地提高船舶能效水平。

Wang 等[77]提出了两种可以补偿因环境因素变化而引起扰动的优化策略。第一种是基于航行环境因素预测的优化策略，这种优化策略利用小波神经网络对船舶前方近距离航行环境因素的工况进行预测，可以保证船舶到达前方航行环境时处于最优状态；第二种是考虑时变环境因素的动态优化策略，该优化策略将整个航程分为 n 段，在船舶到达不同航段节点后，通过获取的实时通航环境因素，可以确定剩余航程的最优航速(图 1-9)。图 1-9 中，*A* 点为船舶出发位置，*B* 点为船舶航行目的地，V_1、V_2、V_n 为船舶在第 1 个、第 2 个、第 *n* 个节点时确定的剩余航程的最佳航速。与传统静态优化方法相比，采用动态优化策略能够额外提高船舶约 2%的能效。Du 等[78]也提出了一种 2 阶段的动态优化策略，首先在岸上利用所搭建的神经网络模型对船舶航速和纵倾同时优化，并允许船长在航行途中实时调整船舶纵倾，数值实验结果显示，这种方法能够有效节省船舶约 8.2%的油耗。动态优化策略在任何条件下都是有益的，能够进一步提高船舶能效水平。

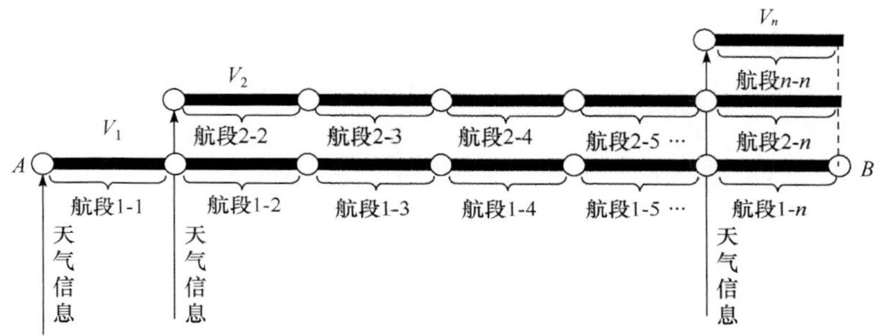

图 1-9　动态优化策略

Yan 等[79]提出了一种基于大数据分析技术的船舶航速优化策略，并通过 k 均值聚类算法将环境分为多组，允许精细的航段划分，可以为不同环境下船舶航速优化提供一个较好的解决方案，其航速优化策略如图 1-10 所示。图中，N_1、N_2、N_3、N_4 和 N_5 分别对应航段类别为 1、2、3、4 和 5 的最佳主机转速。Lee 等[80]利用大数据分析技术优化船舶航速，其应用数据挖掘技术，通过对一家班轮企业大量历史数据的分析，探讨了环境条件对不同航线船舶油耗的影响程度。大数据分析技术可以对船舶航行数据进行预处理，并且通过对大量数据的分析，可以提取出数据中隐藏的信息，进而提出相关的优化决策。

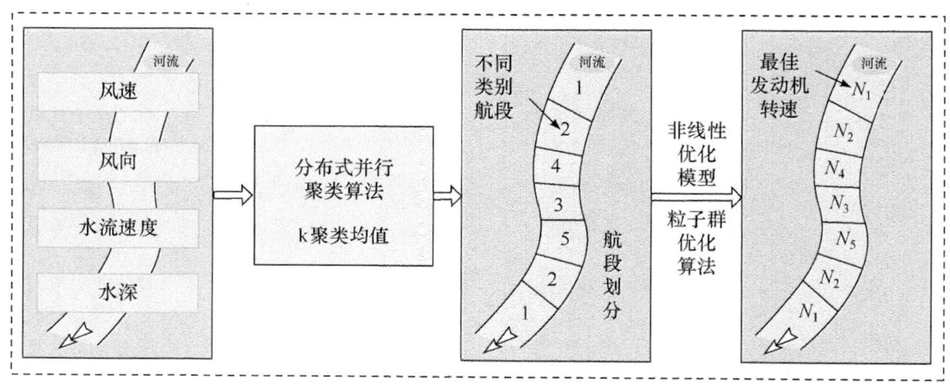

图 1-10　航速优化策略

根据优化准则、优化对象、船舶类型、船队规模与优化算法，对文献中的航速优化模型求解方法进行分类总结，如表 1-4 所示。由表 1-4 可得出以下结论。

(1) 多数研究已经采用先进的元启发式算法进行优化求解，主要包括禁忌搜索算法、模拟退火算法、遗传算法、蚁群算法和 PSO 算法等，这些算法虽具有高效的求解能力，但很难得到精确的最优解，因此需要进一步探索更先进、更高效、更精确的求解算法，或对现有的算法进行改进，使其具有更高效、更准确的优化求解能力，这是未来的重要研究方向之一。

(2) 大部分的优化都是基于已知的数据，默认在船舶出发时就已知未来整个航程的海况和港口情况。但在实际航行过程中，这些信息都是实时更新的，且存在一定误差，这导致理论研究结果与实际情况存在较大的误差。因此，在理论研究过程中需要基于实时获取天气预报的数据来确定剩余航程的最佳航速，并随着天气预报数据的更新，不断地更新剩余航程的最佳航速。

表 1-4　航速优化模型求解方法分类总结[81]

优化准则	优化对象	船舶类型	船队规模	优化算法
航次成本、托运人满意度	不同航段的船舶航速	不定期货船	单船	PSO 算法
航次油耗量	不同航段的船舶航速	未指定	单船	最短路径算法
航线利润	船舶货物分配、船舶航线、船舶航速	不定期船	船队	多起点局部搜索算法、递归平滑算法
航次燃油成本、排放	不同航段的船舶航速	货船	单船	高效的 SOP 算法
航线利润	船舶航线、不同航段的船舶航速	不定期油轮	船队	一种启发式的分支定价算法
计划期限内的船队利润	船队部署、船舶航速	滚装船	船队	滚动式启发算法
航次油耗、安全性	主机转速	散货船	单船	PSO 算法
航次燃油成本	船舶航线、不同航段的船舶航速	班轮	单船	禁忌搜索算法
航线成本	船舶航线、不同航段的船舶航速	未指定	单船	Dijkstra 算法、CPLEX 求解器
航次油耗量	不同时间步长下的船舶航速	旅游船	单船	动态优化算法设计的 DOSEE 控制器
给定时间段内的油耗量	不同航段的船舶纵倾、船舶航速	未指定	单船	基于动态规划的两步全局优化算法
航线油耗	不同航段的船舶航速	长江旅游船、货船和集装箱船	单船	大数据分析、k 均值聚类算法、PSO 算法
航线油耗、服务水平	不同航段的船舶航速	班轮	单船	大数据分析、PSO 算法

1.3.2 航线优化

基于通航环境进行航线优化的研究由来已久，其是根据航行海区准确的天气与海况预报，结合船舶的性能、船型、结构、装载情况、续航力、航行要求所拟定的最佳航线[82]。船舶在不同通航环境下的运行状态直接影响船舶主机功率及油耗，船舶运行工况的预测对节油及航线优化都有很大的影响，因此进行准确的船舶航线优化主要取决于以下三个方面。

(1) 船舶在不同通航环境下运行状态的准确预报。

(2) 准确的天气、海况信息预报。

(3) 合理的优化算法。

Sen 和 Padhy[83]在理论分析的基础上，提出了一种基于 Dijkstra 算法的航线优化模型，并通过实验验证了该算法和模型的有效性。Shao 等[84]提出了一种新的气象定线的动态规划方法，以尽量减少船舶在航程中的油耗。与传统的气象定线方法相比，此方法不仅可以优化船舶的航向，而且可以对船舶的功率进行优化控制。结果表明，此方法可以降低船舶 3.1%的油耗，并且可以降低船舶的航行时间。Vettor 和 Guedes Soares[85]进行了船载气象定线系统的研究和开发，所采用的船舶响应模型考虑了各种海况的影响，并可获得不同情况下的船舶优化航线。

目前，基于通航环境的船舶航行优化方法仍具有一定的局限性。考虑的通航环境因素主要是风、浪等对船舶的影响；使用的预测方法大都基于机理分析的方法，通过计算船舶在不同环境下的阻力，进而可以利用船机桨模型得出船舶航速、功率等参数。船舶航行海区的水文、气象条件往往与统计所得的结果存在很大的差异，因此利用实时的水文、气象信息的船舶航行优化技术显得尤为重要。此外，机理分析方法对船舶在不同通航环境下的运动预测往往都进行了一定的简化与假设，而且对船舶类型及装载情况都有限制，适用范围较窄。因此，采用大数据分析与机理分析相结合的方法，对海量的船舶航行姿态、水文气象、能耗等数据进行分析挖掘，建立通航环境的多维度分析与评价矩阵，可以提高船舶航行优化的准确性，从而进一步提高船队船舶的能效水平[86]。

1.3.3 船队部署优化

船队优化管理是航运企业营运管理过程中的一项重要决策，也是提高船队经济效益和能效水平的有效途径[87-89]。船队优化管理决策是一个复杂问题[90]，一方面，为了完成货物的运输需求，必须将货物合理地分配给船队中的可用船舶，以提高运输的经济性；另一方面，船队中的所有船舶都需要以最佳的航速在设定的时间内到达港口，以提高船队船舶的服务水平，并减少油耗和污染气体排放[91-93]。在此决策的过程中，为了将货物合理地分配给各艘船舶，除了应该考虑每艘船舶的运力限制，还应考虑环境等因素对船舶到港时间、船舶油耗的影响[94-96]。

船队优化管理决策研究中使用的方法主要包括整数规划和动态规划等[97-99]。Cepeda 等[100]通过建立散货船队的仿真模型分析了降速航行对船队航行经济性和污染气体排放的影响。结果表明，降速航行可以使船队更高效地运行，所节省的燃料成本和排放量可以平衡每年因降速导致货物运输的减少量。Andersson 等[72]提出了一种整合速度优化航线规划的新建模方法，并采用滚动时域启发式算法求解此组合优化问题。结果表明，该方法能够在合理的时间内为此组合优化问题提供良好的解决方案，将航速优化与航线规划相结合可以获得更好的效果。Song 和 Yue[101]提出了一种双目标的船队部署模型，通过遗传算法求解模型得到了最终的优化方案，并通过实例验证了模型的有效性。Qi 和 Song[40]建立了船舶能耗和服务水平的多目标优化模型，基于不同港口操作时间来决策船队的最佳运行方案，从而使船队总油耗最少。结果表明，通过牺牲服务水平，可以有效地降低船队船舶的油耗。然而，大多数研究尚未充分考虑多因素对船队营运能效的影响。船队船舶的能效水平不仅与船舶状态参数、通航环境有关，还与船舶装载、船舶航速、航行环境、港口营运时间和市场运输需求等诸多因素有关[57]，因此研究多因素影响下的船队优化管理方案与能效综合优化方法更具有实际应用价值，这将是未来研究的重要发展方向[102]。Wang 和 Meng[103]研究了战术层面的班轮航线调度设计问题，通过考虑航行时间和港口操作时间等因素，确定船舶在航线上每个停靠港口的到达时间和每一航段的航行速度，建立了一种混整数非线性随机规划模型，在保持所需的运输时间服务水平的情况下，最大限度地减少船舶营运成本和预期的燃料成本。Song 等[104]研究了综合考虑船舶数量、计划最大航速和班轮服务计划的联合战略规划问题，以达到同时优化船队的预期成本、服务的可靠性和船队排放的目的，并将问题转化为随机的多目标优化问题，提出了一种基于仿真的非支配排序遗传算法来求解这一问题，获得了良好的效果。Windeck 和 Stadtler[105]开发了用于航线和船舶调度问题的决策支持系统，此系统考虑了各种天气因素，并可有效地降低船队船舶的营运成本和污染气体排放水平。

随着船队优化管理研究的不断发展，其研究内容已由单一优化转为船队部署、航速、航线等的联合优化[106-108]。在研究对象方面，由单种船型在简单航线上的运输转向受多因素影响的复杂船队在多航线上的运输。此外，充分考虑通航环境等影响因素对船队船舶能效和经济性的影响，对旧模型进行改进或开发新的优化模型和算法仍是研究的重点[109,110]。近年来，数据分析与挖掘技术的发展为船队优化管理决策的研究提供了新的途径[111-113]。通过大量数据的积累，可以分析船队的营运水平，建立多因素影响作用下的船队营运能效优化模型[114]。通过充分考虑船队船舶航行环境和市场运输需求等多因素的影响，可以实现船队营运的优化决策及基于实时信息的船队营运能效动态优化，在保证完成货物运输需求的同时，进一步提高船队经济效益与能效水平。

1.3.4　能效管理系统

除了船舶航速优化的理论研究，船舶能效管理系统在实船上的应用也是航运企业和研究人员关注的重点。船舶能效管理系统主要包括航行数据采集、数据传输与存储、数据分析、智能决策等功能。该系统主要通过对船舶航行能效和环境数据的自动采集，并应用数据关联分析等技术对船舶能效进行分析和评估，为船舶营运管理者提供辅助决策建议。船舶能效管理系统结构如图 1-11 所示。

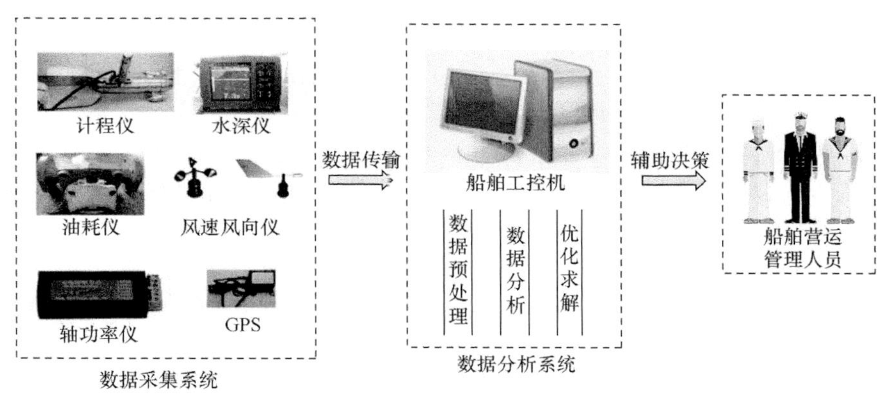

图 1-11　船舶能效管理系统结构

2015 年，欧盟通过了关于对航运 CO_2 排放监控、报告与验证(monitoring, reporting, verification, MRV)法规。2016 年，IMO 要求 5000t 及以上的船舶必须建立能耗数据收集系统。为了满足 IMO 船舶能耗数据收集系统和欧盟船舶 CO_2 相关数据采集统计报告的要求，一些航运企业和研究机构也在不断地开发设计能效采集系统，并将其应用在实船上。

早在 2014 年，中国船级社(China Classification Society, CCS)就联合中远海运散货运输有限公司开发了船舶能效在线智能管理系统，对轴功率仪、流量计、计程仪、风速风向仪等设备进行自动采集，并通过电缆将能效数据传输至船舶工控机中，在工控机中对数据进行分析，并给出船舶航行建议，该系统于 2015 年被安装在中远海运散货运输有限公司 40000 载重吨散货船“珍珠海”轮上，并通过了规范检验要求。2017 年，中国船舶重工集团公司第 702 研究所联合 CCS 研制的船舶能效监测管理系统顺利安装在江苏华海航运集团的“舜华”轮上，该系统除了可以满足 IMO 和欧盟 MRV 法规要求，还可以实现对能效数据的本地存储、远程传输及分析等功能，可以为船舶营运管理者提供辅助决策建议。在国外，Totem Plus 公司为航运业推出了一种新的 EEOI 计算器，其能够在船舶航行过程中实时计算 EEOI。ABB 公司推出了船舶排放监控软件 Octopus，并将其安装在三艘新船上，以帮助这些船舶满足新的排放法规。此外，Octopus 也可以在满足 IMO 和欧盟 MRV 法规要求的基础上，将船舶油耗和尾轴扭矩数据关联在一起，用于指示燃油效率，以便优化整船性能。

船舶能效管理系统虽然能提升船舶能效营运水平，但需要安装多种传感器设备来采集船舶数据，且安装这些传感器的工艺流程复杂，传感器易损坏，需要经常维护，导致安装系统的人力和物力成本过高。因此，目前船舶能效管理系统还没有大规模在船舶上应用。

此外，航速优化的理论研究需要这些能效系统采集的实船数据作为支撑，同时，理论研究所建立的能效优化模型也需要通过能效管理系统以验证其在实际应用中的优化效果。2014 年，武汉理工大学严新平教授团队设计了一款船舶能效数据采集与远程传输系统，并将该系统安装在“凯娅号”游船上进行测试，考虑到实验船舶建造年代久远，船舶布线烦琐，采用无线通信的方式对数据进行采集，并将其传输至船舶工控机中。研究结果显示，该系统实现了船舶能效数据的采集与远程传输；利用该系统采集的实船航行数据，可以分析“凯娅号”游船在不同条件下的能效水平。但是，由于船舶航行环境恶劣、传感器等设备易损，数据采集准确度不高，采集数据时会出现数据错误、丢失等情况，限制了针对“凯娅号”的能效数据分析。该团队随后在之前的基础上开发了一个关于船舶能效的大数据分析平台[57]，该平台主要由四个功能层组成，即数据采集层、计算层、优化层和决策层。该平台除了可以对数据进行分析，还可以根据优化模型和相关的优化算法得到最优解，将得到的优化结果提供给管理人员、船东与操作人员，并驱动有关航行优化的决策。

1.4　本书涵盖的内容

本书主要针对内河营运船舶，总结近些年作者在船舶能效优化研究方面的成果，涵盖的内容如下。

第 1 章介绍水路运输的发展现状、船舶能效与排放控制概述和船舶能效优化方法研究现状。

第 2 章主要分析营运能效评价方法与评价指标，论述营运能效的主要影响因素，并在此基础上分析通过优化营运方式的提升能效常用方法。

第 3 章在营运能效优化数据需求分析的基础上，设计船载能效数据采集与监控系统和岸基能效数据分析平台，并详细介绍各种传感器的原理及安装方式。

第 4 章介绍船舶能效数据的清洗方法，分析对象船舶航行工况特征、通航环境特征以及不同能效数据之间的相关性。

第 5 章研究三种不同理论的建模方法，基于船舶航行阻力和螺旋桨推进相关理论建立能效白箱模型，基于神经网络理论建立能效黑箱模型，结合船舶推进相关理论和神经网络建立能效灰箱模型。

第 6 章研究不同优化目标下的船舶航速优化方法。考虑到通航环境对船舶航行油耗的影响，利用改进后的 k 均值聚类算法对通航环境进行划分；在航段划分的基础上，建立最小化总航行成本优化模型、最小化船舶排放优化模型、考虑总航行成本和 CO_2 排放的多目标优化模型和考虑碳税费用的优化模型，并介绍了多目标优化模型的求解方法。

第 7 章介绍针对单个传统推进船舶的能效优化实例。首先介绍几种能效优化过程中常用的启发式智能优化算法，利用智能优化算法对第 6 章的多种能效优化模型寻优，并对结果进行对比分析。此外，此章还开展了航行时间、燃油价格、租船价格、免费碳排放额度和碳税税率的灵敏度分析。

第 8 章研究多因素影响下的船队营运能效综合优化与提升。开展船队营运能效数据的挖掘与分析，建立单船与船队营运能效优化模型。在此基础上，以内河航运船队作为研究对象，分析船舶能效的主要影响因素，开展单船与船队的能效数据采集与分析，研究基于营运数据分析的单船和船队营运能效优化方法。

第 9 章以一艘内河 690 客位电力推进游轮为研究对象，建立内河电力推进游轮营运能效优化模型，研究通航环境对船舶能效的影响，并研究基于航速优化和基于机组运行模式的内河电力推进游轮能效提升方法。

第 10 章总结本书的主要内容，并展望未来的研究方向。

第 2 章　船舶能效影响因素与优化方法

2.1　营运能效评价方法

2.1.1　单船能效评价指标

制定船舶营运能效的评价指标和评价方法，是船舶能效评估和探索船舶能效提升方法的基础与前提，也是建立船舶能效综合管理方案的关键所在。通过设定船舶能效的评价指标，可以分析不同船舶的能效水平，以及不同航行条件和运行状态下的能效状态，从而为探索船舶能效优化方法奠定基础。

针对大量的营运船舶，IMO 一直积极推动并采用技术和营运等措施以减少船舶温室气体排放，并不断探索船舶能效评价标准与能效优化管理措施。IMO 在 2009 年的 MEPC 第 59 届会议上通过了新的《船舶能效营运指数(EEOI)自愿使用指南》，根据该指南，船舶能效营运指数(EEOI)表示如下[115]：

$$\mathrm{EEOI}=\frac{\sum_{i}\mathrm{FC}_i\times C_{\mathrm{carbon}}}{m_{\mathrm{cargo}}\times D} \tag{2-1}$$

式中，i 为燃料种类；FC_i 为航次中船舶油耗的总量；C_{carbon} 为燃料的 CO_2 转换因子；m_{cargo} 为船舶的装载量；D 为船舶此航次的航行里程。

由 EEOI 的分析可知，其主要的影响因素为油耗、船舶装载量和船舶航次的航程。其中，船舶装载量和船舶航次的航程可从航运企业实际运行信息中获得，因此只要获得船舶的油耗及种类数据就可以获得 EEOI 和船舶的能效水平，这为航运企业监控船舶能效提供了有效的参考标准。EEOI 是一种重要的船舶能效水平与排放的监控工具，由 EEOI 的定义可知，EEOI 越小，表明船舶的能效水平越高，此船舶能效评价指标的提出为船舶营运能效的对比分析与探索有效的船舶能效优化方法奠定了基础。

2.1.2　船队营运能效评价指标

IMO 所提出的能效评价方法主要是针对单个船舶而言的，并没有明确提出整个船队的能效评价方法。然而对一个航运企业而言，船队的能效水平较单船的能效水平更为重要，因为单一船舶能效水平的提升并不意味着整个企业的船队营运能效水平的提升。相对于单船，船队营运能效水平的影响因素更多、更广泛，如市场运输需求、航行时间要求、港口作业时间等。这些因素会影响船队中各艘船舶的营运状态和航行条件，从而影响船队船舶总的油耗和船队的整体能效水平。因此，本节在单船能效评价方法的基础上，提出船队营运能效的评价指标，如式(2-2)所示。其本质为单位距离货物运输量的船队总的 CO_2 排放量。

$$\mathrm{EEOI_f} = \frac{\sum_j \sum_i \mathrm{FC}_{ji} \times C_{\mathrm{carbon}}}{\sum_j m_{\mathrm{cargo},j} \times D_j} \tag{2-2}$$

式中，j 为第 j 号船舶；FC_{ji} 为船舶 j 在航次 i 中的油耗；$m_{\mathrm{cargo},j}$ 为船舶 j 的装载量。

2.2　船舶能效影响因素分析

由船舶/船队的能效评价方法可知，船舶/船队的能效水平与单位距离单位货物运输量的油耗密切相关，而船队船舶的油耗与装载量、航线、主机转速、通航环境、航行时间要求、港口作业时间、燃油价格、运价、港口使用费、燃料价格等诸要素相关，因此可以说船队的能效水平是多要素综合作用的结果。船队的能效水平影响因素多，影响范围大，使船舶/船队营运能效的影响因素以及诸要素与船舶能效的作用关系错综复杂。为了在船舶能效影响因素分析的基础上探寻船队船舶能效提升方法，本节针对船队的营运过程分析船队船舶营运能效的影响因素，并简要分析这些因素对船舶/船队营运能效的影响，以期提出可行有效的船队船舶营运能效优化管理方法。

图 2-1 给出了船舶/船队营运能效影响要素分析流程。由图可以看出，船舶能效的影响因素较为复杂。首先，在确定航运企业的运输需求后，应根据货物的运输需求选定船舶航线及各航线不同类型船舶的分配，从而确保在规定的期限内完成货物的运输需求，同时最大化节约成本。因此，船队船舶的航线选择及船舶的调度是影响船队营运能效的主要因素之一。

在确定航线及此航线上的船舶类型后，不同的装载量和装载状态对船舶的吃水与纵倾有较大影响，船舶水阻力和风阻力都会因装载量和装载方式的不同而发生变化，因此在满足运输需求的条件下，合理的装载及最佳的装载方式是提高船队船舶能效的另一有效措施。在确定船舶的装载量后，影响船队船舶能效的主要因素为通航环境要素，如风速、风向角、水深和水流速度等。这些通航环境要素对船舶的航行阻力具有影响，进而对船舶的油耗具有重要的影响。此外，不同航段的主机转速甚至不同通航环境要素下的船舶主机转速对船舶的能效乃至对整个船队的能效水平都有较大影响，船舶主机功率与转速的三次方成正比，这意味着适当合理的降速可以大幅降低船舶功率，进而降低船舶油耗。然而，船舶航速的降低必然导致航行时间的延长，考虑到延误成本，以及为了满足运输需求所增加的船舶/航次成本，船舶降速航行需要在船舶航行日程其他环节节约时间，从而最大化挖掘降速航行所带来的能效优化潜力。其中，港口优化操作是船舶航程节约时间的重要环节，采取岸基通信、提高装卸效率等措施可以大幅减少船舶在港等待、停泊的时间，从而使船舶有更大的降速节能的潜力。下面具体从船舶装载、通航环境、船舶航线、船舶航速、港口操作，以及动力系统操作与控制对船队船舶能效的影响进行论证分析。

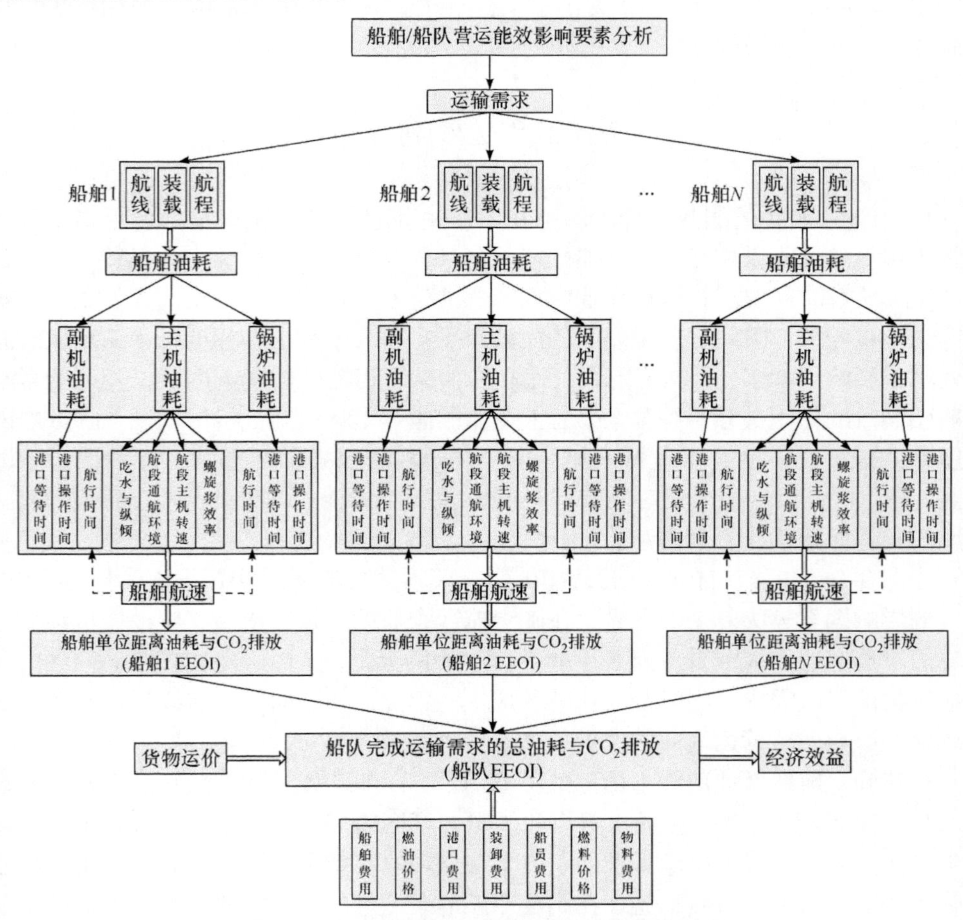

图 2-1　船舶/船队营运能效影响要素分析流程

2.2.1　装载量对船舶能效影响分析

船舶装载量对船舶能效的影响较为显著。一方面，船舶装载量作为 EEOI 计算公式的分母，直接影响 EEOI 的计算结果，增加船舶的装载量在一定程度上可以降低 EEOI，提高船舶的能效水平，但随着装载量的增加，对应的船舶油耗也会上升。尽管如此，增加船舶装载量仍然可以一定程度上提升船舶能效。因此，船舶大型化是提高船舶能效的有效方法之一。

另一方面，船舶装载状态直接影响船舶的吃水、纵倾等，如图 2-2 所示，进而影响船舶航行的阻力，从而影响船舶油耗和船舶能效水平。因此，在装载量一定的条件下，确定合理的装载位置和装载方式可以优化船舶航行阻力，从而减少油耗、提高船舶的营运能效水平。图中，R 为阻力，V_s 为船舶对水航速，P_B 为主机功率，P_D 为轴功率，P_E 为电机功率，η_O 为螺旋桨能量转换效率，η_R 为螺旋桨相对旋转效率，η_G 为齿轮箱传递效率，η_S 为轴系传递效率，η_H 为齿轮箱的转换效率，T_E 为有效推力。

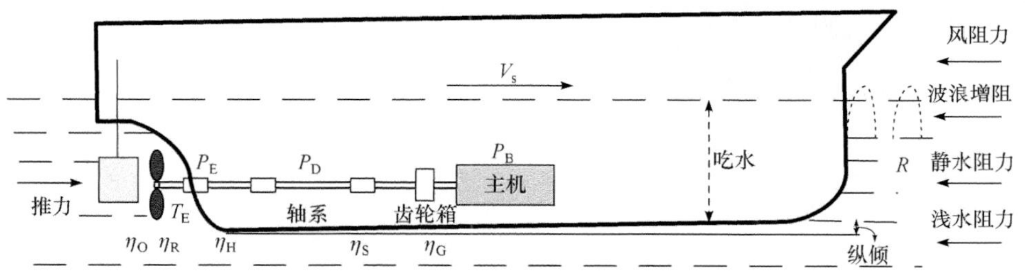

图 2-2　不同装载量下的船舶状态

此外，船舶压载水的管理及船舶燃料加注方式对船舶能效也有一定的影响，减少压载水和燃料加注同样可以降低船舶阻力及油耗。当然，这需要根据船舶的航行状态及燃料加注的位置，决策出最佳合理的压载水量和燃料加注量。

2.2.2　通航环境对船舶能效影响分析

通航环境对船舶阻力的影响较为显著，进而影响船队船舶的营运能效水平。船舶能效影响的通航环境要素主要包括风速、水深、水流速度等。这些通航环境要素分别影响船舶的静水阻力、风阻力、浅水阻力等。不同通航环境条件下的船舶油耗如图 2-3 所示。由图可以看出，在一定船舶航速的范围内，通航环境对船舶油耗的影响较大，可以说通航环境对船舶营运能效的影响不可忽视。

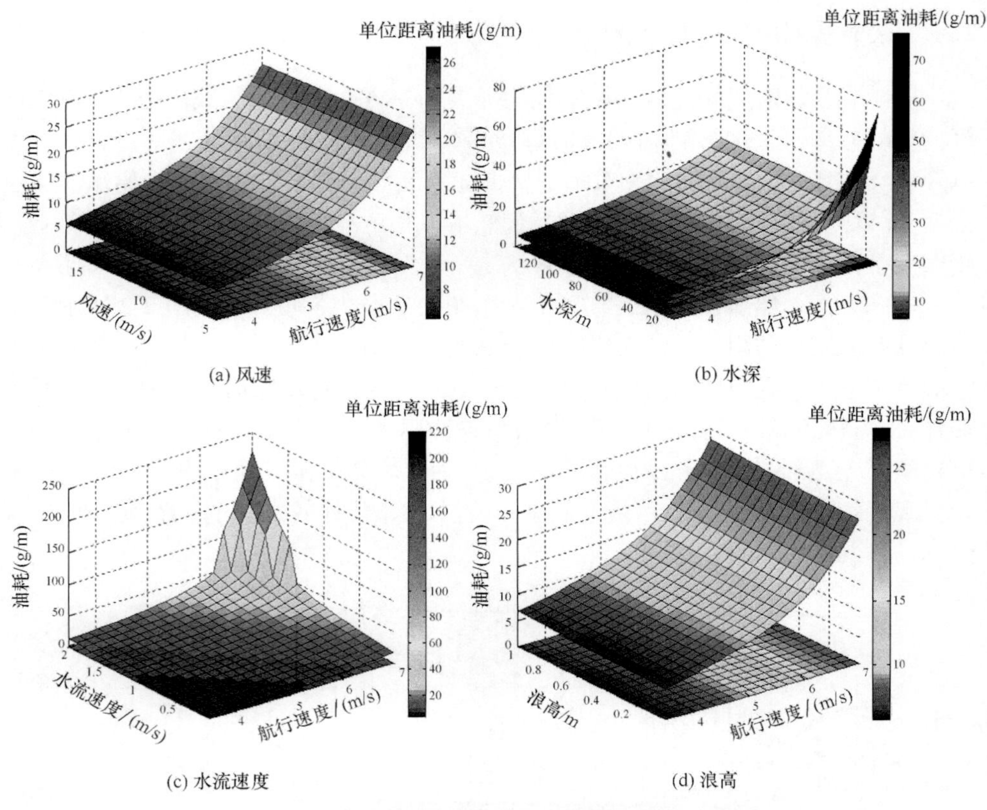

(a) 风速　(b) 水深　(c) 水流速度　(d) 浪高

图 2-3　不同通航环境条件下船舶的单位距离油耗

2.2.3　航线对船舶能效影响分析

不同航线的选择，一方面，直接影响船舶的航行距离，从而直接影响 EEOI；另一方面，不同航线的船舶通航环境要素差异较大，选择油耗低的通航环境所对应的航线可以大幅提高船舶能效水平，同时可以确保船舶航行的安全性。在此过程中，即使船舶的航程有所增加，船舶油耗的减低也可以大大抵消此影响。因此，根据实时的气象条件进行船舶航线的优化决策可以提高船队船舶的营运能效水平。

2.2.4　航速对船舶能效影响分析

EEOI 的本质是单位距离单位货物运输量所带来的 CO_2 排放量，船舶的能效水平与船舶航速/主机转速的二次方成正比，这意味着降低船舶航速可以大幅降低 EEOI。不同航速下的船舶能效营运水平如图 2-4 所示。由图可知，当船舶的装载量一定时，微小的航速调整可以带来巨大的节能效果。在航期宽松的情况下，船船航速的优化给船舶营运能效的提升带来了巨大的潜力。

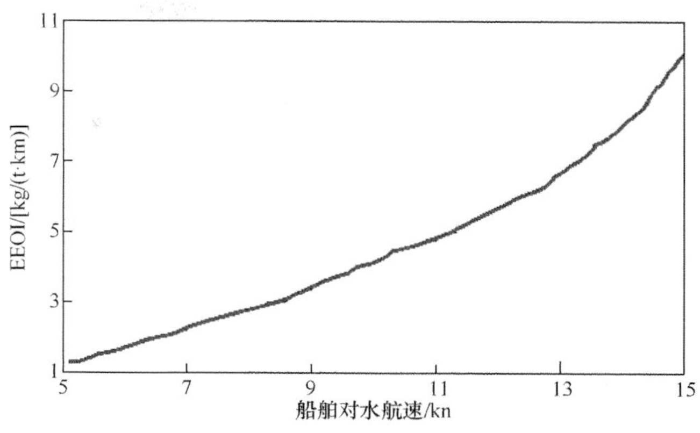

图 2-4　不同航速下的船舶能效营运水平

2.2.5　营运管理对船舶能效影响分析

基于船舶能效营运指数(EEOI)的分析，降低单位货物周转量的 CO_2 排放，主要是降低船舶关键系统和设备的能耗。因此，船舶动力系统/设备的优化管理与控制对船舶的营运能效也具有一定的影响。图 2-5 给出了船舶关键能耗系统/设备用能分析。由船舶的能耗分布可以看出，船舶大量能量浪费于排烟损失、冷却损失、推进损失和主机其他损失。主/辅机排烟和冷却损失约占全船总能量损失的 50%。推进损失主要是因为螺旋桨在工作时，产生有效推力的同时大量能量随着旋转尾流而耗散。从能量有效做功方面来看，船舶推进做功只占总有效做功的 50%左右，巨大的能量损失和低的能源转换效率直接影响船舶的能效水平。因此，动力系统合理操作与优化控制对提高能量利用效率、减少船舶油耗、降低能量损失显得尤为重要。通过优化系统各设备的工作性能及实现船舶总能的合理分配和调度，可以充分挖掘船舶能效提升的潜能。

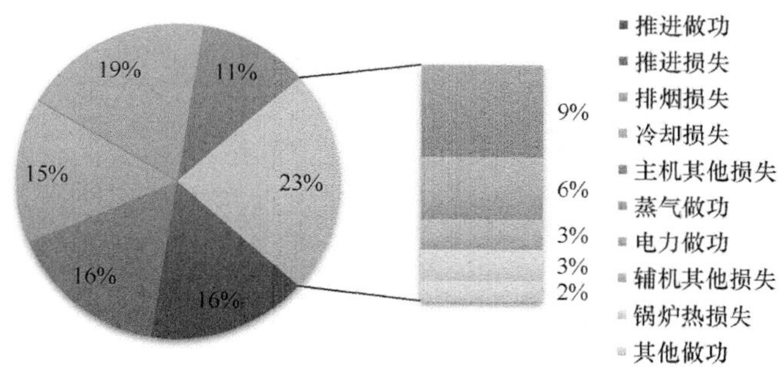

图 2-5　船舶关键能耗系统/设备用能分析

2.3 船舶能效优化方法分析

对船舶航行和燃油效率的监测做出正确的营运决策是船队管理者最直接和最有效地改善船舶能效的方法。通过每个航次的航速优化、最佳航线选择和最佳的吃水和纵倾状态的决策，可以保持船舶高效安全的航行。此外，对整个船队的能源利用进行精准和有规律的监测，可以进行船队船舶能效水平差异分析，找到能效低下的原因，并可在此基础上建立一个持续的改善机制。另外，共享船队营运能效数据甚至可以激励船员有更高的节能意识。本节针对营运船舶节能和能效管理所应考虑的核心因素进行分析，主要包括船舶航行优化、船舶能耗系统优化管理与控制、船队营运能效监测与管理等方面。

2.3.1 船舶航行优化

在船舶航行的过程中，综合考虑各种影响因素可以提高船舶能效，获取最大经济效益。目前，船队整体航行性能的管理与优化获得了业界人士的广泛关注，主要包括航速优化决策、最佳航线选择、航行姿态优化与船队营运管理等优化措施。通过综合应用这些措施可以提升船队的整体航行性能，进而有效提高船队的能效水平。

1. 航速优化

表 2-1 给出了船舶航速优化的具体信息，包括节约幅度、适用的船舶类型、适用范围和成本等。

表 2-1 船舶航速优化信息

项目	描述
节约幅度	航速降低 10%大约可以减少 20%的油耗
船舶类型	适用于所有船舶，但高速船的优化幅度较大
适用范围	新造船和营运船
成本	成本较复杂，取决于主机的维修保养、货物的时间成本、船东的运输需求以及燃油和航速的租赁协议

低速航行会带来一些不足，具体如下。

(1) 市场对货物运送速度的需求、船舶租赁合同对航速的要求导致服务水平降低。

(2) 机械设备长期低负荷运行性能变差。

(3) 需要更多的船舶来满足货物的运输需求。

(4) 在极低负荷下运行时，发动机油耗率的增加使发动机单位功率输出的油耗增加。

因此，在航速优化的过程中，综合考虑各种因素对船队营运性能的影响是至关重要的。

在航行日程允许的前提下，降速航行是实现节约燃料的有效途径。重点在于在日程表的哪些地方可以挤出一些额外的时间来降速。通过市场的运输需求与船队运力的匹配可以确定船舶最佳航速。此外，通过最小化船舶在港时间可以实现降速航行的最大化，如建设高效的货物装卸装备、完善港口操作程序等可以缩短在港时间。另外，合理的航线规划不仅可以缩短航行距离，而且可以避免恶劣的气象条件导致的航行时间延长，从而船舶有更多的时间进行低速运行。

2. 航线优化

根据预期天气规划船舶航行已是公认的优化措施，其根本目的是从出发港到目的港选择一个优化航线，以获得最安全的航行并确保准时到达。表 2-2 给出了船舶航线优化的具体信息，包括节约幅度、适用的船舶类型、适用范围和成本等。在航线优化的过程中，需要对考虑沿线风、浪、流条件的可能的航线进行模拟。在特定的航向和海洋状态下，可以通过船舶性能模型计算船舶保持速度的能力。然后，确定船舶对地的航速和航向，并且记录此预测航线的航行过程。如果不满足安全、能效的限制，就拒绝此航线而选择另一条航线。

表 2-2　船舶航线优化信息

项目	描述
节约幅度	取决于气候和航程，在恶劣天气下或需及时到达时较为显著
船舶类型	适用于所有船舶
适用范围	新造船和营运船
成本	取决于航次成本和船载软件购买成本，每航次 200～1000 美元

气象定线可以通过各种形式展现。例如，气象定线信息可以简单地通过电子邮件发送到船舶，也可以通过船上或岸上的应用程序来实现船队船舶的管理功能。气象定线服务终端和海上船舶之间互联，不仅可以实现航线的定期更新，也可以使船舶接收实时的海况预报信息及预期的船舶响应信息。此外，通过强大的船载计算机应用程序可以直观地显示航线和船舶的性能信息，从而辅助船舶进行航行决策。更先进的系统在航线优化算法中可以综合考虑用户指定的环境或安全约束、自愿降速、航向变化阈值等，确保船舶安全高效航行。

3. 船舶装载与航行姿态优化

船舶装载与船舶航行姿态对船舶阻力具有较大影响。通过满载来最大限度地利用船舶舱容可以降低单位运输货物的油耗，从而提高船队船舶能效。表 2-3 给出了船舶航行姿态优化信息，包括节约幅度、适用的船舶类型、适用范围和成本等。在货物运输需求充足的条件下，重要的是充分利用船队船舶的装载能力。船队管理者通过相关工具准确、快速地计算不同装载状况下的吃水、纵倾、强度和稳定性，以及不同状态下的船舶能效水平，可以更好地利用货物分配进行舱容应用优化。

表 2-3　船舶航行姿态优化信息

项目	描述
节约幅度	1%～2%油耗
船舶类型	适用于所有船舶，但对于长航程船舶的优化幅度较大
适用范围	新造船和营运船
成本	成本较复杂，取决于系统的成本、货物装载优化的成本以及压载水的调节成本等

此外，货物的装载方式也直接影响能源消耗。例如，以整体空气动力学形式将集装箱放置在甲板上以减少空气阻力；优化冷藏集装箱的装载位置以实现最小化吸热；优化液体货物温度管理以减小发电机或蒸汽负荷。此外，通过优化压载舱的数量和装载调整船舶的纵倾/吃水来减小船舶阻力，也可以达到船队船舶能效优化的目的[116-120]。

4. 船队航行优化

航运企业通常经营具有不同经济技术参数的复杂船队。船舶技术参数的差异增加了船队管理的复杂性。此外，单艘船舶的能效优化并不意味着整个船队的能效最优，船队的能效与每艘船舶的统一部署和调度、航线的选择与航速的优化等因素息息相关，并且这些因素相互关联、相互影响，只有统筹优化，才能达到全局效果最佳的目标。大数据的发展为船队营运能效的统一优化提供了新的思路。在船队营运能效影响因素分析的基础上，通过获取大量的通航环境、船队船舶状态和能耗、营运等数据，采用大数据的分析与挖掘方法，分析主机转速、通航环境、船舶装载、航行时间约束、港口操作效率等因素对船队营运能效水平的影响。在此基础上，通过建立考虑多因素、多约束条件下的船队综合经济效益与能效模型，提出船队营运能效优化方法，从而实现船队船舶的优化管理、航线的选择、航速优化、装载与吃水优化等，以提高整个船队的经济效益和能效水平。

2.3.2　船舶能耗系统优化管理与控制

船队船舶的能效优化应该考虑主要能耗系统和设备的能源利用效率，通过监测各关键系统和设备的用能情况，可以了解各系统设备的工作状态和全船的能量流向。在此基础上，通过设计系统设备的优化管理策略可以有效地提升船舶能效水平。

1. 船舶能量流分析

为了提高船队船舶关键能耗系统/设备的运行效率，需要评估这些系统/设备当前的工作状态和用能情况。首先，通过对船上能源消耗设备进行能源消耗统计，以获得每个系统/设备的当前能源使用情况；其次，确定哪些能源消耗设备未以最高效率运行、哪些能源消耗设备与其负载和服务不能完好匹配；然后，对结果进行评估，并对升级或改善设备进行成本/效益分析，以提高效率；最后，根据效率提升的幅度和完善的难易程度确定改善措施。

此外，船舶能耗监测和设备优化不应该分开进行，恰当的船载能源管理需要了解每个系统的性能是如何影响其他系统/设备的，如船舶运行状态和负载如何影响主发动机和发电机负载。船舶操作者应考虑不同船舶运行工况的电力负载的功率平衡，以调整发电机在最节油的负载条件下运行。此外，在船舶操作允许的条件下，船员可以关闭或减慢非必需的泵、风扇或灯等。这样做可以使系统/设备的改进与整船效率的提升互补。

2. 船舶能耗系统的优化管理与控制

船舶系统运行期间往往是主推进系统与多台辅机联合工作，并且系统实际运行情况较复杂，除了与船舶的航行工况有关，某一系统运行往往还会受到船舶平台其他系统运行工况及各种外部环境因素的影响，因此推进系统及辅助设备的综合管理与控制可以改善船舶能源消耗，从而影响船舶的能效水平。

船舶综合节能控制系统的设计与应用是实现船舶能效整体提升的有效途径。通过船上安装的各种传感器，可以获取船舶各系统的工况参数及外部环境参数。一方面，船舶综合节能控制系统可以计算船舶的经济航速，并结合航次的航线、航向、航速及气象、水文等信息，对船舶营运航速的模型进行优化，以达到船舶推进系统节能的目的；另一方面，船舶综合节能控制系统会综合考虑其他能耗设备的工作状态，与船舶的航行进行集成化的控制和管理，如不同运行工况下的船舶发电机、负载等的工作状态控制等，从而实现全船系统能效的实时优化管理与控制。

2.3.3　船队营运能效监测与管理

1. 船队营运能效监测与分析

船队营运能效监测与分析是探索船舶能效优化方法、制定能效管理体系的基础。船队管理者应致力于开发一个基于船队的能耗监测与分析系统，包括数据收集、分析、报告和传送等，使其能够以统一的方式和较高的准确度实现燃料管理和能源效率优化。通过监测船队各艘船舶的能效水平，可以直观地看出各艘船舶的能量利用水平，确定船舶是否部署在最有效的方式下运行。此外，基于所收集的船舶航行信息、机械操作参数、船体和螺旋桨检验报告、维护和清洁活动等，通过联系机械设备、推进系统、船舶设计参数等，可以实现全面的能源效率监测与分析，以及探索系统的能效优化，如将数据收集和系统/设备的性能分析整合起来实现能效的监测和优化等。

2. 船队船舶能效管理计划

船舶能效优化措施的优劣在很大程度上取决于船舶类型、货物、路线及其他因素，不存在放之四海而皆准的 SEEMP。因此，根据船队船舶的营运条件和特点，按照能效管理的总体框架和流程制定合理的能效管理体系是航运企业提高船队营运能效的关键。IMO 制定的《船舶能效管理计划(SEEMP)制定导则》通过计划、实施、监控、自我评估和改进对船舶能效进行监测管理，以提高船队船舶的能效水平，SEEMP 实现过程如图 2-6 所示。

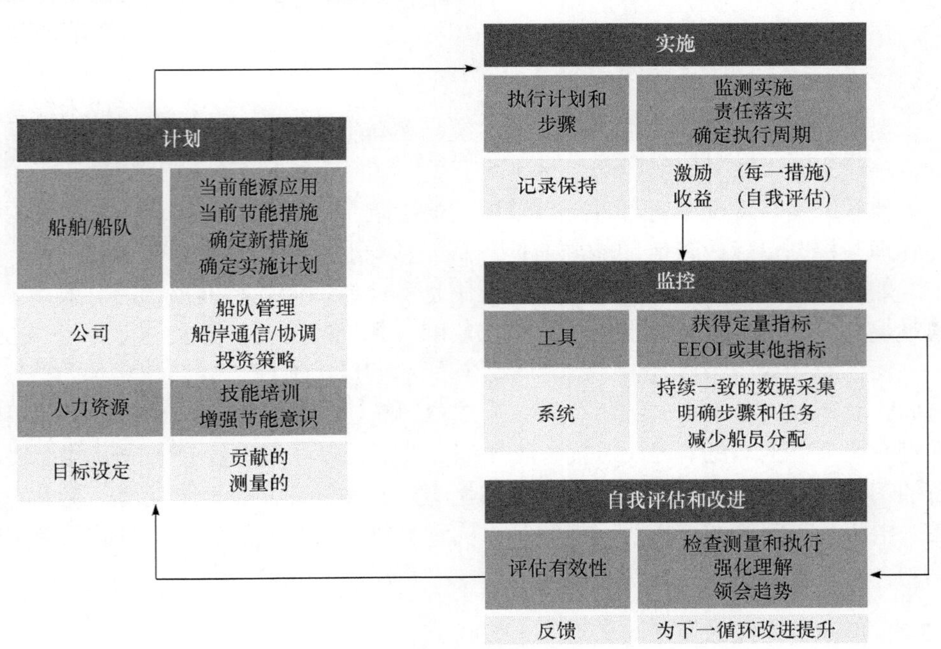

图 2-6　SEEMP 实现过程

计划阶段的核心功能是当前船队船舶能源效率的评价，以及新措施的评估和选择。具体计划任务包括：①船舶/船队能耗的评估；②设置船舶、船队和企业能效目标；③节能措施的评估和选择；④明确、开发监测性能的工具；⑤起草完成的 SEEMP。

实施阶段需要对船舶、操作和管理进行必要的变更，包括 SEEMP 每个部分的责任分配、工程设计开发和培训。具体应包括：①发布 SEEMP；②更改操作流程和系统；③分配责任；④对船员和近岸人员进行培训。

监控阶段应涵盖船舶的操作过程和整个船舶寿命周期。监控意味着连续收集相关数据，通过自动化的数据采集以最大限度地减少船上人员的信息记录时间。此外，企业应设计、实施良好的监控系统和实施流程，包括数据报告和分析。

在自我评估和改进阶段，应合理地分析影响船舶能效的因素，并采取相应的措施提高船舶的能效水平。主要包括以下操作：①船队船舶监测数据的分析，以及对既定指标和计划的性能审查；②对观测的性能进行因果关系辨识、提出改变和提升的建议；③对 SEEMP 的有效性进行审查，并提出对 SEEMP 进行完善的建议；④实现改进并持续监控。

通过建立能效管理体系可逐步实现船舶/船队营运能效的最大化，从而促进航运业的节能减排。

2.4　本 章 小 结

本章在船舶能效评价指标分析的基础上，提出了船队营运能效的评价指标与方法；围绕能效评价方法，论述了影响船舶能效的主要因素。在此基础上，探讨了提升船舶能效的方法，主要结论如下。

(1) 船舶装载、通航环境、航线、航速、港口操作，以及动力系统操作与控制是船舶营运能效的主要影响因素，在优化船舶营运能效的研究中需予以考虑。

(2) 船队能效与众多因素相关，而且这些因素之间相互关联、影响。采用大数据的分析与挖掘，制定考虑多因素的船队营运能效优化方法与综合优化管理方案是船队船舶能效优化的关键。

第 3 章　船舶能效数据采集与管理系统

3.1　船舶能效数据需求分析

内河航行环境的复杂性和多样性，使内河航运系统比远洋航运系统更加复杂。通航环境是影响船舶阻力的重要因素，不同的通航环境下船舶航行阻力差异较大，而阻力与船舶能耗直接相关。因此，分析不同通航环境下的船舶能效水平，对船舶航行优化与决策至关重要。

船舶航行的阻力主要包括静水阻力、风阻力、浅水阻力和波浪增阻。静水阻力的主要影响因素包括船舶的航速和水流速度；风阻力的主要影响因素为风向角和风速；浅水阻力的主要影响因素为水深；波浪增阻的主要影响因素为浪高。此外，为了研究船舶能效水平与通航环境的对应关系，船舶主机的输出功率和油耗数据的采集也至关重要。除此之外，为了计算船舶的经济效益，还需要获取船队船舶的营运数据。综上，所需采集的通航环境数据和船舶能耗数据如表 3-1 所示，船队船舶的营运数据如表 3-2 所示。

表 3-1　船队船舶通航环境与能耗数据需求

数据类型		通航环境			船舶能耗			
N 艘船舶组成的船队(共 n 个航次)	航次 1	航次风速风向	航次水深	航次水流速度	船舶航速	主机转速	主机功率	主机油耗
	航次 2	航次风速风向	航次水深	航次水流速度	船舶航速	主机转速	主机功率	主机油耗
	…	…	…	…	…	…	…	…
	航次 n	航次风速风向	航次水深	航次水流速度	船舶航速	主机转速	主机功率	主机油耗

表 3-2　船队船舶营运数据需求

数据类型		船队船舶营运数据						
N 艘船舶组成的船队(共 n 个航次)	航次 1	航次航程	航次航行时间	港口操作时间	港口使用费用	航次维护成本	航次其他成本	运价(运费)
	航次 2	航次航程	航次航行时间	港口操作时间	港口使用费用	航次维护成本	航次其他成本	运价(运费)
	…	…	…	…	…	…	…	…
	航次 n	航次航程	航次航行时间	港口操作时间	港口使用费用	航次维护成本	航次其他成本	运价(运费)

3.2　数据采集与存储方案

船舶能效数据的采集与存储是船舶能效分析和能效优化方案建立的基础和前提。集船载能效数据采集与监控系统和岸基能效数据分析平台于一体的船舶能效数据采集与存储方案，如图 3-1 所示。

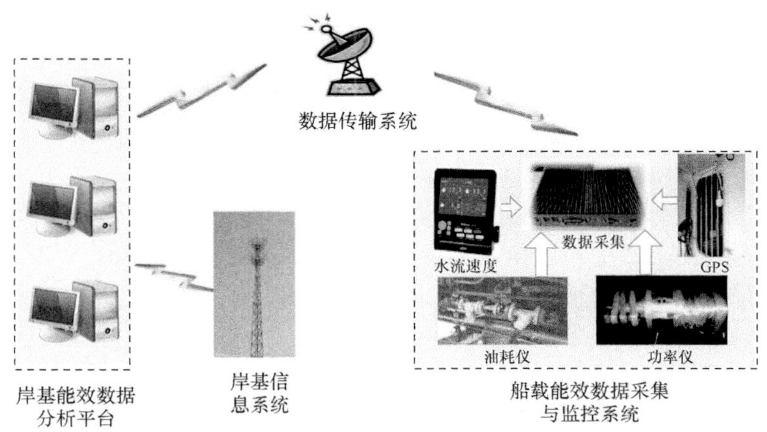

图 3-1　能效数据采集与存储方案

船载能效数据采集与监控系统通过安装在船舶上的相应传感器，获得通航环境、船舶能效等数据。一方面，将这些数据存储于船载工控机中，供船上分析、显示使用；另一方面，根据需要传送至岸基能效数据分析平台，为更深入的数据分析和优化方案的研究等奠定数据基础。

岸基能效数据分析平台一方面通过数据传送获得通航环境和船舶能效等数据；另一方面通过岸基信息系统获得各艘船舶的基本参数数据和营运状态等信息，从而为船舶能效的优化研究提供数据来源。

3.3　船载数据采集与管理系统

通过 3.1 节的分析，考虑通航环境数据对船舶能耗的影响是船舶能效优化研究的重要一环，因此对于能效相关数据采集设备的工作原理及安装设计也应该是研究人员关注的重点。

3.3.1　系统架构与功能

图 3-2 为所设计的船载能效数据采集与监控系统架构图。其主要包括数据采

集模块、信号处理与通信模块、显示界面模块、系统模型、能效管理与控制模块。船载能效数据采集与监控系统通过风速风向仪采集风速、风向角数据；通过 GPS 和测深仪获得航速和水深数据；通过计程仪采集船舶对水的速度数据；通过轴功率仪采集转速和转矩数据；通过油耗仪采集实时油耗数据；通过电子控制单元(electronic control unit, ECU)获得主机工况参数数据；通过电流、电压互感器获得电网的实时电流与电压参数。所有采集的数据均传输至中央处理单元。中央处理单元根据所建立的能效模型和所制定的控制策略，对船舶主机和关键能耗设备进行合理的管理与控制，使船舶推进系统及关键能耗设备工作在能效最佳点。系统设置自动与手动操作功能，当航行条件允许时，可以切换到自动控制状态；当航行条件不允许时，可自动由自动状态切换到手动操作状态，此时，系统可以为船舶操纵者提供参考。

船载能效数据采集和监控系统的核心为系统模型和能效管理与控制模块。控制系统通过传感器采集系统所需的参数，由显示模块进行参数的实时显示；根据能效与通航环境动态模型及制定的能效管理策略，对船舶的最佳航速进行智能决策，以及对关键能耗设备进行优化管理。

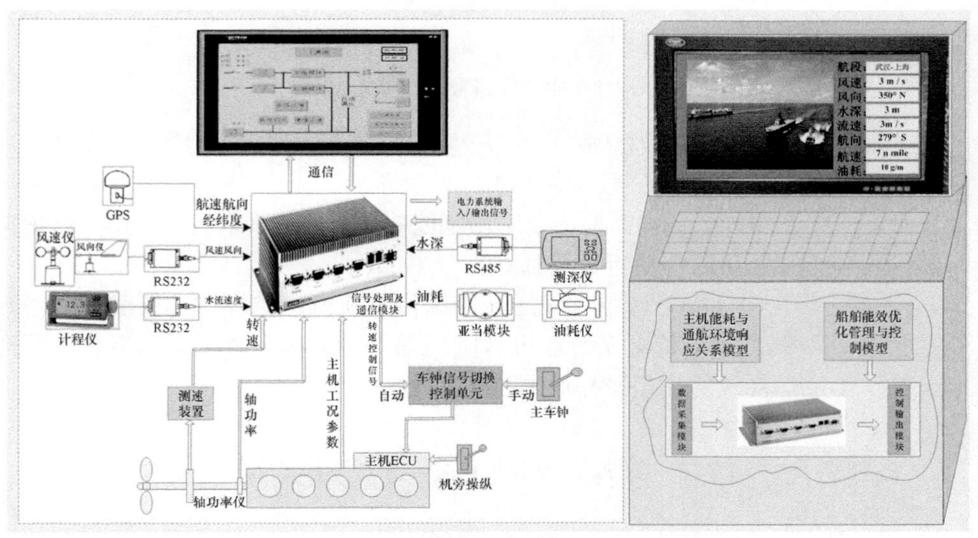

图 3-2 船载能效数据采集与监控系统架构图

综上，所设计的船载能效数据采集与监控系统具有以下功能。

(1) 主机各参数显示、监控、报警功能。

系统可实时显示油温、油压、水温、水压、排气温度、主机转速、轴功率等参数。当某些参数出现异常时，发出声光报警。

(2) 通航环境显示功能。

系统可实时显示风速、风向角、水深和水流速度等通航环境参数。

(3) 船舶电站各参数显示功能。

通过船舶电网参数显示界面实时显示电网和发电机的电流、电压、频率、功率和功率因数等参数。

(4) 船舶最佳航速及最佳主机转速实时显示功能。

当外界通航环境发生变化时，系统根据船舶的能效优化模型给出船舶最佳航行速度及主机的最佳转速，通过主机参数显示与控制界面实时显示最佳主机转速与船舶最佳航速信息。

(5) 主机转速控制功能。

在获得不同航行环境下船舶主机的最佳转速后，在外界条件允许的情况下，系统根据船舶能效优化模型自动输出最佳主机转速控制信号，但当外界条件不允许使用最佳航速自动控制时，可自动地转为手动控制，即由车钟控制主机转速，此时船舶最佳航速信息可为船员操作提供参考。

3.3.2　数据采集设备

所需采集的船舶能效数据与通航环境数据主要包括主机油耗、主机转速和轴功率、水流速度、水深、风速、风向角以及 GPS 等数据。

1. 油耗数据采集

燃油流量是能效系统的关键参数之一。准确可靠的燃油流量测量是能效管理系统良好运行的基础，内河船舶燃油瞬时流量的测量中涉及两项关键技术：①燃油流量传感器的工作原理；②燃油流量传感器的安装设计。

1) 燃油流量传感器的工作原理

当前市场上常见的燃油流量传感器主要分为两大类，一类是质量流量传感器，另一类是体积流量传感器。质量流量传感器是利用流体在不断振动的管中流动，从而产生与该流体的质量流量成正比的科里奥利力，再通过对科里奥利力的测量间接得出流体流量，通过测量流体的质量或密度计算出流量，它测量的是通过管道的物质质量或重量，而不是仅考虑体积大小。质量流量传感器具有测量介质广泛、测量精度高、可靠性高、故障率低等优点。常见的质量流量传感器有热式质量流量传感器、多参数涡轮式流量传感器等。

体积式油耗仪的测量原理如图 3-3 所示。其测量容器由 A、B、C 三个容器组成，测量时可根据需要选择 A、$A+B$、$B+C$ 或 $A+B+C$ 作为测量容积。

体积式油耗仪工作原理如下。首先，将三通阀置于充油位置。在油箱截止阀打开后，油箱内的燃油分为两路，一路向测量容器充油，另一路直接进入发动机。

充油完成后，将三通阀置于供油位置。此时，油箱仅向发动机供油，启动发动机，并使发动机稳定工作在规定的工况。开始测量时，三通阀置于测量位置，发动机便由测量容器供油，当液面达到测量上限时开始计时，达到测量下限时停止计时，记录时间，从而测得油耗量。测量结束后，重新将三通阀置于充油位置，油箱内的燃油向测量容器内补充，为下次测量做好准备。

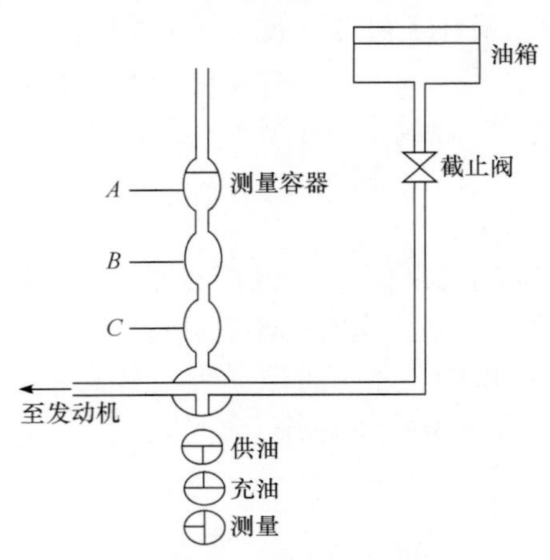

图 3-3　体积式油耗仪测量原理

这种测量方法随着电子技术的发展，实现了自动计时测量。液面测量起始位置和停止位置由光电管检测，计时功能由计时器完成，三通阀采用电磁阀。

2) 燃油流量传感器的安装设计

在确定燃油流量传感器类型后，其安装设计也是需要考虑的，因为安装方式会影响测量结果的准确度。船用柴油机为传统的柴油机，进入该柴油机的燃油量是通过控制进入喷油泵的燃油的回油量实现的。因此，柴油机的实际瞬时油耗量 q 为进入柴油机喷射泵的流量 q_1 减去回油量 q_2 。柴油机的实际瞬时油耗量 q 可通过两种方式获得：第一种方式是每个柴油机使用两个油耗仪分别测量柴油机喷射泵的流量 q_1 和回油量 q_2 ，然后通过 q_1 减去 q_2 得到 q ，这种方式的示意图如图 3-4 所示；

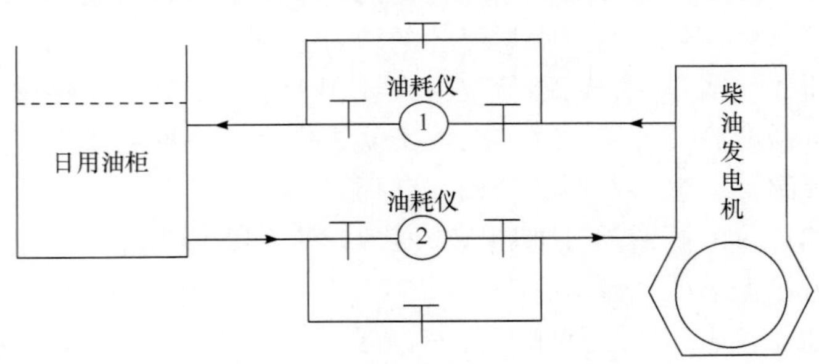

图 3-4　油耗仪安装方式 1

第二种方式是在燃油输送管道上安装一个油耗仪，将柴油机的回油管直接连接至流量传感器的输出端，这种方式的示意图如图 3-5 所示。

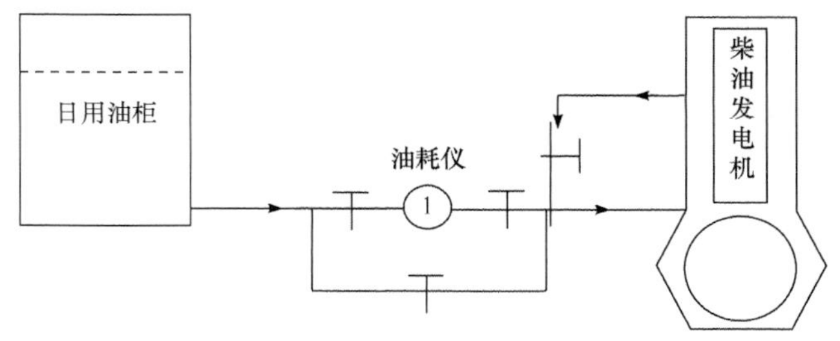

图 3-5　油耗仪安装方式 2

这两种方式都存在缺点，第一种方式的缺点为：如果回油量 q_2 非常小，就会导致 q_2 测量不准确，从而导致 q 不准确。第二种方式虽然节省了一个传感器，降低了成本，但由于回油经过喷油泵加压后温度升高，如果回油量较大，就会影响进入柴油机的燃油黏度，对燃油的燃烧效率产生影响。

为了避免第一种或第二种方式可能产生的问题，将第一种方式和第二种方式进行结合，设计了第三种方式，如图 3-6 所示。这种方式的使用方法是：当回油量较小时，关闭阀 2，打开阀 3，使燃油系统按第二种方式运行；当回油量较大时，关闭阀 3，使燃油系统按第一种方式运行。这样可以确保无论回油量大小，都可以测得比较准确的燃油瞬时流量。

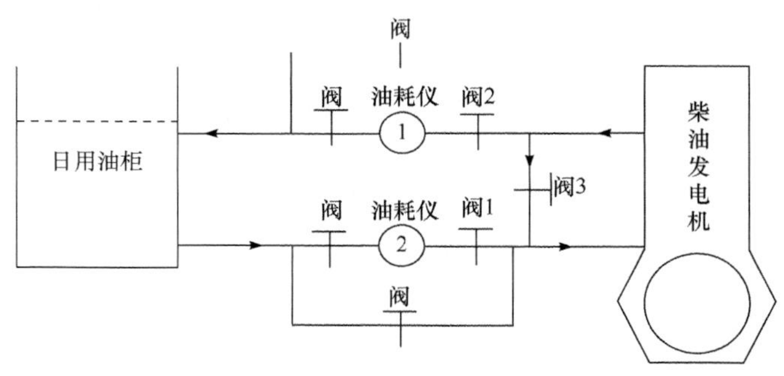

图 3-6　油耗仪安装方式 3

2. 尾轴功率数据采集

1) 轴功率传感器的工作原理

轴功率的测量采用基于应变片原理的轴功率传感器，可用于测量扭矩、推力、速度和轴功率等。轴功率传感器的工作原理为：首先在它的弹性元件上粘贴应变敏感元件，当被测物理量作用在弹性元件上时，弹性元件的形变引起应变敏感元件的变形，从而使其阻值发生变化；再通过测量转换电路将阻值变化转换为电压信号输出，电信号的大小反映被测量的大小。

在标准的轴扭矩测量技术中，应变片被证明是最精确的。轴功率传感器采用应变片，连接到传动轴上，将扭矩施加到传动轴上时产生的微小表面应变转换为电信号。应变片连接在一个全扭矩桥式电路中，如图 3-7 所示。

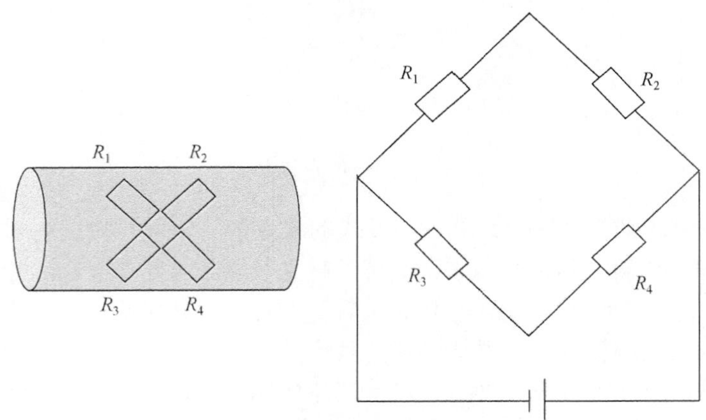

图 3-7　轴功率传感器的原理结构

当主机运行时，传动轴开始输出扭矩，在有施加激励电压的电桥上会输出几个毫伏电压。应变片控制器采用专用控制器，利用交流励磁技术消除老式模拟系统中由于绝缘电阻和噪声而产生的误差。安装在传动轴上的转子微控制器精确测量电桥输出信号，并将这个电信号发送给数据处理单元。利用微控制器计算平均扭矩，然后显示在本地显示器上，并输出串行和模拟格式。测量的扭矩可以用来计算输出功率。

2) 轴功率传感器的安装设计

轴功率传感器的安装设计应遵循以下原则。

(1) 扭力计应该安装在轴中间的位置，这样便于操作和维护。

(2) 对于超长轴，如巡航船，轴应该安装在尽可能方便的前部，以避免由船体弯曲或船体/轴差热膨胀而导致的定子和转子之间的差动运动。应变片应该位于距离任何轴承至少 2 倍直径的位置，以避免因热点和热梯度造成的误差。

(3) 要安装应变计的轴表面应一丝不苟地清洁和对规的精确标记。

(4) 通常采用热固化工艺，将轴的局部温度提高到 40～65℃，此时压力表被黏合，黏合剂设置超过 3～8h，取决于轴的尺寸。应变计配有电气连接和引线，并涂有涂层，以避免任何污染物或水分的进入，这将长期影响稳定。

(5) 安装机械部件，需要对整个仪器进行测试和校准。

3. 对水航速数据采集

对水航速数据的采集通常采用精度较高的多普勒计程仪。该传感器具有较高的精度，操作简便，功能齐全。该仪器可适用于远洋、近海和内河的各种类型的船舶。

1) 多普勒计程仪工作原理

多普勒效应是当振动波源与测点之间存在相对运动时，测点实际接收到的频率并不等于波源实际频率的现象。多普勒计程仪利用多普勒效应原理，采用先进的微机控制和数据处理技术开发的船舶助航仪器，能精确地测量船舶相对于水层的速度，是满足现代化船舶导航要求的新型船用计程仪。

多普勒计程仪的主要单元及用途如表 3-3 所示。多普勒计程仪主要由显示单元、控制单元、收发单元、换能器、导游罩和海底阀等装置组成。

表 3-3　多普勒计程仪的主要单元及用途

系统单元	用途	安装位置
显示单元	液晶：显示船舶航行速度与航程信息 按键：开关机，操作菜单，控制整个系统	驾驶室
控制单元	接收收发单元与外部设备输入的速度信息，信息处理后，将速度与航程输出至显示单元，或输出至外部设备	驾驶室
收发单元	接收换能器发射的超声波信号，转换为速度信号，输出至控制单元	距离换能器 20m 处
换能器	发射或接收超声波，将接收的超声波信号输出至收发单元	船底
导游罩	辅助换能器安装，不能实现水中更换换能器	—
海底阀	辅助换能器安装，可实现水中更换换能器	—

2) 多普勒计程仪安装设计

(1) 安装位置选择。

对水航速测量主要采用两种方式：①在船舷侧面安装水流速度传感器测量；②在船底安装计程仪测量。两种安装方式如图 3-8 所示。

第一种测量方式的优点为：船底不用开孔，安装相对容易。缺点为：由于传感器和安装支架部分暴露在船体外，可能会影响测量准确度，另外，如果安装传感器一侧的船舷靠码头，就有可能损坏传感器。

第二种测量方式的优点为：由于传感器安装在船底，传感器没有暴露在船体外，传感器不易损坏。缺点为：船底必须开孔，安装工作必须在船坞进行，安装较烦琐。

两种方式相比，第二种测量方式更为精确和可靠。

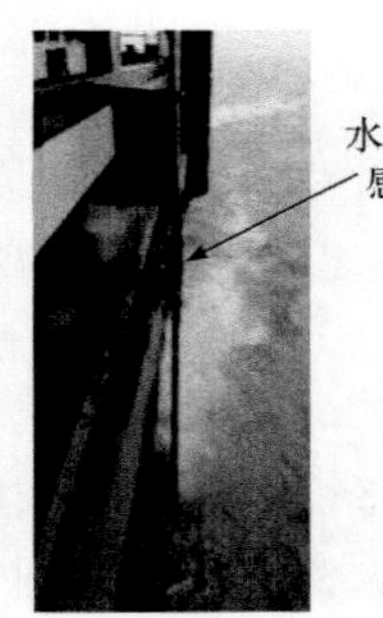

(a) 船舷侧面安装水流速度传感器

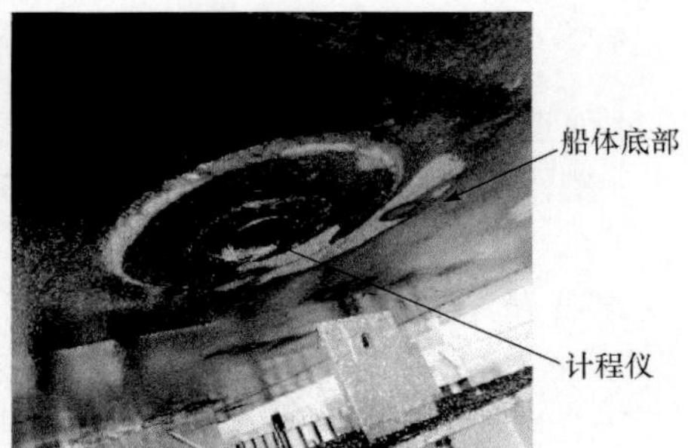

(b) 船底安装计程仪

图 3-8　水流速度传感器安装位置

(2) 显示单元安装注意事项。

显示单元安装方式分为悬挂式和嵌入式，具体安装方式根据实际情况进行选择，注意事项如下。

① 不可将显示单元暴晒于太阳之下。

② 不可将显示单元安装于排气管或通风口处。

③ 不可将显示单元安装于电力设备附近，如马达或发电机。

④ 显示单元安装位置的温湿度应适中稳定。

⑤ 显示单元的背部与侧面应预留维修空间，便于维修与维护。

(3) 收发单元与控制单元安装注意事项。

① 收发单元为散热设备，应安装于通风干燥处，散热处不应覆盖物品。

② 控制单元重量较大，必要时应加固。

③ 为了便于日常的维修与维护，安装时，应在设备的背部与侧面预留空间。

④ 为了避免电磁干扰，收发单元和控制单元应与罗经保持安全距离。

⑤ 为确保计程仪在最佳状态下工作，控制单元与收发单元之间的电缆应不超过 150m。

(4) 换能器安装注意事项。

① 换能器是精密的设备，运输、安装时应小心处理，不可重压、跌落，或在空气中工作，其表面不得附有油漆或寄生物。

② 换能器尽量安装在艏部区域，因为球鼻会在船底产生气泡影响测量。必须保证换能器在任何船速或轻载情况下沉于水下或避免接触漩涡气流。

③ 换能器定位直接影响设备的显示效果，定位至少距离回声测深仪 2.5m。

④ 换能器应垂直安装于船舶中心线，确保换能器插到海底阀底部。换能器艏艉线与船舶中心线允许最大偏转角度为±5°，允许偏移船舶中心线最大距离为 0.5m。

⑤ 为确保计程仪在最佳状态下工作，换能器与收发单元之间的电缆(换能器自带电缆)不能自行延长。

(5) 换能器(阀门)安装事项。

换能器具体安装工艺、安装位置参考所选换能器型号说明书要求。

值得一提的是，换能器安装后需要进行密性试验。密性试验时，要求装好换能器；试验后，拔出换能器，关好闸阀，避免换能器被污染或损坏，船舶下水前应装好换能器。

4. 对地航速及航行位置数据采集

1) 传感器工作原理

GPS 具有一系列的优势：①全球覆盖连续导航定位；②高精度三维定位；③实时导航定位；④被动式全天候导航定位；⑤抗干扰性好、保密性强等。

北斗卫星导航系统(BeiDou Navigation Satellite System, BDS)是我国自行研制的全球卫星导航系统，是继美国 GPS、俄罗斯全球卫星导航系统(Global Navigation Satellite System, GLONASS)之后第三个成熟的卫星导航系统。我国 BDS、美国 GPS、俄罗斯 GLONASS、欧盟伽利略卫星导航系统(Galileo Navigation Satellite System, GALILEO)是联合国设定的全球导航卫星系统国际委员会已认定的供应商。

通过接收卫星信号定位，可以获取本船位置、高度、方位、所在区域、时间、航速和航向等。船舶对地航速和航行位置可通过 GPS/BDS 获取，利用安装在船舶驾驶台顶部的 GPS/BDS 来获取对地航速及船舶航行位置。

2) GPS/BDS 的安装设计

由图 3-9 可知，在选择 GPS/BDS 天线安装的位置时，应注意以下几点。

(1) 选择的位置应避开雷达辐射，避免破坏或影响 GPS/BDS 信号的接收。

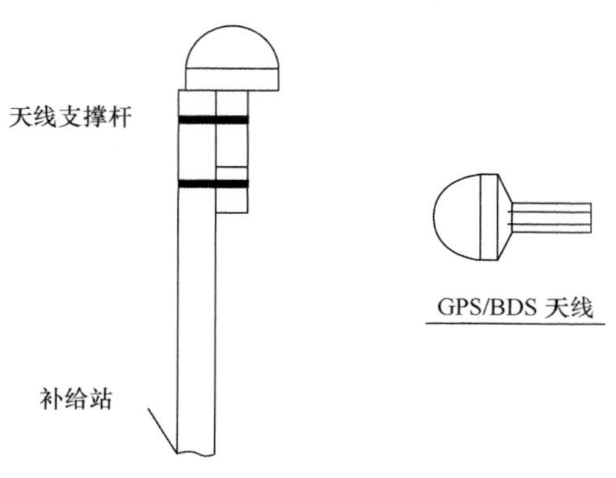

图 3-9　GPS/BDS 安装示意图

(2) 在卫星的视线上不应有障碍物。视线上的障碍物(如桅杆等)会阻挡信号的接收或延长卫星的搜索时间。

(3) 安装位置越高越好，一方面可以避免阻挡，另一方面可以防止被海水溅湿，沾上水会影响接收信号。

(4) 电缆接头应进行防水处理。

5. 推进电机及柴油发电机转速数据采集

为了不影响推进电机及柴油发电机的正常运行，选用以光电效应制成的非接触式光电转速传感器进行相关转速数据的采集。

1) 转速传感器的工作原理

(1) 投射式光电转速传感器。

投射式光电转速传感器设有读数盘和测量盘，两者之间存在间隔相同的缝隙。投射式光电转速传感器在测量物体转速时，测量盘会随着被测物体转动，光线会随着测量盘的转动不断经过各条缝隙，并透过缝隙投射到光敏元件上。

投射式光电转速传感器的光敏元件在接收光线并感知其明暗变化后，即输出电流脉冲信号。投射式光电转速传感器的脉冲信号，通过在一段时间内的计数和计算，可以获得被测量对象的转速状态。

(2) 反射式光电转速传感器。

反射式光电转速传感器是通过在被测量转轴上设定反射记号，而后获得光线反射信号来完成物体转速测量的。反射式光电转速传感器的光源会对被测转轴发出光线，光线透过透镜和半透膜入射到被测转轴上，当被测转轴转动时，反射记号对光线的反射率就会发生变化。

反射式光电转速传感器内装有光敏元件，当转轴转动反射率增大时，反射光线会通过透镜投射到光敏元件上，反射式光电转速传感器即可发出一个脉冲信号，而当反射光线随转轴转动到另一位置时，反射率变小，光线变弱，光敏元件无法感应，即不会发出脉冲信号。

2) 转速传感器的安装设计

(1) 传感器安装环境比较恶劣时，安装材料采用 316L 不锈钢(包括支架、夹紧装置等)。

(2) 传感器安装完毕后，需要进行试运行，待各部分稳定后，方可进行正常的工作。

(3) 转速传感器与齿轮的安装间隙为 1～2mm，各部件均应安装牢固，保证皮带运行时能稳定测量，确保测量得到的数据准确。注意对传感器的调整，使用一段时间后应对安装间隙进行调整。

(4) 传感器的引线走向应尽量避开变频或者高频干扰的区域，同时引线须避免短路等情况的出现。

(5) 安装支架与转速传感器采用一体化安装，安装支架需要定期进行清理维护，转速传感器和齿轮配备防护罩，防止碱水等油污污染，确保装置的使用寿命。

6. 吃水数据采集

1) 水深传感器的工作原理

水深传感器的工作原理如图 3-10 所示。水深传感器通过超声波换能器发射并接收超声波，根据声波在水中的传播速度及往返时间，计算出海底或水中目标距换能器表面的距离，并加上船舶吃水的修正值，得出海底深度。

电脉冲被转化为安装在船壳上换能器中的声学能量。换能器连续不断地发射超声波，系统海底测深数据运算软件同时记录每次接收到的回波数据，并在液晶屏上显示出该次回波信息，不断重复这个过程，在液晶屏上就形成了连续的、不断左移的测深画面。最上面一根横线代表发射波，下面可能是鱼群或水中杂物，再下面是水底回波，出现在约两倍水深的回波是二次回波，可能还有三次以上的回波。水底越硬，反射的回波越强，回波越厚，多次回波出现可能越多。

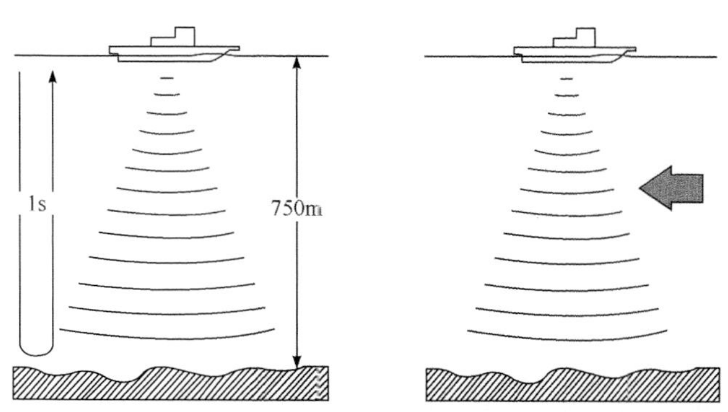

图 3-10　水深传感器的工作原理

2) 水深传感器的安装设计

(1) 换能器安装。

① 换能器是精密的前端信号传感器，运输、安装时应小心处理，不可重压、跌落，或在空气中工作，其表面不得附有油漆或寄生物。

② 换能器至主甲板之间的电缆应敷设在钢管内。测深仪机壳、连接电缆及钢管应良好接地。

③ 换能器的安装位置非常重要，直接影响测量效果。换能器应安装在船底相对平坦的地方，远离螺旋桨等振动区及各种影响水流平顺的船底管道设施。换

能器表面应保持水平，若换能器安装在船体曲度较大处，则应加装导流罩或导流板，保证航行时换能器周围水流均匀。船只在任何水况、负载、航速下，换能器均不得浮出水面，或接触旋涡、气流。

④ 实际可选择在距船首 1/3～1/2 的地方。为了使螺旋桨旋转对换能器产生的干扰降到最低，建议将换能器的工作面向船首方向倾斜，换能器与垂直线的夹角应保持在 5°以内，最好是换能器与水面保持垂直，如图 3-11 所示。

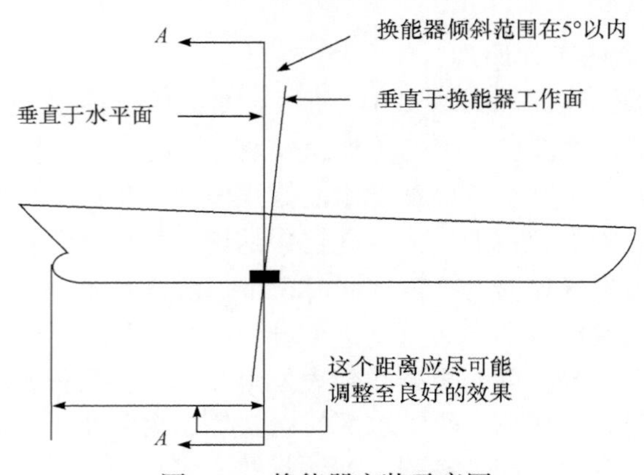

图 3-11 换能器安装示意图

⑤ 电缆可以剪短或加长，加长时应使用密封接线盒，芯线及屏蔽线均须连接，但是不可以在接线盒处接地。

(2) 主机安装。

主机安装方式分为三种：①直立式安装，由支架在桌面支撑主机；②悬挂式安装，由支架在屋顶吊住主机；③嵌入式安装，主机嵌入在台面窗口内。依次可选择安装于桌面上、屋顶上和镶在墙里。

具体采用哪种安装方式，可根据船舶实际情况和所选测深仪型号布置。

7. 相对风速风向采集

1) 风速风向传感器的工作原理

选择风速风向传感器时，超声波式风速风向仪比机械式风速风向仪精度更高，但超声波式风速风向仪价格昂贵，机械式风速风向仪的精度也可满足工程要求且价格便宜，所以选用机械式风速风向仪，其结构如图 3-12 所示。

(1) 系统组成。

① 主机部分。

风向显示：模拟和数字显示相对于船头的相对风向和绝对风向。

风速显示：数字显示相对风速、绝对风速、最大风速和平均风速。

② 传感器部分。

风速风向仪主机配传感器。

风速传感器：由三个 120°平衡分布的碗形风杯与靠近轴心的光电速度传感器组成。

风向传感器：由带尾翼及配重的风向标与靠近轴心的绝对值角度传感器组成。

安装支架：用于安装风速和风向传感器。

接线盒：由防水盒与传感器变送器组成。

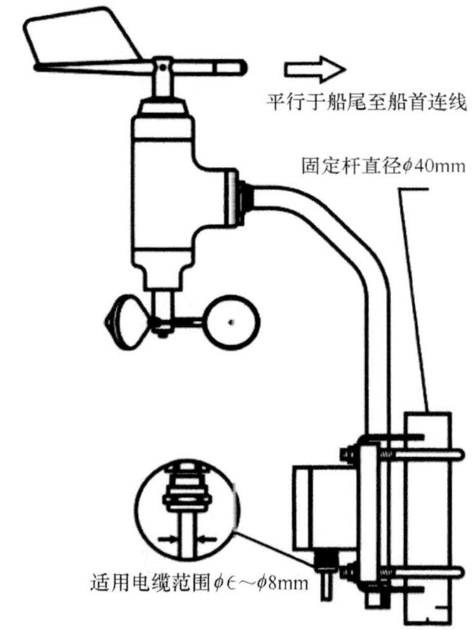

图 3-12　机械式风速风向仪结构

(2) 工作原理。

风速传感器将风速信号，风向传感器(相对于船头)将绝对值角度信号，又称为相对风向，以 RS422 数字接口形式，通过接线盒传递到主机，由主机进行计算、显示、输出。外接罗经(HDT)数据、计程仪(VBW)数据或者 GPS(RMC 或 VTG)数据输入后，主机可以计算出真风向(相对于北极)与真风速。将机械式风速风向仪安装在驾驶台顶部进行相对风速风向数据的采集。

2) 风速风向传感器的安装设计

(1) 主机安装。

① 主机可以选择嵌入、桌面或悬挂安装。

② 对于桌面、挂壁和吸顶安装，应使用原厂提供的支架。

③ 对于嵌入安装，取下安装支架，在仪表板上参照开窗尺寸挖一个类似矩形的窗口，在每个角上的孔中安装自攻螺丝，固定主机。

(2) 主机安装注意事项。

① 仪器应避免阳光直射，避免受到冲击和震动。

② 供电电源应使用稳压电源 24V，避免电压过高烧毁机器。

③ 主仪器应远离会产生电磁辐射的设备，如电动机、发电机等。

(3) 传感器安装。

传感器应水平安装于船体上风能够自由通过的地方，选择安装支撑管直径为 40mm，并且保证风向标及风杯活动半径为 320mm。在仪器(主机和传感器)全部安装完成后，通常需要进行风向校准，详细步骤参考对应的说明书要求。

8. 纵倾优化数据采集

1) 纵倾角传感器的工作原理

纵倾角传感器采用核心控制单元，运用电容微型摆锤原理。由图 3-13 可知，基于地球重力原理，当倾角单元倾斜时，地球重力在相应的摆锤上会产生重力的分量，相应的电容量会变化，通过对电容量处量放大、滤波、转换之后得出倾角。

U_R、U_L 分别为摆锤的左极板和右极板与其各自对应电极间的电压，当倾角传感器倾斜时，U_R、U_L 会按照一定的规律变化，所以 $f(U_R, U_L)$ 是关于倾角 α 的函数，即 $\alpha = f(U_R, U_L)$

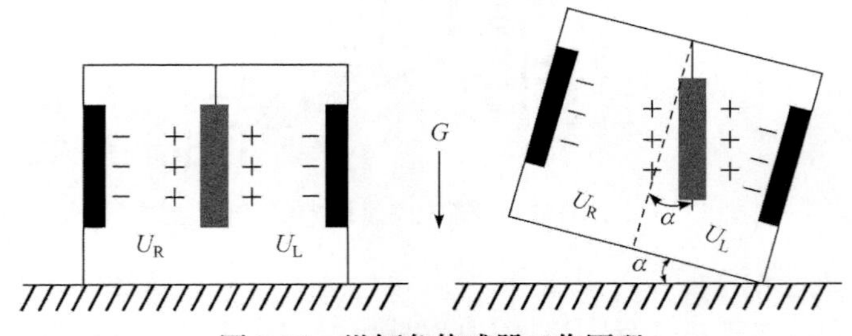

图 3-13 纵倾角传感器工作原理

2) 纵倾角传感器的安装设计

正确的安装方式是保证传感器测量精度的前提。由图 3-14 可知，总体来说，要做到注意一“面”、二“线”：

(1) 传感器的安装面与被测量面固定须紧密、平整、稳定，若安装面出现不平，则容易造成传感器测量夹角误差；

(2) 传感器轴线与被测量轴线必须平行，两轴线尽可能不产生夹角。

此外，还要注意安装方向，安装时应保持传感器安装面与被测目标面平行，并减少动态和加速度对传感器的影响。纵倾角传感器可以水平安装，也可以垂直

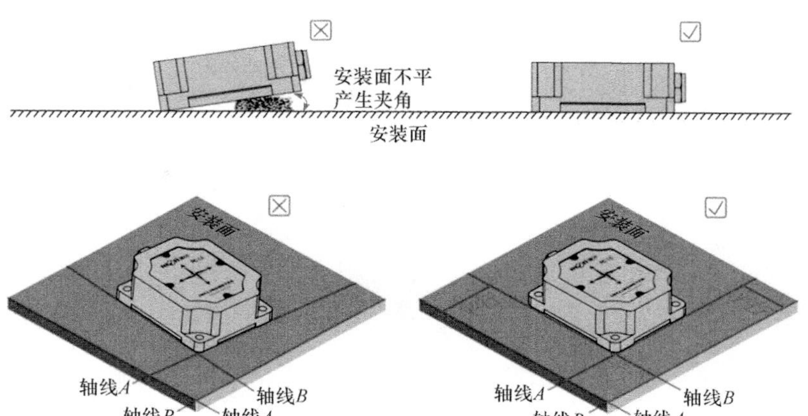

图 3-14　纵倾角传感器安装示意图

安装(垂直安装选型只适用于单轴)，安装方式参考图 3-15 和图 3-16。

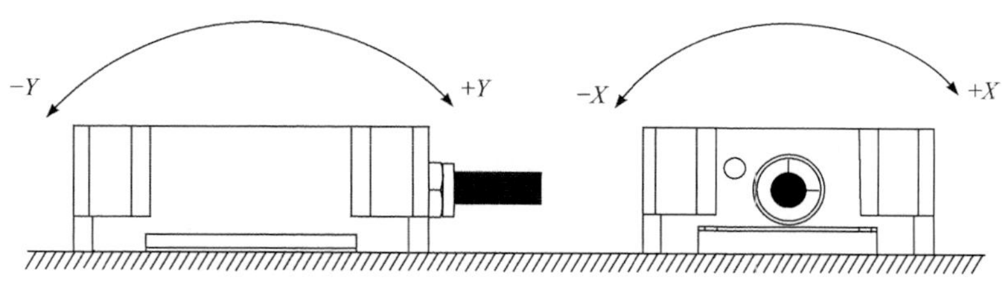

图 3-15　水平安装示意图

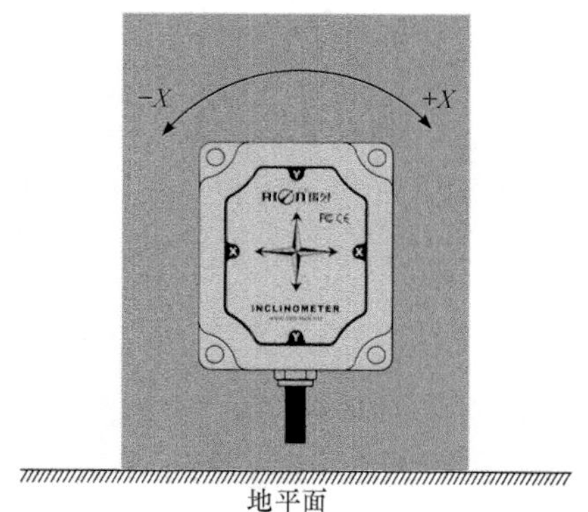

图 3-16　垂直安装示意图

3.3.3　能效数据处理单元

船载能效数据采集与监控系统拓扑图如图 3-17 所示。系统架构在总线方式上呈多样化，充分利用各类总线方式的优点。

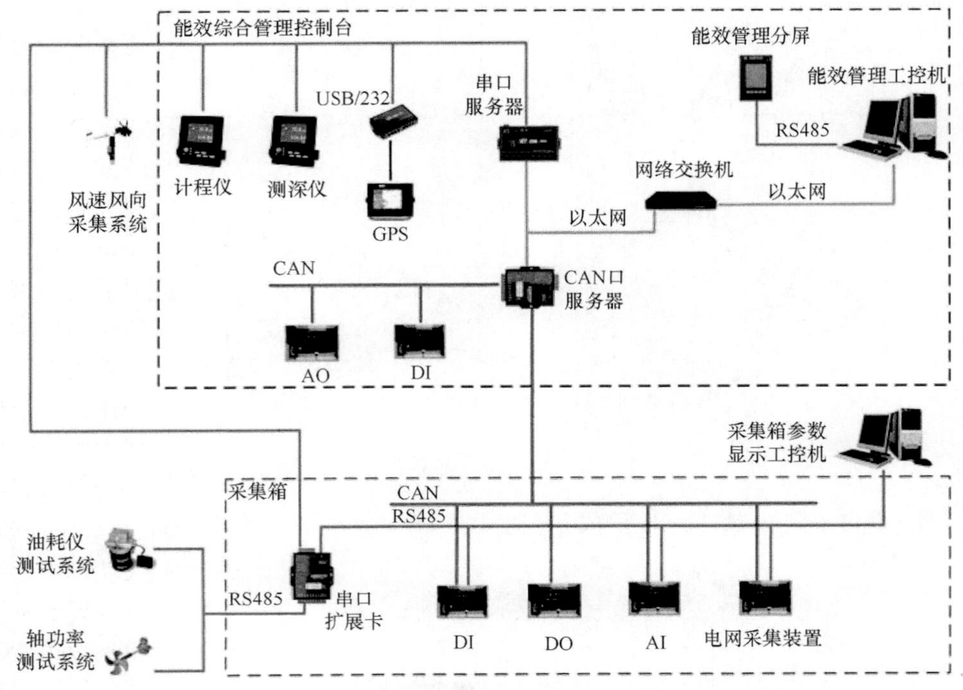

图 3-17　船载能效数据采集与监控系统拓扑图

在远距离传输方面，采用 RS485 及 CAN 总线方式。在上位系统信号传输方面，使用以太网通信形式。在机舱散点数据处理方面，采用“集中处理、统一发送”的方式，将数据统一采集至采集箱后通过一条总线传至以太网，可以有效减少施工过程中布线的工作量。对于多串行通信信号的上传，采用串口服务器将串行通信数据集中后统一映射至以太网，从而提高数据传输的实时性。

本节所设计的船载能效数据采集与监控系统的处理单元主要包括数据采集模块、数据通信模块、数据记录和存储模块、数据处理模块和人机界面模块[121]。

1) 数据采集模块

数据采集模块用于获取整个系统通信信号及离散型信号的收发。为方便实船布线，各信号在原则上进行就地采集。例如，在机舱设置采集箱，将机舱设备的通信信号采集和离散型信号的收发统一就地接至采集箱，再通过通信总线的方式上传至上位机。根据离散型信号的不同类型，数据采集模块主要有数字量输入与输出模块、模拟量输入与输出模块等。

2) 数据通信模块

数据通信模块按照通信类型主要包括下位 CAN 通信、串行通信以及上位以太网通信。数据通信模块的简易流程如图 3-18 所示。

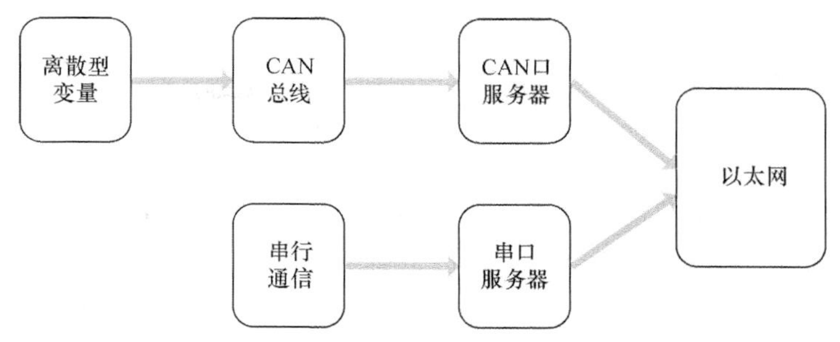

图 3-18　数据通信模块流程

3) 数据记录和存储模块

数据记录和存储模块根据实际需要将网络上各类型数据存储于数据库中。在实际使用中，若需要调用或查询相关数据，可通过数据处理模块间接完成。数据的记录以数据库方式存储于平台的服务器上。信息管理采取循环归档方式并指定信息归档数量，旧信息将被新信息自动替代。

4) 数据处理模块

数据处理模块主要集中在工控机软件完成，数据处理模块将各通信数据帧解析后供系统相关数学模型使用。若需要查询历史数据或参数，则可通过数据处理模块来完成。

5) 人机界面模块

人机界面模块可以从网络中读取下位机收集的数据，如环境参数、主机参数等。此外，一些参数需要模型处理后进行相应显示，如船舶的最佳航速等。

3.3.4　软件系统与控制台

1) 软件系统开发

船载能效数据采集与监控系统的软件可基于 Visual Studio 开发，安装于能效综合管理控制平台上。其中，船载能效数据采集与监控系统采用分层的形式进行界面设计。根据能效管理系统的功能，软件一般包括主界面、环境参数显示界面、主机参数显示控制界面、能耗参数与轴功率界面、用户管理界面、信号显示界面、航运信息界面等，如图 3-19 所示。

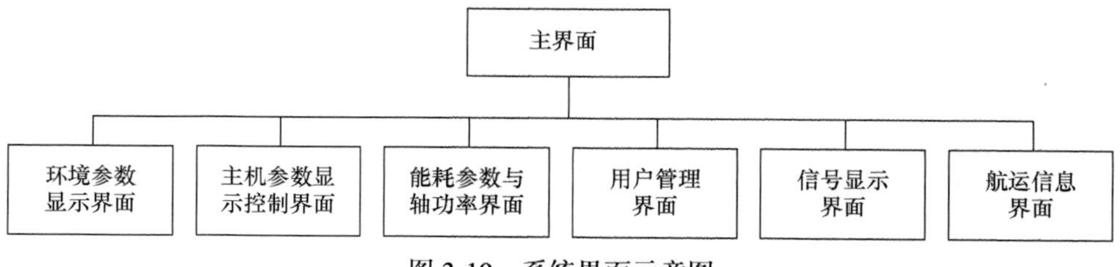

图 3-19　系统界面示意图

2) 系统控制台

图 3-20 为某内河船舶设计的船载能效数据采集与监控系统的控制台，其安装在船舶的驾控室中，是船舶能效系统界面与控制信号收发的重要载体。

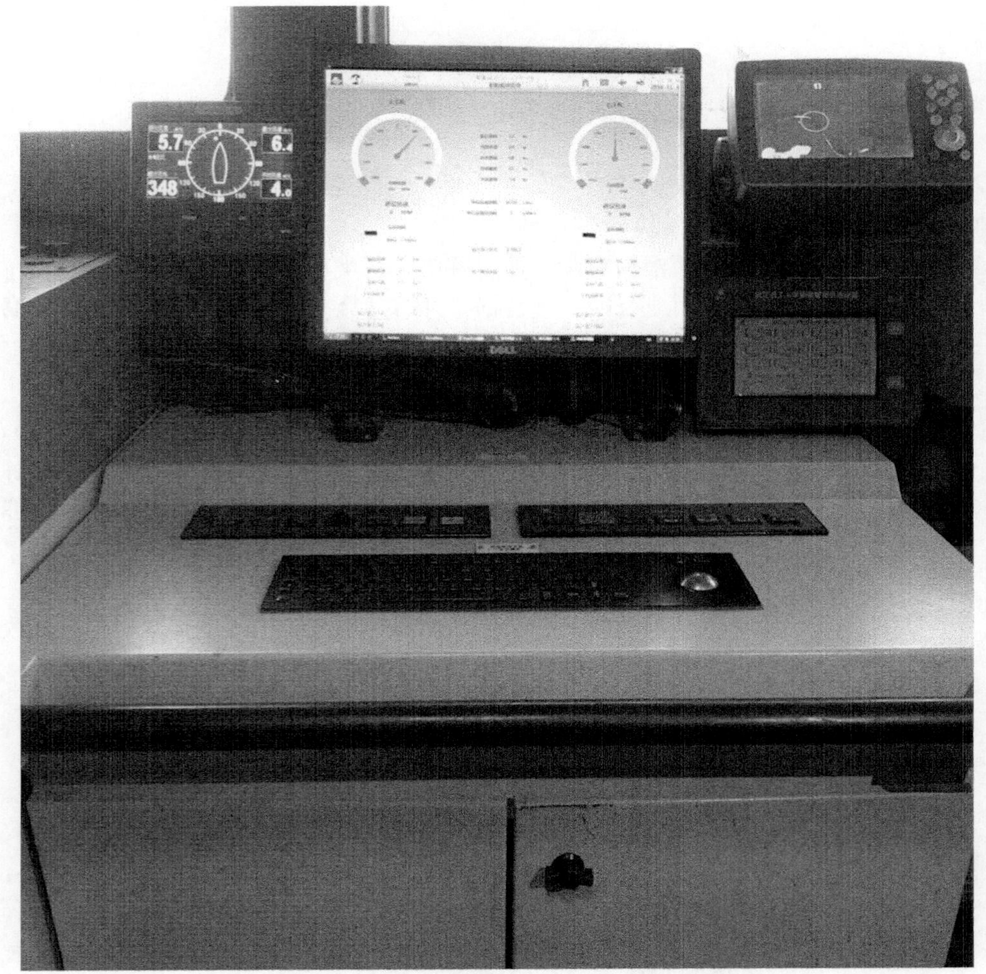

图 3-20　某内河船舶能效数据采集与监控系统控制台

3.4　岸基能效数据分析平台

岸基能效数据分析平台可用于能效数据的存储及分析奠定基础。通过采用合理的存储形式及分析架构可以提高船队船舶能效数据分析的效率，从而更有效地为船队船舶能效优化方法的研究提供支持。

3.4.1　数据分析架构与原理

Hadoop 是一种典型的大数据批量处理架构，由 Hadoop 分布式文件系统(Hadoop distributed file system, HDFS)进行数据的存储，并采用 MapReduce 将计算任务分解到各节点，从而实现数据的计算与挖掘。

HDFS 是典型的主从结构，如图 3-21 所示。一个 HDFS 集群由一个 NameNode 与若干 DataNode 组成。NameNode 负责系统中文件的命名空间及终端对文件的访问。NameNode 主要执行关于文件系统的相关操作，如文件的打开重命名和关闭等。此外，它还决定数据块由哪个 DataNode 来存储，并保存这些元数据。DataNode 用于响应终端的读写请求，以及执行来自 NameNode 的创建、删除与复制等命令。

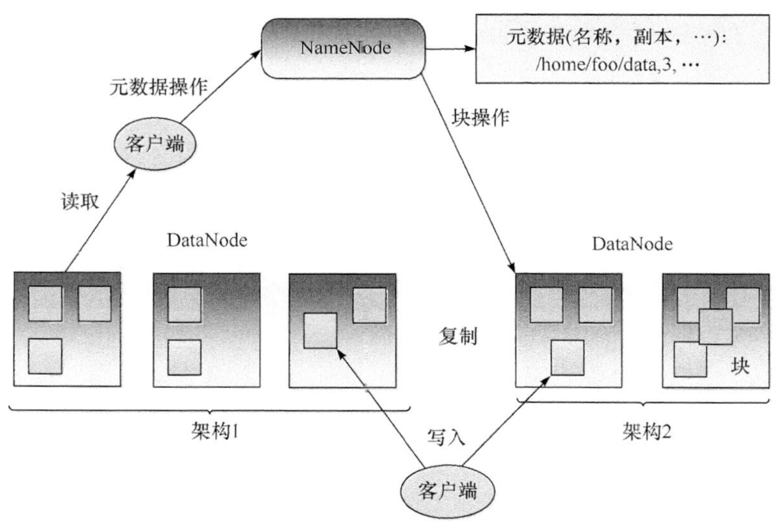

图 3-21　HDFS 结构

MapReduce 因具有高性价比、良好的可伸缩性，以及简单、易于理解和使用等优势迅速获得应用。MapReduce 并行编程模型在计算的过程中主要包含两个阶段，即 Map 阶段和 Reduce 阶段。MapReduce 程序的具体执行过程如图 3-22 所示。

MapReduce 程序首先把数据源分为若干块，然后交给多个 Map 任务去执行 Map 函数，并将结果写入本地硬盘；Map 阶段完成后，进入 Reduce 阶段，执行 Reduce 函数，从多个 Map 任务所在的节点上将具有同样 Key 值的结果收集到一起并合并起来，并将输出的结果写入本地硬盘。程序的最终结果可以通过合并所有 Reduce 任务的输出得到。

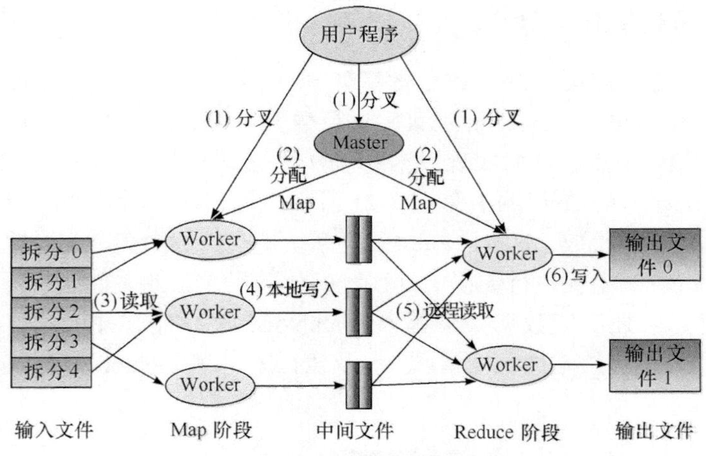

图 3-22 MapReduce 编程模型示意图

Hadoop 集群工作原理如图 3-23 所示。集群主要由一个 Master 和多个 Slave 组成。Master 作为客户端，通过其管理和操作分布式数据处理 MapReduce 程序和分布式数据存储于 HDFS。通过 JobTracker 管理操作多个 TaskTracker，以及通过 NameNode 管理操作多个 DataNode 来实现整个集群的运行。

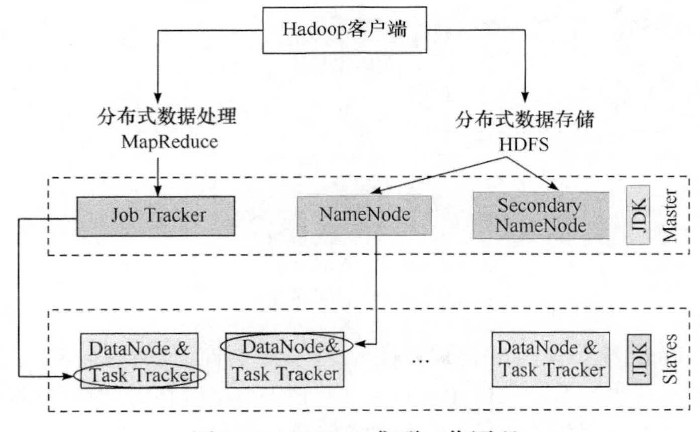

图 3-23 Hadoop 集群工作原理

3.4.2 数据分析平台总体架构

船队营运能效管理数据分析平台的构建应充分利用分布式计算资源，综合考虑物理计算资源和系统逻辑功能之间的映射和优化配置，以实现高效的并行处理和数据存储的有效组织，并满足系统的自适应可扩展性需要。船队营运能效管理数据分析平台主要分为数据获取层、计算层、优化层和决策层，如图 3-24 所示。

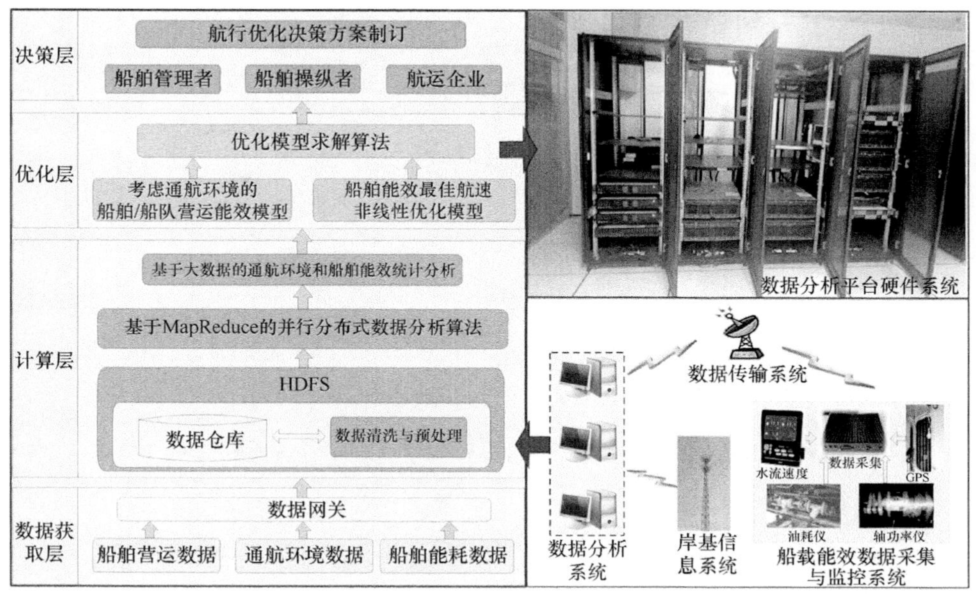

图 3-24 船队营运能效管理数据分析平台运行原理与功能示意图

数据获取层主要实现信息的采集及预处理，包括船舶营运数据、通航环境数据、船舶能耗数据等信息。各类信息由数据网关进行异构转换和集成、数据分流后输送到计算层。计算层主要负责营运船舶管理的数据仓库构建，并基于云架构实现对数据的分布式处理，完成信息检索、查询等操作。其实施以 Hadoop 为基础，通过 HDFS 实现船舶营运能效数据仓库的分布式数据清洗与预处理。此外，基于 MapReduce 的相应的并行分布式数据分析算法，进行基于大数据的通航环境和船舶能效统计分析，包括基于通航环境聚类分析的航段划分，以及基于频繁模式挖掘算法的船舶能效与通航环境的关联关系分析等。

在平台的优化层，基于所建立的考虑通航环境的船舶/船队营运能效模型及船舶能效最佳航速非线性优化模型，采用优化模型求解算法获得船队船舶的能效优化结果，如最优航速等。在此基础上，在决策层，船舶管理者、船舶操纵者以及航运企业，可以制订统一的决策方案，从而实现船队船舶能效优化的目标。数据平台硬件组成详细信息如表 3-4 所示，通过这些硬件系统的支持可以实现上述功能。

表 3-4 数据平台硬件组成

设备	型号	数量
高可靠性 X86 服务器	HP ProLiant DL580 Gen9	7 台
FC SAN 共享存储	HDS VSP G200	2 套

续表

设备	型号	数量
SAN 光纤交换机	博科 BR-360-0008	多个
核心交换机	思科 WS-C3560X-24T-L	1 个
不间断电源设备(UPS)	凌日 RT-20kln	2 个
防火墙设备	深信服 AF-1320	1 套
机柜	图腾 K36042 服务器机柜	1 套

3.4.3 集群的配置与部署

本节进行的 Hadoop 集群部署示意图如图 3-25 所示。该平台采用主从节点方

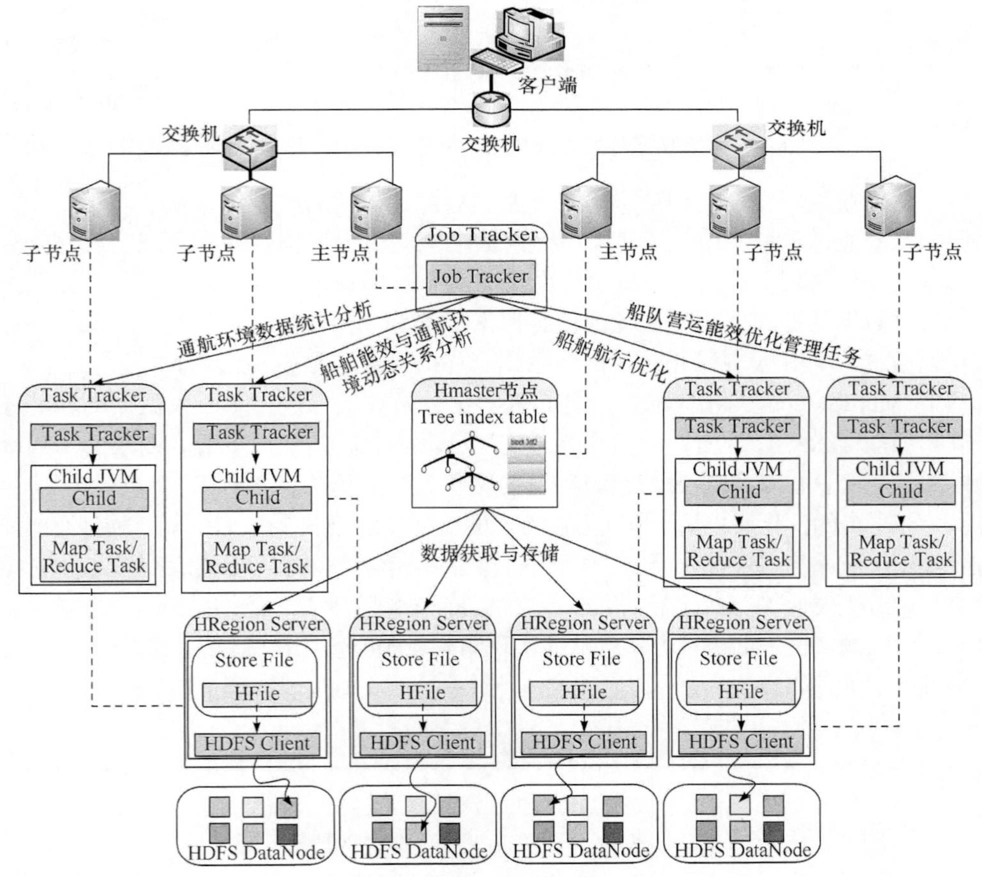

图 3-25　Hadoop 集群部署示意图

式建立物理主机节点、分布式计算任务节点、数据存储节点，实现文件系统的功能映射和统一部署，从而实现船队船舶营运能效优化管理计算任务分配的负载均衡及业务数据的动态平行扩容。其中，计算任务主要包括通航环境数据统计分析、船舶能效与通航环境动态关系分析、船舶航行优化、船队营运能效优化管理任务。同样，相应的数据存储和查询任务包括通航环境数据存储与查询任务、能效影响要素数据存储与查询任务、船舶优化航行方式存储与查询任务以及船队优化部署与能效优化存储和查询任务。各个任务之间可以根据负载均衡策略在不同节点上进行任务划分和调度，并完成结果合并，实现分布式并行计算模式，从而提高算法运行效率，缩短运行时间。

Hadoop 集群的配置与部署具体步骤如下。

(1) 执行 useradd hadoop 命令，添加 hadoop 用户，设置用户密码，并修改其权限为 sudo。

(2) 使用 vim/etc/profile 配置环境变量。export PATH=/etc/deploy-agent/jre/bin:/etc/deploy-agent/jre/jre/bin:/sbin:/usr/sbin:/bin:/usr/bin。

(3) 修改主机名。命令：vim/etc/sysconfig/network；修改为：HOSTNAME=master/slave1/slave2/slave3…。

(4) 修改 hosts 文件。命令：vim/etc/hosts；修改为：172.16.197.1**master；172.16.197.1**slave1；172.16.197.1**slave2；172.16.197.1**slave3…。

(5) 安装 JDK 于/usr/lib/jvm。命令：tar -zxf jdk1.7.0_79.tar.gz。

(6) 安装 hadoop 于/home/hadoop/local/opt。命令：tar -zxf hadoop-2.6.0.tar.gz -C～/local/opt。

(7) 配置 hadoop 环境变量：vim～/.bashrc。

(8) 修改 hadoop-env.sh。命令：vim hadoop-env.sh；修改为：export JAVA_HOME=/ usr/ lib/jvm/jdk1.7.0_79。

(9) 修改 slaves。命令：vim slaves；修改为：slave1 slave2 slave3…。

(10) 修改 core-site.xml、hdfs-site.xml、mapred-site.xml、yarn-site.xml。

(11) 格式化 hdfs。命令：hdfs namenode-format。

(12) 启动集群准备使用。命令：start-dfs.sh、start-yarn.sh。

3.5　本 章 小 结

本章在船舶营运能效优化数据需求分析的基础上，介绍了能效研究过程中常用的参数采集设备。设计了船载能效数据采集与优化管理系统，包括系统的功能、能效数据采集方案，以及能效管理系统的模块与界面开发。此外，基于内河船队船舶能效优化数据需求的分析，设计了集船载能效数据采集系统与岸基能效数据分析平台于一体的船队营运能效数据采集与分析方案，总结如下。

(1) 根据能效数据的需求与对象船舶的特点，设计了船载能效数据采集与监控系统，包括系统的架构设计、系统的功能、数据采集及处理单元、软件系统开发与控制台设计等。此系统的设计可以为船队营运能效数据分析平台提供数据支持。

(2) 设计了岸基能效数据分析平台，包括数据分析平台的总体设计及集群的配置与部署等。所设计的面向船队船舶营运能效优化的数据分析平台，可以为后面的船队船舶能效数据的分析与能效优化方法的研究奠定基础。

第 4 章　船舶能效数据挖掘分析

4.1　能效数据清洗方法

船舶能效监测数据的可靠性与准确性对船舶能效建模与排放估计有重要的影响，因此有必要对实船能效监测数据质量可能存在的问题进行分析。通常情况下，在船舶能效监测过程中，传感器的测量精度、船上恶劣环境以及人为误差等诸多因素的影响，会使能效监测数据的质量存在一定的问题，具体如下。

(1) 监测传感器测量精度问题。在实船监测中，传感器采集到的参数如油耗、轴功率、航速等，都存在一定的不确定度，这是由于所有监测过程中的传感器系统误差是难以避免的。通常传感器的精度越高，监测数据质量越好。

(2) 环境因素导致的数据监测精度问题。主要如下。

① 温度的影响。例如，油耗仪采用体积流量计，温度对流体的体积影响较大，因此温度会对船舶油耗监测产生较大的影响，尤其在燃油温度变化幅度很大的情况下[122,123]。

② 振动的影响。轴功率仪的应变片与无线扭矩发射节点安装在船舶尾轴上，其随轴同步旋转。船舶在主机启动后，轴的振动会对扭矩和转速的测量产生影响。

③ 电磁干扰的影响。复杂的周围电磁环境会对船舶能效监测中的信号传输产生很大的影响，尤其是对于轴功率、GPS 等采用无线通信的参数。根据实船监测的经验，当船舶航行到军事码头、水电大坝等通信管制水域时，轴功率和 GPS 等信号经常会被屏蔽或干扰，使采集的数据成为异常数据。

④ 障碍物的影响。船舶利用 GPS 测速，天气(多云、下雨)、山体、船体等障碍物都会对 GPS 的通信产生不利的影响。

基于上述原因，船舶能效监测数据主要存在以下问题。

(1) 存在缺失值。

(2) 存在异常值(outlier or abnormally)。

(3) 量纲不一致。样本数据的单位不同、数值大小不同带来的差异化导致无法同时比较。

(4) 数据分散。各数据源通过不同传感器获取，采集频率和时间不对应，各个数据源难以进行数据集成。

基于上述数据质量的问题，对数据进行清洗，主要包括异常值处理、缺失值处理、数据集成、数据变换等处理方法。

4.1.1　异常值处理

1. 异常值基本概念和处理方法

异常值是指样本中的个别值，其数值明显偏离它(或它们)所属样本的其余观测值，也称异常数据或离群值，即它是一组测定值中与平均值的偏差超过 2 倍标准差的测定值。与平均值的偏差超过 3 倍标准差的测定值，则称为高度异常的异常值。另一种异常数据称为噪声数据(noisy data)，是指数据中存在错误或异常(偏离期望值)的数据，为弱形式的异常值。这些数据对数据分析造成了干扰。其存在是无意义的，通常它们产生的原因可能为硬件错误、编码错误等。数据中的噪声一般分为两种，一种是随机误差，另一种是错误数据。

异常数据检测主要是根据数据特征创建数据中正常模式的模型，然后根据这些模式的偏差计算给定数据点的异常数值得分。这个数据模型可以是生成模型，如高斯混合模型、基于回归的模型、基于近似的模型等。这些模型对数据的“正常”行为做出了不同的假设，然后通过评估数据点与模型之间的拟合质量来计算数据点的异常得分。在多数情况下，模型可以用算法定义。例如，基于近邻的离群点检测算法根据其 k 最近邻的分布对数据点的离群趋势进行建模。在这种情况下，异常数据位于距大部分数据的较大距离处。

目前，比较常见的异常检测模型有基于统计学的模型、基于密度的模型、基于距离的模型、基于偏差的模型等。以基于统计学的模型为例，数据以统计分布的形式建模，异常数据分析中流行的统计建模形式是检测极端单变量值，在这种情况下，需要确定单变量分布的尾部数据值及相应的统计显著性水平，可利用这一特性来检测异常数据。

基于统计的异常数据检测方法主要有箱形图法、阈值法、高斯分布等，但它们只适用于单变量参数，而船舶能效数据是多参数类型的数据集，基于主成分分析(principal component analysis, PCA)法的异常数据检测模型，可以更有效地对异常值进行检测和剔除。

2. 基于主成分分析法的异常值检测方法

PCA 法的基本原理是将一个矩阵中的样本数据投影到一个新的空间。它是一种非参数的数学变换方法，可以从混沌类型的数据集中提取相关信息，并减小数据集的初始大小，提高内容的可见性。一般来说，它把给定的一组相关变量通过线性变换转成一组不相关的变量，这些新的变量在保持总方差不变的情况下按照方差依次递减的顺序排列。换而言之，PCA 法的优势在于较大的特征向量可一次提供全局相关的关键方向，这些方向就是主成分，它们是不相关的，并且保留了大部分的数据方差。反之，这些正交的方差方向表示数据集的各个主成分。第一变量具有最大的方差，称为第一主成分；第二变量的方差次大，并且和第一变量不相关，称为第二主成分；第 i 个变量的方差称为第 i 主成分。

船舶能效数据集可表示为

$$X(t)=\left[x_1(t),x_2(t),\cdots,x_m(t)\right] \tag{4-1}$$

原始数据集的样本均值 $\overline{x}$ 和方差 S_x 分别表示为

$$\overline{x}=\frac{1}{n}\sum_{i=1}^{n}x_i \tag{4-2}$$

$$S_x=\frac{1}{n}\sum_{i=1}^{n}x_i\left(x_i-\overline{x}\right)\left(x_i-\overline{x}\right)^{\mathrm{T}} \tag{4-3}$$

该数据集采用 PCA 法转换为新的数据集，表示为

$$\overline{y}=\frac{1}{n}\sum_{i=1}^{n}y_i=u^{\mathrm{T}}\overline{x} \tag{4-4}$$

$$S_y=\frac{1}{n}\sum_{i=1}^{n}\left(y_i-\overline{y}\right)\left(y_i-\overline{y}\right)^{\mathrm{T}}=u^{\mathrm{T}}S_xu \tag{4-5}$$

式中，$\overline{y}$ 和 S_y 分别为转换后新数据集的均值和方差；u 为一个单位方差向量，用于将旧数据集投影到新的数据集，其满足

$$u^{\mathrm{T}}u=I \tag{4-6}$$

PCA 法使新数据集的每个主成分方向的方差最大化，因此应将 S_y 的迹线最大化，表示为

$$\text{Max.trace}\left(S_y\right)=\text{Max.trace}\left(u^{\mathrm{T}}S_xu\right) \tag{4-7}$$

满足式(4-7)的拉格朗日乘数可表示为

$$L=\text{Max.trace}\left(u^{\mathrm{T}}S_xu\right)=\sum_{i=1}^{n}\left[u_i^{\mathrm{T}}S_xu_i+\lambda\left(1-u_i^{\mathrm{T}}u_i\right)\right] \tag{4-8}$$

由式(4-8)中拉格朗日乘数因子的导数可以得到

$$S_xu_i=\lambda_iu_i \tag{4-9}$$

$$u^{\mathrm{T}}u=I \tag{4-10}$$

式中，λ_i 为特征值；u_i 为 S_x 的特征向量。特征值的大小排序代表主成分的重要顺序。

经过 PCA 法处理后的新数据集中各主成分的降序表示数据集中的重要意义程度排序(方差的顺序)，数据集最重要的信息可以容纳在最顶层的主成分上。因此，新的数据集是旧数据集的另一种表达形式，其包含原数据集中最重要的信息。

在此过程中，底层的主成分通常被忽略，因为它可能不包含数据集的任何重要信息。当相同的数据集进入底层的主成分时，传感器故障和其他异常数据区域通常会被分离出来。换言之，在真实情况中，除了顶层几个主成分之外，大部分特征值都是非常小的。这意味着大多数数据沿着一个更低维的子空间对齐。从异常数据分析的角度来看这是非常方便的，因为不符合这种对齐的观测情况可以被认为是离群及异常的。该方法可以使用底层主成分来识别传感器故障及异常数据，最终提高传感器采集的数据集质量。

4.1.2 缺失值处理

缺失值处理可以采用以下几种方法，具体情况根据缺失的数量、特征的属性和重要程度等判断。

(1) 删除。

(2) 均值，使用该方法处理时，应注意样本中缺失值变量是否为随机分布，如果不是随机分布，就会产生一定的偏差。

(3) 中位值，在数据是倾斜的情况下，使用中位数可能比均值更好。

(4) 插值法，主要有三种，即随机插值或选取数据集的值、拉格朗日或牛顿插值，以及选取各变量与缺失变量之间相关性大的变量在缺失位置的值来补缺。

(5) 相似样本值，找到与缺失样本类似的样本，缺失样本所丢失的属性用相似样本的值替代。

(6) 回归或者决策树，该方法较适合小部分缺失情况下对比较重要的列属性缺失部分的补缺计算。

(7) 灰色关联分析等其他方法。

4.1.3 数据集成

数据集成是把不同来源、不同格式、不同特点和不同性质的数据合理地集中并合并起来，将其放在一个统一的数据仓库中。能效数据集成需要将采集到的船舶机舱监控系统数据、船舶自动识别系统(automatic identification system, AIS)数据和通航环境数据等融合到统一的数据库中。在采集得到的大数据库中，各数据库采样频率不同，同一个数据库的采样时间也可能不一致。为解决此问题，一般可采取以下方案。

(1) 采用信号处理的方式进行数据的滤波工作，将时间归一化处理。

(2) 进行插值处理，将时间间隔大的作为标准，并将其进行时间间隔的统一处理。

4.1.4 数据变换

数据变换是将数据转换成适合数据挖掘的形式，主要方法有标准化和 Min-

Max 规范化等方法。

1) 标准化

量纲间的差异性会影响算法的计算结果，将样本进行标准化可将数据统一到相同的规格和属性中，减小量纲对模型的影响。对于某一参数序列 $x_1, x_2, \cdots, x_n$，首先计算其样本的平均值 $\overline{x}$ 和标准差 σ，然后每个参数减去其样本平均值并除以样本标准差得到标准化后的数据 $y_1, y_2, \cdots, y_n$，如式(4-11)所示：

$$y_i = \frac{x_i - \overline{x}}{\sigma} \tag{4-11}$$

2) Min-Max 规范化

Min-Max 规范化实现过程如式(4-12)所示，可使原始数据投射到指定的空间[min, max]，当[min, max]为[0, 1]时，其可使原始数据投射为[0, 1]区间的数据。

$$X_i = \frac{X(i) - \min(X)}{\max(X) - \min(X)} \tag{4-12}$$

4.2　能效数据特征分析

数据分析是用适当的分析方法及工具对数据进行处理分析，提取有价值的信息，形成有效结论的过程。本节对武汉—上海航段的一艘 7000t 长江内河散货船(图 4-1)能效数据特征进行分析，以探索船舶能效数据的特征以及它们之间的关联关系。此船舶的参数如表 4-1 所示。

图 4-1　7000t 长江内河散货船

表 4-1　对象船舶参数

参数	数值	参数	数值
船长/m	90	型宽/m	16.2
水线长/m	87.8	载重吨/t	5130
型深/m	6	主机功率/kW	720×2
设计吃水/m	5	额定转速/(r/min)	1450
齿轮箱减速比	1∶5		

为保障数据的连续性和完备性，需要对所采集的数据进行相应的汇聚和清洗工作，主要如下。

(1) 根据各种传感器的性能和技术参数，确定各采集参数的正常监测范围，从而进行异常数据的识别。

(2) 通过编写程序迭代优化清洗所采集的数据，包括寻找重大缺失数据、判断异常数据等。

(3) 采用线性插值的方法对缺失的数据进行插补和异常数据的修复，从而实现数据的纠正与填充，保障数据的准确性和完备性，为后期船队船舶能效优化提供可靠的数据基础。

通过以上方法，所获得的部分有效数据如表 4-2 所示。

表 4-2　部分有效数据

风速/(m/s)	风向角/(°)	水深/m	水流速度/(m/s)	经度/(°)	纬度/(°)	…	航速/(m/s)	转速/(r/min)	油耗/(g/s)
1.8	5	10.2	0.095	115.110	30.216		3.148	743.8	6.355
3.2	35	25.4	0.531	116.000	29.740		3.352	839.6	7.610
7.3	69	28.3	1.200	117.050	30.501		1.444	592.7	7.170
3.5	51	28.3	0.836	117.830	31.146		1.496	536.2	5.409
6.0	208	34.4	1.303	118.330	31.302	…	1.499	608.7	7.113
4.3	142	26.9	0.421	118.740	32.122		3.380	811.1	6.760
8.2	101	34	0.810	119.430	32.266		2.236	665.5	6.165
3.5	70	94.4	0.646	120.270	31.948		1.366	479.7	4.535
6.3	69	12.6	0.090	121.317	31.571		2.261	543.9	3.762
⋮	⋮	⋮	⋮	⋮	⋮		⋮	⋮	⋮

4.2.1 通航环境数据分析

在数据预处理的基础上，对影响船舶能效的主要环境数据进行分析，主要包括风速、风向角、水深和水流速度。以武汉—上海航段为例，此航段航行环境数据分析可视化结果分别如图 4-2～图 4-5 所示。

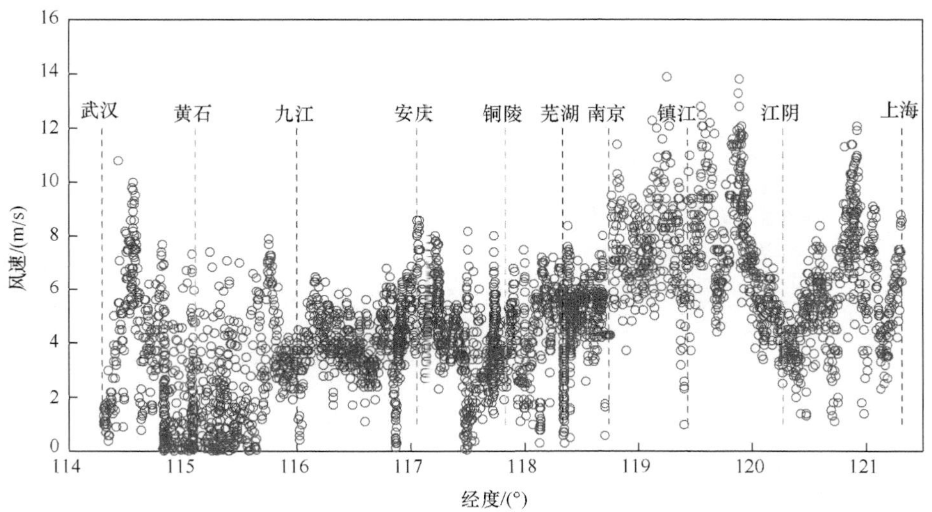

图 4-2　各航段风速统计分析

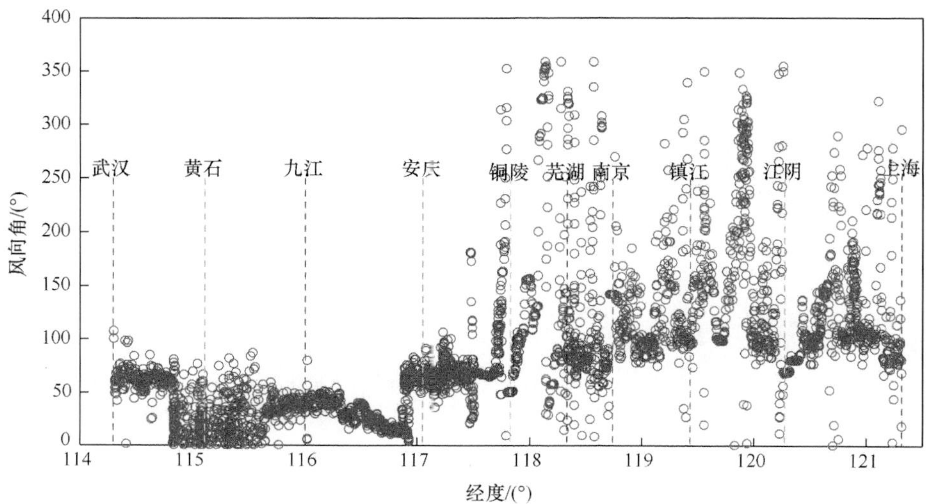

图 4-3　各航段风向角统计分析

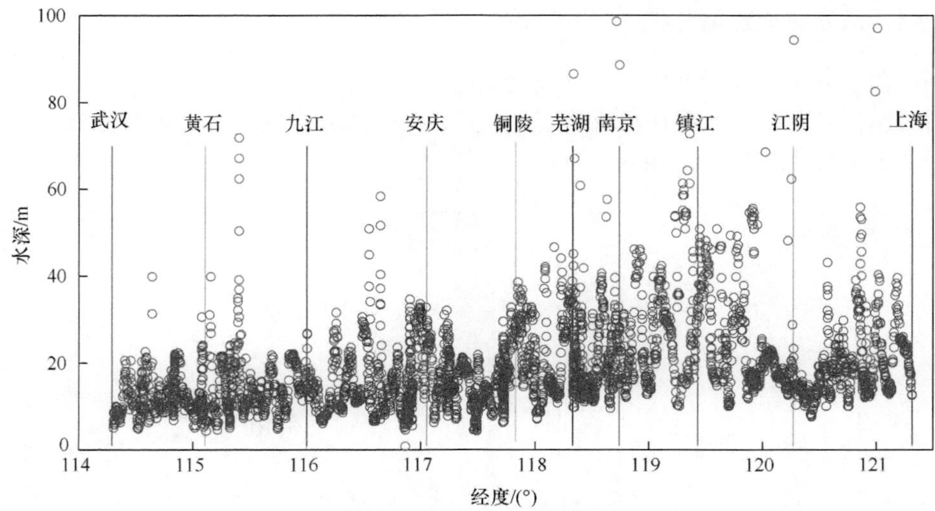

图 4-4　各航段水深统计分析

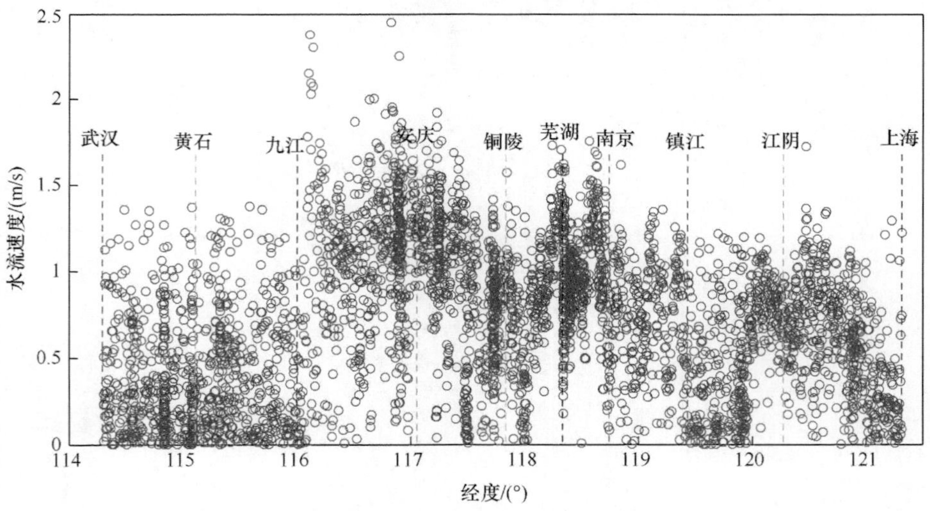

图 4-5　各航段水流速度统计分析

由图 4-2～图 4-5 可以看出，通航环境具有明显的区域特征，即不同地理位置的通航环境各不相同，且差异较大，特别是风速和风向角差异性尤为明显。通航环境的显著差异性使船舶能效的优化具有较大的潜力，通过确定不同通航环境下的船舶能效最佳航速可以提高整个航线的船舶能效水平。

4.2.2　船舶营运能效水平分析

根据所获得的武汉—上海航段的船舶能效数据，分析不同工况下的船舶能效水平，如图 4-6 所示。

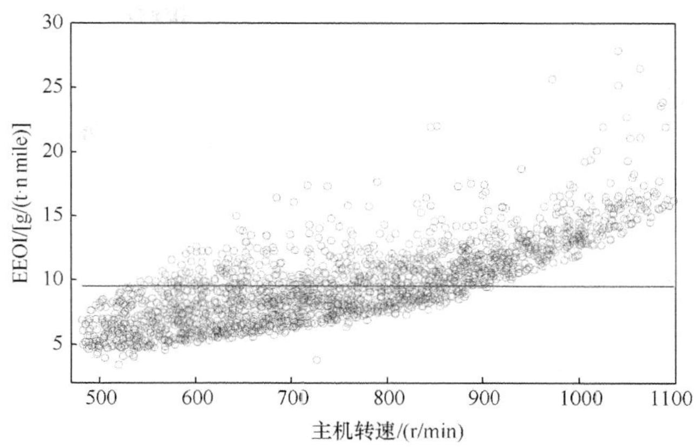

图 4-6　不同工况下船舶能效水平统计分析

由图 4-6 可见，不同工况下船舶能效水平差异较大。即使在同一工况下，因通航环境的不同，船舶的能耗水平也有所不同，因此分析航行环境对船舶能效的影响对探索有效的船舶能效提升方法至关重要。

4.2.3　船舶能效系统状态分析

船舶主机通过燃烧燃料输出动力来驱动螺旋桨，螺旋桨通过与水的相互作用而产生船舶向前的推力，推动船舶向前航行。其中，油耗与主机功率之间的系数称为油耗率(SFC)系数；功率与螺旋桨转速之间的系数称为螺旋桨系数；转速与航速的传递系数称为船体系数；功率与航速之间的传递系数称为功率系数；油耗与船舶航速的传递系数称为燃料系数，如图 4-7 所示。通过各个能效系数的分析可以了解船舶推进系统各部分能量的传递状态。

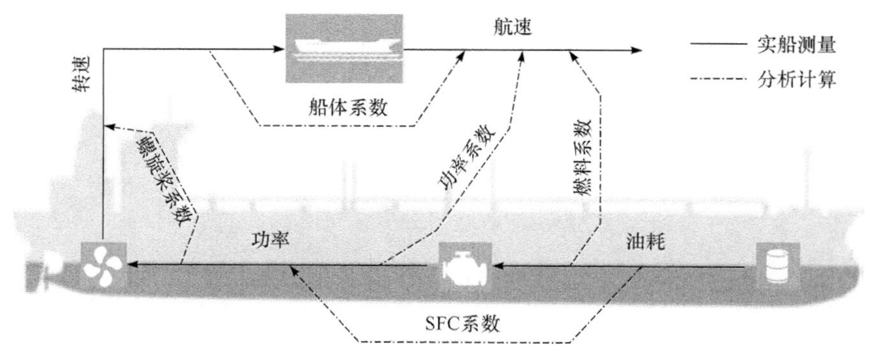

图 4-7　船舶能效系统状态分析示意图

表 4-3 给出了推进系统各能量传递系数与作用。以螺旋桨系数的应用为例，当功率一定，而转速有所降低时，或转速一定而所需的功率增加时，螺旋桨的工作效率降低，此现象可能是由螺旋桨污垢等引起的。当螺旋桨的工作效率低于一定值时，为降低船舶功率损失和油耗，需要对螺旋桨进行适当的维护。同样，对船体系数而言，当转速一定时，如果船舶航速有所降低，说明船体系数下降，其可能是船体污损等原因导致的船舶阻力增加，当船体系数下降到一定程度时，需要对船体进行维护，从而降低阻力，减少能耗。

表 4-3 能量传递系数与作用

传递系数	对应关系	作用
SFC 系数	功率-油耗	用于监控发动机的效率
螺旋桨系数	转速-功率	用于检测螺旋桨的效率。例如，螺旋桨污垢所导致的功率损失可以通过此系数得以反映
船体系数	航速-转速	用于监测船体的变化状态
功率系数	航速-功率	用于监测推进效率。例如，由于船体或螺旋桨上的污垢的影响而增加的功率损失，可由功率系数的增加所反映
燃料系数	航速-油耗	代表由推进系统的效率和船舶阻力而导致的油耗的总体变化

通过实际监测数据分析推进系统各能量传递系数较理论计算更加准确，避免了理论计算相关参数的估计误差，对船舶能量传递各环节的传递效率评估更具实际意义，对降低船舶油耗和 CO_2 排放量具有重要作用。下面以武汉—上海航段的船舶上水航行的实测数据为例，进行推进系统各能效系数的分析。

1) SFC 系数分析

通过分析实船采集的主机油耗数据和主机功率数据，获得如图 4-8 所示的 SFC 系数分析图。

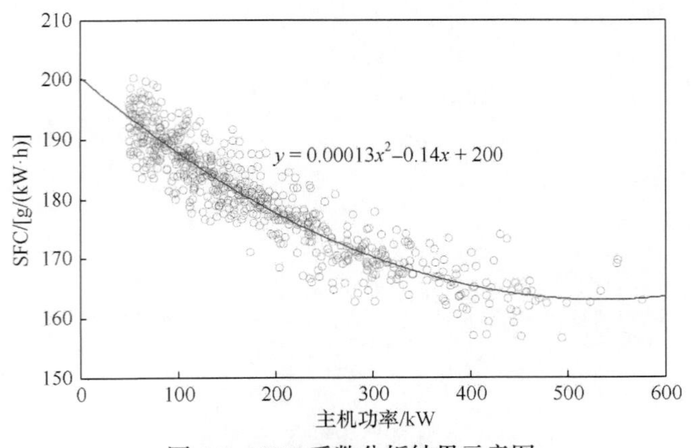

图 4-8 SFC 系数分析结果示意图

2) 螺旋桨系数分析

通过分析实船采集的轴功率数据和螺旋桨转速数据，绘制如图 4-9 所示的螺旋桨系数分析图。

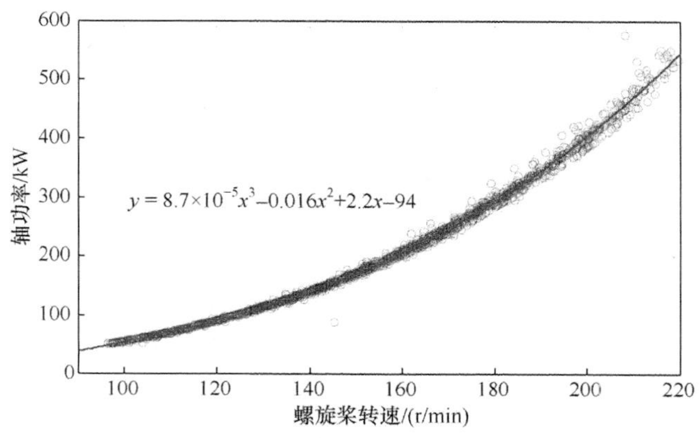

图 4-9　螺旋桨系数分析结果示意图

3) 船体系数分析

通过分析实船采集的航速数据和主机转速数据，绘制如图 4-10 所示的船体系数分析图。

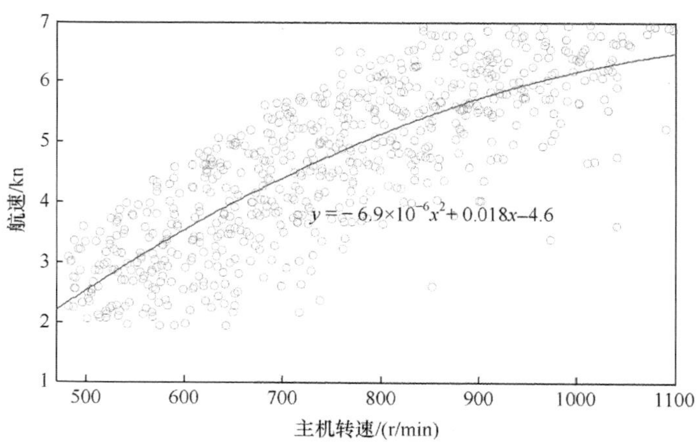

图 4-10　船体系数分析结果示意图

4) 功率系数分析

通过分析实船采集的主机功率数据和船舶航速数据，绘制如图 4-11 所示的功率系数分析图。

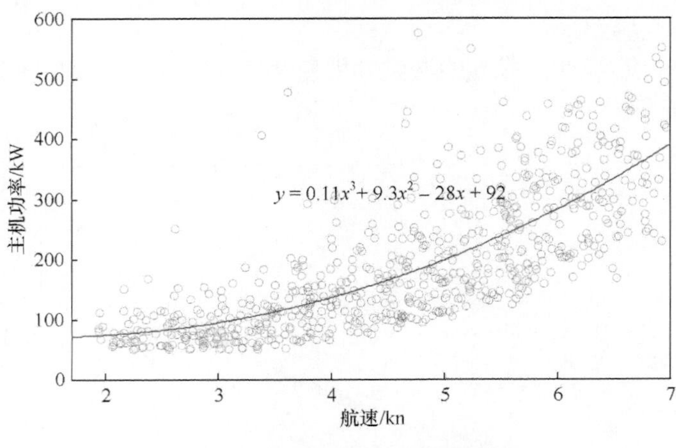

图 4-11　功率系数分析结果示意图

5) 燃料系数分析

通过分析实船采集的主机油耗数据和船舶航速数据，绘制如图 4-12 所示的燃料系数分析图。

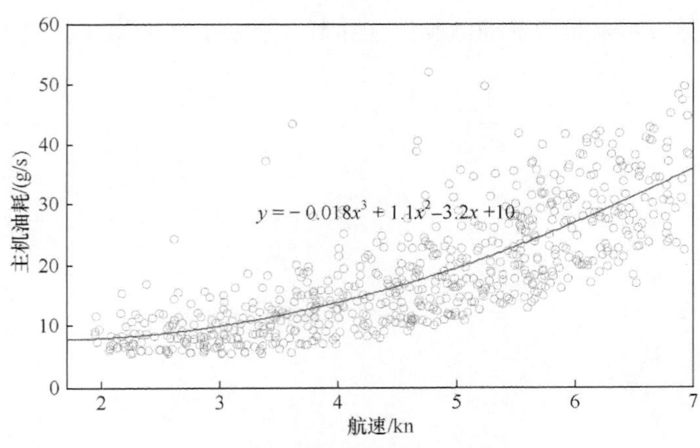

图 4-12　燃料系数分析结果示意图

综上可以看出，通航环境的变化导致各能效系数在一定范围内有较大差异，因此推进系统能量传递关系和传递效率的分析需要充分考虑通航环境的影响。采用理论建模与试验数据相结合的方式建立考虑通航环境的船舶推进系统能效模型，对提高船舶能效模型的准确性，以及能效优化方法的研究至关重要。

4.3　能效数据主成分分析

4.3.1　主成分分析法

本节旨在采用 PCA 法，通过计算船舶营运和航行信息数据集的主成分来探索船舶性能和航行参数之间的作用关系，进而评估不同工况下的船舶性能和航行行为。PCA 法是一种非参数的分析方法，其从混沌类型的数据集中提取相关信息，从而减小数据集的初始尺寸，提高数据的可视性。此方法首先将原数据集变换为总方差不变的正交变量(变量之间不相关)，然后计算这些变量的特征值和特征向量，从而获得数据集的各个主成分。各主成分的降序排列代表其在数据集中的重要性顺序(特征值的顺序)，即第一个主成分和最后一个主成分分别具有数据集中最重要和最次要的信息，因此数据集中较重要的信息可由前几个重要的主成分得以体现。在分析的过程中，后面次要的主成分通常可以被忽略，因为这些主成分可能不包括数据集的任何重要信息，从而可以使数据集得以简化。

此数据集的均值和方差可以通过式(4-2)和式(4-3)计算得出，通过式(4-4)和式(4-5)转变为新的数据集，进一步涉及的 PCA 法主成分的相关计算可以通过式(4-7)～式(4-10)计算。

综上，PCA 法的实现过程主要包括以下步骤。

(1) 标准化原始数据集 X，从而得到均值为零的标准化矩阵。

(2) 针对所获取的标准化矩阵求得其协方差矩阵 C。

(3) 求得数据集的特征根与特征向量，将特征向量按照其对应的特征值大小由大到小排列，选取前 I 个特征向量形成矩阵 P。

(4) 通过计算 $Y = PX$，得到降维后的数据 Y。

(5) 计算每个特征值的贡献率。

(6) 由特征根和特征向量分析主成分物理意义和内部变量之间的关系。

4.3.2　主成分分析结果

PCA 法在某些情况下探索精确的参数关系有一定的局限性。参数不准确性可能与数据点分布有关，并可能导致数据集内的异常参数关系。为了避免此问题，提高主成分分析的准确性，本节首先对船舶推进系统运行工况进行聚类分析，根据船舶主机实际的运行数据将其划分为若干个工况，然后，针对某一工况进行主成分分析及船舶能效主要影响因素之间的作用规律分析。

1) 基于聚类分析的推进系统运行工况划分

聚类是根据某种准则，如距离准则等，将数据集分为不同的类别，以使同一类中的数据参数的相似性尽可能大，不同类的数据参数的差异性也尽可能地大。聚类可以将同一类别的数据汇集到一起，将不同类别的数据分开，因此本节根据所采集的武汉—上海航段的船舶上水主机运行数据，采用聚类分析方法根据船舶主机转速与功率将推进系统划分为 6 个运行工况，如图 4-13 所示。

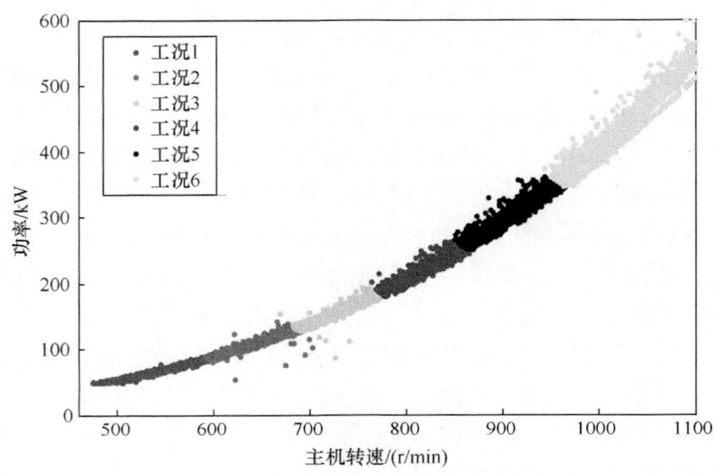

图 4-13 船舶主机运行工况划分结果示意图

2) 能效影响要素和影响规律分析实例

以常用工况 5 为例，对此工况下的船舶能效影响要素和影响规律进行分析。分别选取与船舶营运能效相关的风速($Z_{k,1}$)、风向角($Z_{k,2}$)、水深($Z_{k,3}$)、水流速度($Z_{k,4}$)、对地航速($Z_{k,5}$)、对水航速($Z_{k,6}$)、转矩($Z_{k,7}$)、主机转速($Z_{k,8}$)、轴功率($Z_{k,9}$)、主机油耗($Z_{k,10}$)作为船舶能效主成分分析的参数(k=1, 2, …, 10)。通过上述 PCA 法，获得每个主成分(Z_1, Z_2, …, Z_{10})及其参数，如表 4-4 所示。表 4-5 给出了各主成分的权重。此外，各主成分的贡献率如图 4-14 所示。由图 4-14 可见，第一到第三个主成分的贡献率之和已超过 80%。

表 4-4 各影响参数主成分系数

$Z_{k,i}$	Z_i									
	Z_1	Z_2	Z_3	Z_4	Z_5	Z_6	Z_7	Z_8	Z_9	Z_{10}
$Z_{k,1}$	−0.052	0.349	0.021	0.589	0.726	0.036	0.001	−0.001	0.000	0.000
$Z_{k,2}$	−0.045	0.339	−0.029	0.638	−0.686	0.070	0.000	−0.001	0.000	0.000
$Z_{k,3}$	−0.065	0.535	0.158	−0.368	−0.004	0.741	0.008	−0.014	0.000	0.000
$Z_{k,4}$	0.075	0.015	0.731	0.016	−0.029	−0.149	−0.089	0.101	−0.001	0.647
$Z_{k,5}$	0.063	0.291	−0.645	−0.151	0.013	−0.140	−0.091	0.104	−0.001	0.658
$Z_{k,6}$	0.233	0.524	0.124	−0.230	−0.027	−0.489	−0.305	0.347	−0.002	−0.385
$Z_{k,7}$	0.464	−0.217	−0.060	0.133	0.018	0.289	0.251	0.754	−0.018	0.000
$Z_{k,8}$	0.465	0.238	0.050	−0.080	−0.009	−0.196	0.737	−0.370	−0.004	0.000

续表

$Z_{k,i}$	Z_i									
	Z_1	Z_2	Z_3	Z_4	Z_5	Z_6	Z_7	Z_8	Z_9	Z_{10}
$Z_{k,9}$	0.498	−0.083	−0.029	0.073	0.010	0.145	−0.366	−0.262	0.718	0.000
$Z_{k,10}$	0.498	−0.083	−0.029	0.073	0.010	0.145	−0.388	−0.289	−0.696	0.000

表 4-5　各主成分权重

W_1	W_2	W_3	W_4	W_5	W_6	W_7	W_8	W_9	W_{10}
3.9208	2.3684	1.8183	0.9484	0.7044	0.2391	0.0004	0.0003	0.0000	0.0000

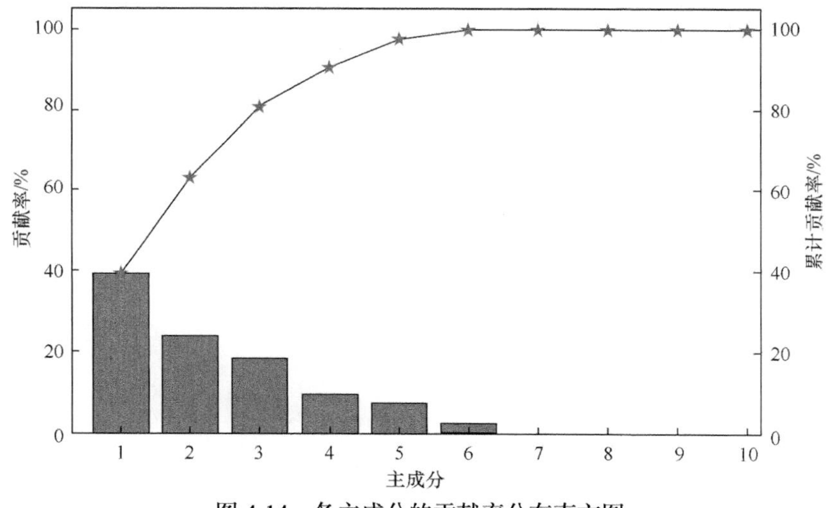

图 4-14　各主成分的贡献率分布直方图

通过上述分析获得了主成分分析结果并进行了可视化，如图 4-15 所示。其共有 10 个主成分，圆周上 10 个点分别代表各影响因素对于此主成分的系数，点的灰度和大小分别代表系数的正负和数值的大小。

根据此结果可以进一步分析船舶营运能效要素之间的关联关系。由第一个主成分分析结果可以看出，当风速、风向角、水深变化不大，主机转速有所增加时，轴系的转矩和主机的功率均有所增加，从而使船舶对水航速有所增加，水流速度的变化，使船舶对地航速略有增加；主机功率的增加，使船舶主机单位时间的油耗有所增加。

由第二个主成分分析结果可以看出，当风速、风向角、水深增大时，船舶的阻力减小；当船舶主机转速有所增加时，船舶对地航速和对水航速均有所增加。

由第三个主成分分析结果可以看出，当风速、风向角、水深基本不变，而水流速度大幅增加时，船舶对地航速会大幅降低，与此同时，在主机转速基本不变的情况下，船舶对水航速有所增加。

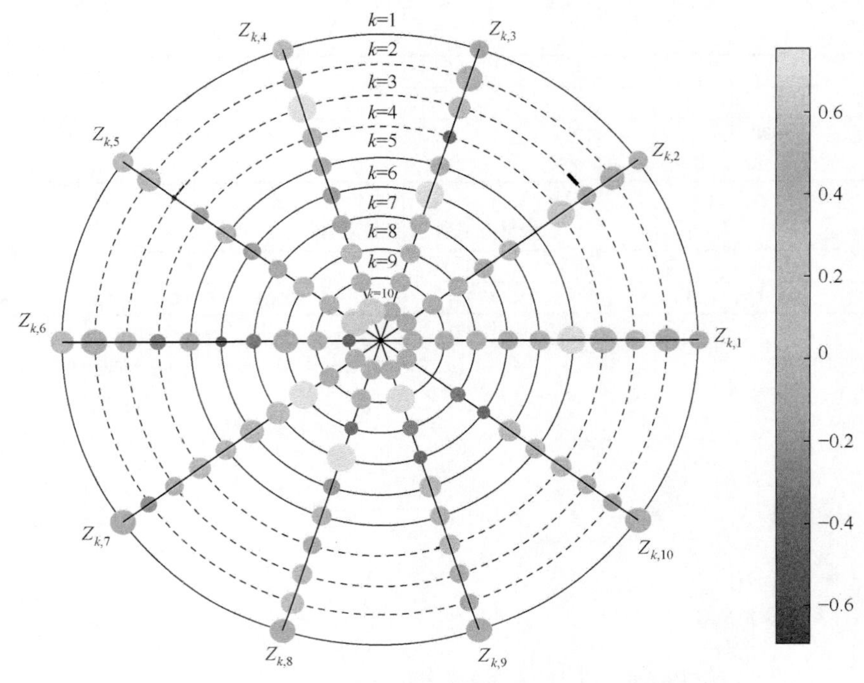

图 4-15　主成分分析结果可视化

由第四个主成分分析结果可以看出，当水深下降时，因船舶阻力的增大，即使船舶主机转速略有下降，轴功率也有所增大，与此同时，船舶的对地航速和对水航速有所降低。

由第五个主成分分析结果可以看出，当风速增大、风向角减小时，在其他条件基本不变的情况下，船舶阻力基本不变，船舶主机油耗也基本不变。

第六至第十个主成分的贡献率不到 10%，不具有代表性，本节不做分析。

4.4　能效数据相关性分析

4.4.1　相关性分析方法

鉴于船舶能效是一个由多参数相互作用的复杂过程，各参数之间存在或大或小的关系。为研究这种影响关系，可采用相关性分析方法描述各参数之间的关联程度。相关性分析是指对两个或多个具备相关性的变量元素进行分析，从而衡量两个变量因素的相关密切程度，方法如下。

对于两组变量$(X_1, X_2, \cdots, X_p)$和$(Y_1, Y_2, \cdots, Y_p)$，与 PCA 法类似，考虑$(X_1, X_2, \cdots, X_p)$一个线性组合 U 及$(Y_1, Y_2, \cdots, Y_p)$的一个线性组合 V，希望找到 U 和 V

之间有最大可能的相关系数，以充分反映两组变量之间的关系。这样即可将研究两组随机变量间相关关系的问题转化为研究两个随机变量间相关关系的问题。

设有两组向量 $X=(X_1,X_2,\cdots,X_p)^{\mathrm{T}}$，$Y=(Y_1,Y_2,\cdots,Y_q)^{\mathrm{T}}$（$p\leqslant q$），将两组向量合并成一组向量 $(X^{\mathrm{T}},Y^{\mathrm{T}})=(X_1,X_2,\cdots,X_p,Y_1,Y_2,\cdots,Y_q)^{\mathrm{T}}$，其协方差矩阵为

$$\Sigma=\begin{bmatrix}\Sigma_{11}\Sigma_{12}\\ \Sigma_{21}\Sigma_{22}\end{bmatrix} \tag{4-13}$$

式中，

$$\Sigma_{11}=\mathrm{Cov}(X,X),\quad \Sigma_{22}=\mathrm{Cov}(Y,Y),\quad \Sigma_{12}=\Sigma_{21}^{\mathrm{T}}=\mathrm{Cov}(X,Y)$$

根据典型相关思想，问题是要寻找 $X=(X_1,X_2,\cdots,X_p)^{\mathrm{T}}$，$Y=(Y_1,Y_2,\cdots,Y_q)^{\mathrm{T}}$（$p\leqslant q$）的线性组合：

$$U_1=a_1^{\mathrm{T}}X=a_{11}X_1+a_{12}X_2+\cdots+a_{1p}X_p \tag{4-14}$$

$$V_1=b_1^{\mathrm{T}}Y=b_{11}Y_1+b_{12}Y_2+\cdots+b_{1q}Y_q \tag{4-15}$$

使 U_1、V_1 的相关系数 $\rho_{(U_1,V_1)}$ 达到最大，这里 $a_1^{\mathrm{T}}=(a_{11},a_{12},\cdots,a_{1p})$，$b_1^{\mathrm{T}}=(b_{11},b_{12},\cdots,b_{1q})$。

$\mathrm{Var}(U_1)=a_1^{\mathrm{T}}\Sigma_{11}a_1$，$\mathrm{Var}(V_1)=b_1^{\mathrm{T}}\Sigma_{22}b_1$，$\mathrm{Cov}(U_1,V_1)=a_1^{\mathrm{T}}\Sigma_{12}b_1$，所以 U_1、V_1 的相关系数为

$$\rho_{(U_1,V_1)}=\frac{a_1^{\mathrm{T}}\Sigma_{12}b_1}{\sqrt{a_1^{\mathrm{T}}\Sigma_{11}a_1}\sqrt{b_1^{\mathrm{T}}\Sigma_{22}b_1}} \tag{4-16}$$

相关系数 ρ 有以下性质。

(1) $\rho>0$ 表示两变量正相关，$\rho<0$ 表示两变量负相关。

(2) 当 $|\rho|\geqslant 0.8$ 时，可以认为两变量高度相关。

(3) 当 $0.5\leqslant|\rho|<0.8$ 时，可以认为两变量中度相关。

(4) 当 $0.3\leqslant|\rho|<0.5$ 时，可以认为两变量低度相关。

(5) 当 $0\leqslant|\rho|<0.3$ 时，说明两变量相关程度弱。

正相关是指一个变量增大，另一个变量也增大；负相关是指一个变量增大，另一个变量减小。其数值则表示一个变量随另一个变量变化的程度。

4.4.2 能效相关性分析结果

对经过数据清洗后的 9000 多条能效数据进行相关性分析，除了原有的数据，还加入了船舶航行每千米油耗量数据。加入每千米油耗量进行相关性分析能够更

清晰地显示不同参数对船舶航行油耗的影响。根据式(4-16)，可以得出各变量之间的相关系数，如表 4-6 所示。

表 4-6　各参数相关系数

相关系数	油耗	每千米油耗	扭矩	转速	对地航速	对水航速	水流速度	水深	风速	风向角
油耗	1									
每千米油耗	0.73	1								
扭矩	0.98	0.86	1							
转速	0.95	0.84	0.99	1						
对地航速	0.58	0.81	0.53	0.52	1					
对水航速	0.78	0.71	0.63	0.62	0.87	1				
水流速度	0.32	0.53	0.03	0.03	–0.72	0.38	1			
水深	–0.23	–0.33	0.05	0.04	–0.28	–0.37	0.01	1		
风速	0.18	0.25	0.01	0.01	0.35	0.4	0.08	0.04	1	
风向角	0.15	0.23	0.03	0.03	0.26	0.27	–0.06	0.06	0.09	1

根据相关性分析理论，相关系数的大小在[–1,1]之间，其绝对值大小越接近 1，表明两个变量之间的线性相关程度越高，正值表示正相关，负值表示负相关。由表 4-6 可知如下。

(1) 转速、扭矩与主机油耗之间呈现极高的正相关性。船舶在航行途中，主机产生的功率会直接传递给曲轴，主机的油耗越高，其产生的功率越大，曲轴的转速和扭矩也就越大，因此这三个变量之间的相关系数极高。

(2) 船舶航速与主机油耗之间呈现较高的正相关性。船舶航速除了受到主机油耗所产生的功率的影响，还受到多种通航环境因素的影响，因此对水航速与主机油耗之间的相关系数低于转速和转矩。

(3) 对地航速与对水航速和水流速度之间呈现较高的相关性。在数值上对地航速等于对水航速和水流速度之和，因此这三者之间呈现较高的相关性。

(4) 水流速度、水深、风速、风向角与每千米油耗之间也呈现一定的相关性，因此通航环境会影响船舶航行油耗，其中水流速度是通过影响对地航速进而影响每千米油耗，水深、风速和风向角是通过影响对水航速进而影响每千米油耗。在进行船舶航速优化的研究中必须要考虑这些因素。

4.5　能效数据敏感性分析

敏感性分析指的是研究和预测模型输入参数的变动对模型输出值的影响程

度。某一输入对结果的影响程度称为该输入参数的敏感性系数。敏感性系数越大，说明该输入参数对模型输出的影响越大。敏感性分析通过对模型的属性进行分析，得到各属性敏感性系数。简而言之，敏感性分析是一种定量描述模型输入变量对输出变量的重要性程度的方法和过程。

神经网络经过训练得到输出变量关于输入变量的数值函数关系及层间神经元间的连接权值，利用这个关系及连接权值可以实现输入变量对输出变量的敏感性分析。

神经网络中的局部敏感性分析方法通常有以下几种：

(1) 基于连接权的敏感性分析方法；

(2) 基于输出变量对输入变量的偏导的敏感性分析方法；

(3) 与统计方法相结合的敏感性分析方法；

(4) 基于输入变量扰动的敏感性分析方法。

Garson 算法是一种利用神经网络各层之间连接权值进行敏感性分析的方法，用连接权值的乘积来计算输入变量对输出变量的影响程度或者相对贡献值。基本方法是：对于一个输入层、隐含层、输出层神经元个数分别为 N、L、M 的 3 层神经网络，输入变量 x_i 对输出变量 y_k 的影响程度为

$$Q_{ik}=\frac{\sum_{j=1}^{L}\left(\left|w_{ij}v_{ij}\right|\Big/\sum_{r=1}^{N}\left|w_{rj}\right|\right)}{\sum_{r=1}^{N}\sum_{j=1}^{L}\left(\left|w_{ij}v_{ij}\right|\Big/\sum_{r=1}^{N}\left|w_{rj}\right|\right)} \tag{4-17}$$

式中，$w=(w_{ij})_{N\times L}$ 为输入层与隐含层间的连接权值；$v=(v_{ij})_{N\times L}$ 为隐含层与输出层间的连接权值。

通过训练 BP 神经网络，得到各输入变量(如主机转速、风速等)与输出变量(包括油耗率、航速以及 EEOI)之间的映射关系，然后从神经网络中提取出输入层到隐含层、隐含层到输出层之间的权值，即可进行多参数敏感性分析计算，从而得到各参数的敏感性系数。按式(4-17)的计算方法，分别得到每个输入变量对输出变量的敏感性系数，该系数可表示不同参数对结果影响的贡献值，即为 BP 神经网络多参数敏感性分析得到的各参数敏感性排序关系，分别如图 4-16～图 4-18 所示。

如图 4-16 和图 4-17 所示，水流速度对主机油耗率和航速的影响最大，敏感性系数分别达到了 0.454 和 0.345，其次为主机转速和风速，而水深和风向角的敏感性系数较低。应当指出的是，此处的“主机油耗率”是在达到某个航速要求下的数值，对于一台孤立的主机，其油耗率显然只与其转速有关。

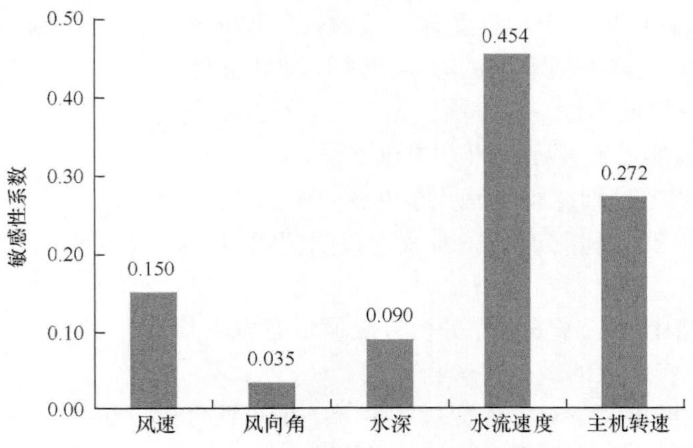

图 4-16 输入变量对主机油耗率的敏感性系数

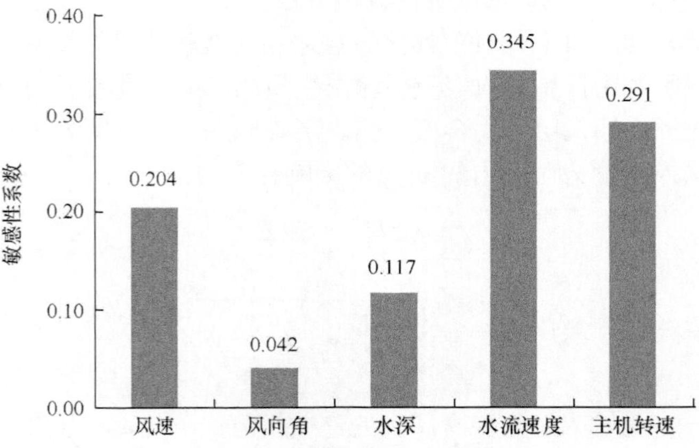

图 4-17 输入变量对航速的敏感性系数

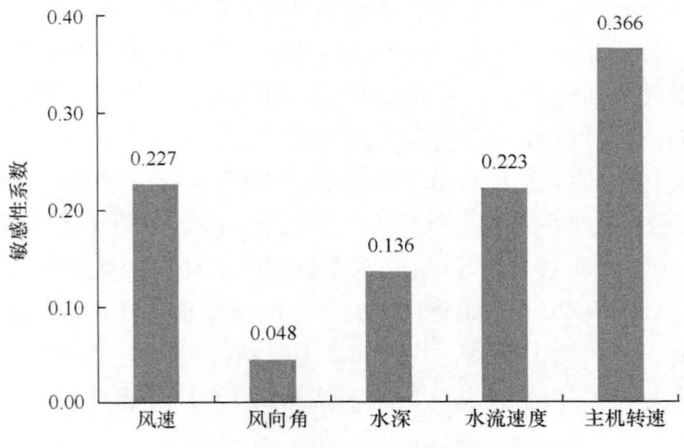

图 4-18 输入变量对 EEOI 的敏感性系数

由图 4-18 可以看出，对 EEOI 的影响主要取决于主机转速，其敏感性系数达到了 0.366，其次是风速和水流速度，分别为 0.227 和 0.223。水深和风向角的影响有限。

不难发现，通过对能效数据的敏感性进行分析，能够定量描述模型输入变量对输出变量的重要性程度。

4.6　本 章 小 结

本章主要介绍了对采集的能效数据异常值的成因、处理方案、数据集成以及数据转换。在此基础上对通航环境的数据开展相关性分析，基于船舶营运数据分析了不同工况下的船舶能效水平及船舶推进系统的能效状态，并分析了船舶能效主要影响因素之间的作用规律，总结如下。

(1) 对能效管理系统采集的能效数据进行清洗，具体是对重复航段数据、停靠港数据、失效数据以及异常范围数据等进行剔除处理。

(2) 对能效数据进行特征分析，具体包括通航环境的数据分析、船舶营运能效水平的数据分析以及船舶能效系统状态的分析，进而得出船舶推进系统各部分能量的传递状态。

(3) 对处理后的通航环境数据和船舶运行工况数据进行主成分分析和相关性分析，对能效数据进行敏感性分析，定量描述模型输入变量对输出变量的重要性程度，分析船舶能效主要影响因素之间的作用规律。

第 5 章　船舶能效建模方法

5.1　船舶能效白箱模型

船舶推进系统的运行是一个复杂的能量转化与传递过程，涉及从能源获取到最终推进力的产生。其核心任务是通过主机产生动力并将其有效传递至螺旋桨，从而克服多种阻力，实现船舶的航行。船舶推进系统能量传递关系示意图如图 5-1 所示。船舶主机通过燃烧燃料发出一定的功率，然后通过轴系(或包含减速装置)驱动螺旋桨旋转产生推力，以此来克服船舶航行时的静水阻力、附体阻力、兴波阻力以及由气象环境因素变化所引起的风阻力和波浪增阻等。

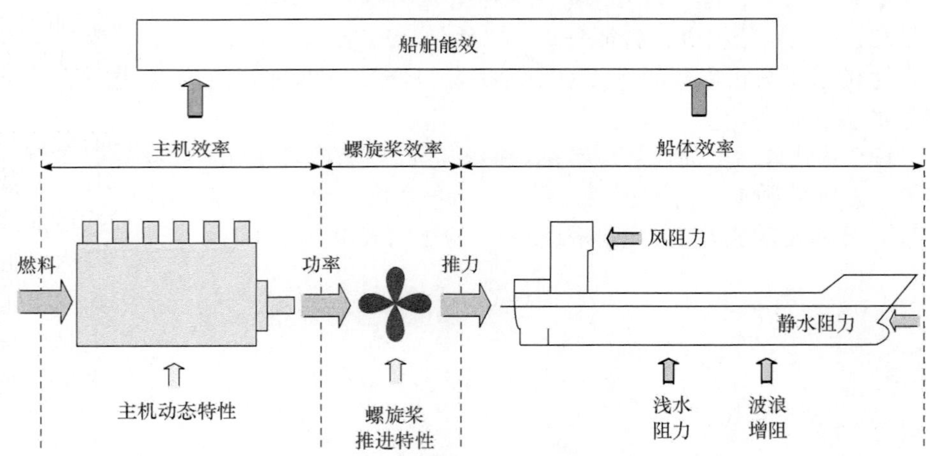

图 5-1　船舶推进系统能量传递关系示意图

由船舶推进系统的能量传递关系分析可知，航行环境的变化会引起航行阻力和船体效率的变化，进而影响螺旋桨的推进效率，最后对主机工作特性及其油耗产生影响。因此，对船舶能耗优化模型的研究，应从船-机-桨的能量转换关系入手，分别进行船体阻力特性分析、螺旋桨推进特性分析及主机油耗特性分析，通过确定三者之间的作用关系，建立考虑环境因素的船舶能耗模型。

5.1.1　船舶阻力模型

船舶主机的能耗主要用来克服船舶航行的阻力，通过计算不同环境条件下的船舶航行阻力，以及分析船-机-桨的能量转换关系，可以获得不同通航环境下船舶主机的油耗量，从而求得 EEOI。其中，船舶航行阻力主要包括静水阻力、波浪增阻、风阻力和浅水阻力，这些阻力的计算不仅与船舶的基本参数有关，还与风速、风向角、水深及水流速度等多航行环境因素有关。

1) 静水阻力

基于对象船舶的参数特征，本节采用 Holtrop-Mennen 方法进行船舶静水阻力估计。根据该方法，船舶静水阻力可以表示为

$$R_{\mathrm{T}} = R_{\mathrm{F}}\left(1+k_1\right) + R_{\mathrm{APP}} + R_{\mathrm{W}} + R_{\mathrm{B}} + R_{\mathrm{TR}} + R_{\mathrm{A}} \tag{5-1}$$

式中，R_{T}、R_{F}、R_{APP}、R_{W}、R_{B}、R_{TR}、R_{A}分别为静水总阻力、根据国际拖曳水池会议(International Towing Tank Conference, ITTC)推荐的公式得到的摩擦阻力、附体阻力、波浪阻力、球鼻艏附加阻力、尾浸附加阻力、模型实船相关阻力；k_1为船型黏性阻力因子，其大小与水线长、型深、型宽、排水量以及棱形系数有关。

摩擦阻力可以表示为

$$R_{\mathrm{f}} = \frac{1}{2} C_{\mathrm{f}} \rho_{\mathrm{water}} S V_{\mathrm{s}}^2 \tag{5-2}$$

式中，C_{f}为摩擦阻力系数；S 为湿面积；V_{s}为船舶对水航速。

根据 ITTC 推荐的计算导则，C_{f}可以通过式(5-3)计算：

$$C_{\mathrm{f}} = \frac{0.075}{(\lg Re - 2)^2} \tag{5-3}$$

式中，Re 为雷诺数，其计算方法为

$$Re = \frac{vL}{\gamma} \tag{5-4}$$

长江船型的湿面积为

$$S = L_{\mathrm{wl}}\left(1.8d + C_{\mathrm{b}} B\right) \tag{5-5}$$

式中，L_{wl}为水线长；d 为吃水；C_{b}为方形系数；B 为船宽。

附体阻力 R_{APP}计算公式为

$$R_{\mathrm{APP}} = 0.5 \rho_{\mathrm{water}} V_{\mathrm{s}}^2 S_{\mathrm{APP}} (1+k_2)_{\mathrm{eq}} C_{\mathrm{f}} \tag{5-6}$$

式中，S_{APP}为附体面积；k_2为附体的形状因子，对于双桨平衡舵，k_2取 1.8。

波浪阻力 R_{W}与弗劳德数 Fr 有关，当 $Fr\leqslant 0.5$ 时，有

$$R_{\mathrm{W}} = c_1 c_2 c_5 \nabla \rho_{\mathrm{water}} \mathrm{e}^{[m_1 Fr^d + m_4 \cos(\lambda Fr^{-2})]} \tag{5-7}$$

当 $Fr>0.5$ 时，有

$$R_{\mathrm{W}} = c_{17} c_2 c_5 \nabla \rho_{\mathrm{water}} \mathrm{e}^{[m_3 Fr^d + m_4 \cos(\lambda Fr^{-2})]} \tag{5-8}$$

式中，∇ 为排水量；c_i、m_i、λ、d 均为系数，均可通过相关文献确定，弗劳德数 Fr 的计算方法如下：

$$Fr=\frac{v}{\sqrt{gL}} \tag{5-9}$$

球鼻艏附加阻力 R_B 计算公式为

$$R_B=\frac{0.11e^{\left(-3P_B^{-2}\right)}F_{ni}^3A_{BT}^{1.5}\rho_{water}g}{1+F_{ni}^2} \tag{5-10}$$

式中，A_{BT} 为船中剖面面积；P_B 与艏部浸水深度有关，表示为

$$P_B=0.56\sqrt{A_{BT}}\left(T_F-1.5h_B\right) \tag{5-11}$$

式中，T_F 为艏吃水。

Fr_i 为基于浸水深度的弗劳德数，表示为

$$Fr_i=\frac{V}{\sqrt{g\left(T_F-h_B-0.25\sqrt{A_{BT}}\right)+0.15V^2}} \tag{5-12}$$

式中，h_B 为形心离基线高度；V 为船舶静水航速。

尾浸附加阻力 R_{TR} 可表示为

$$R_{TR}=0.5\rho_{water}V^2A_{TR}c_6 \tag{5-13}$$

式中，c_6 与艉浸没的弗劳德数有关。

模型实船相关阻力 R_A 可表示为

$$R_A=0.5\rho_{water}V^2SC_A \tag{5-14}$$

式中，C_A 为实船相关阻力系数。

2) 波浪增阻

拉特涅尔方法适用于内河船舶的波浪阻力计算，因此可采用此方法计算内河船舶的波浪增阻，如式(5-15)所示：

$$R_{wave}=\frac{1}{2}\frac{0.065}{Fr^2}\left(\frac{h}{L_{wl}}\right)^2\rho_{water}SV_s^2 \tag{5-15}$$

式中，h 为浪高；L_{wl} 为水线长；ρ_{water} 为水的密度；S 为湿面积；V_s 为船舶对水航速。

3) 风阻力

本节主要考虑船舶航行方向的风阻力，可由式(5-16)获得

$$R_{wind}=\frac{1}{2}C_{wind}\rho_{air}A_TV_{wind}^2 \tag{5-16}$$

式中，R_{wind} 为风阻力；C_{wind} 为风阻力系数；ρ_{air} 为空气密度；A_{T} 为迎风面积；V_{wind} 为相对风速。

4) 浅水阻力

浅水阻力采用换算系数的方法来计算，如式(5-17)所示：

$$R_{\text{shallow}} = f_{\text{s}} R_{\text{deep}} \tag{5-17}$$

式中，R_{shallow} 为浅水阻力；R_{deep} 为深水阻力；f_{s} 为换算系数，由式(5-18)确定：

$$f_{\text{s}} = 1 + \frac{0.065 V_{\text{s}}^2}{\left(\dfrac{H}{d} - 1\right)\sqrt{d}} \tag{5-18}$$

式中，H 为水深；d 为船舶吃水。

综上，船舶航行时的总阻力可以通过式(5-19)获得

$$R = R_{\text{T}} + R_{\text{wave}} + R_{\text{wind}} + R_{\text{shallow}} \tag{5-19}$$

5.1.2　船-机-桨模型

船舶在水面航行时，为了克服航行阻力 R，要求船舶主机产生一定的功率来转动螺旋桨，使其产生推动船舶前进的推力 T；当船舶以静水航速匀速航行时，螺旋桨的有效推力 T_{E} 等于船体受到的阻力 R，且有以下关系：

$$T_{\text{E}} = R = (1-t)T \tag{5-20}$$

$$P_{\text{E}} = kRV_{\text{s}} \tag{5-21}$$

式中，t 为推力减额分数；P_{E} 为船舶主机有效输出功率；k 为螺旋桨的数量；V_{s} 为船舶对水航速。

船舶主机发出的功率 P_{B} 先后经过减速齿轮箱、轴系等装置传送到螺旋桨，由于中间受到各种摩擦损失，螺旋桨收到的功率 P_{D} 小于船舶主机发出的功率。螺旋桨收到功率后，经过螺旋桨与船体之间水流的相互作用，最终转化为克服船体阻力的有效功率 P_{E}。其中，P_{B} 与 P_{D}、P_{D} 与 P_{E} 之间的关系分别为

$$P_{\text{B}} = P_{\text{D}} / (\eta_{\text{S}}\eta_{\text{G}}) \tag{5-22}$$

$$P_{\text{D}} = P_{\text{E}} / (\eta_{\text{O}}\eta_{\text{H}}\eta_{\text{R}}) \tag{5-23}$$

式中，η_{S} 为轴系传递效率；η_{G} 为齿轮箱传递效率；η_{R} 为螺旋桨相对旋转效率；η_{H} 与 η_{O} 分别为齿轮箱的转换效率和螺旋桨能量转换效率，表达式分别为

$$\eta_{\text{H}} = \frac{1-t}{1-w} \tag{5-24}$$

$$\eta_{\mathrm{O}} = \frac{K_{\mathrm{T}}}{K_{\mathrm{Q}}} \frac{J}{2\pi} \tag{5-25}$$

式中，w 为兴波系数；J 为螺旋桨进速系数，可通过式(5-26)表示：

$$J = \frac{V_{\mathrm{s}}(1-w)}{nD} \tag{5-26}$$

式中，D 为螺旋桨直径。

此外，K_{T} 和 K_{Q} 分别为螺旋桨推力系数和扭矩系数，可通过式(5-27)和式(5-28)获得

$$K_{\mathrm{T}} = \frac{T}{\rho_{\mathrm{water}} n^2 D^4} \tag{5-27}$$

$$K_{\mathrm{Q}} = \frac{Q}{\rho_{\mathrm{water}} n^2 D^5} \tag{5-28}$$

式中，T 为螺旋桨推力；Q 为螺旋桨转矩；ρ_{water} 为水的密度；n 为螺旋桨转速。螺旋桨敞水特性曲线可以体现螺旋桨在不同工作条件下的水动力特性，如图 5-2 所示。

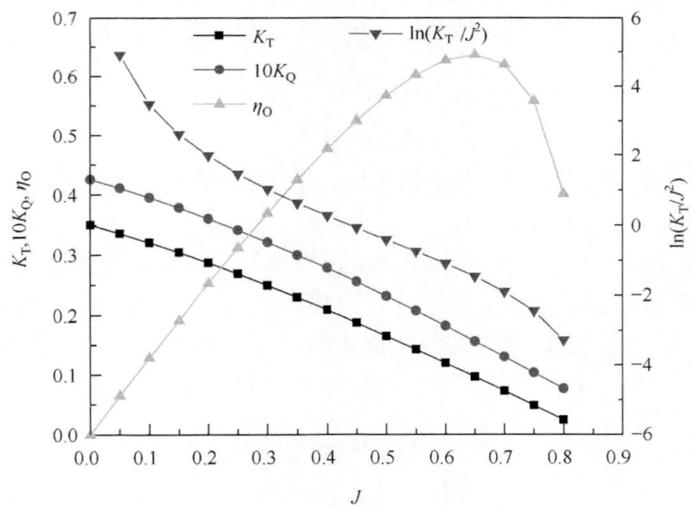

图 5-2 螺旋桨敞水特性曲线

根据螺旋桨敞水特性曲线，可得 K_{Q} - J 和 K_{T} - J 的拟合曲线形式如下：

$$K_{\mathrm{Q}} = a_1 J^2 + b_1 J + c_1 \tag{5-29}$$

$$K_{\mathrm{T}} = a_2 J^2 + b_2 J + c_2 \tag{5-30}$$

5.1.3　船舶能效模型

船舶主机所消耗的能量主要用来克服船舶的航行阻力，当船舶在某一航速下营运时，为了克服船舶的航行阻力，要求船舶主机产生一定的功率来驱动螺旋桨，使其产生推动船舶前进的推力 T，如式(5-31)所示：

$$T=\frac{T_{\mathrm{E}}}{(1-t)k}=\frac{R}{(1-t)k}=K_{\mathrm{T}}\rho n^{2}D^{4} \tag{5-31}$$

由式(5-26)和式(5-31)可以得

$$\ln\left(\frac{K_{\mathrm{T}}}{J^{2}}\right)=\ln\left[\frac{R}{\rho(1-t)(1-w)^{2}V_{\mathrm{s}}^{2}D^{2}}\right] \tag{5-32}$$

由此可知，在特定的航速和通航环境下，可以获得船舶航行的总阻力，从而根据螺旋桨敞水特性曲线获得进速系数 J。在此基础上，船舶主机的输出功率可以通过式(5-33)表示：

$$P_{\mathrm{S}}=\frac{RV}{k\eta_{\mathrm{S}}\eta_{\mathrm{G}}\eta_{\mathrm{O}}\eta_{\mathrm{H}}\eta_{\mathrm{R}}} \tag{5-33}$$

综上，船舶主机的输出功率可进一步表示为

$$P_{\mathrm{S}}=\frac{RVK_{\mathrm{Q}}2\pi(1-w)}{k\eta_{\mathrm{S}}\eta_{\mathrm{G}}\eta_{\mathrm{R}}K_{\mathrm{T}}J(1-t)} \tag{5-34}$$

因此，船舶以一定速度航行时，主机单位距离油耗可通过式(5-35)获得

$$\begin{aligned}q_{\mathrm{main}}&=\frac{R\left(V_{\mathrm{g}}\pm V_{\mathrm{w}}\right)K_{\mathrm{Q}}2\pi(1-w)}{\eta_{\mathrm{S}}\eta_{\mathrm{G}}\eta_{\mathrm{R}}K_{\mathrm{T}}J(1-t)V_{\mathrm{g}}}g_{\mathrm{main}}\\&=F_{\mathrm{q}}\left(V_{\mathrm{g}},V_{\mathrm{w}},V_{\mathrm{wind}},H,h,g_{\mathrm{main}}\right)\end{aligned} \tag{5-35}$$

式中，q_{main} 为主机单位时间油耗量，其为船舶对地航速和通航环境等参数的函数；V_{g} 为船舶对地航速，$V_{\mathrm{g}}=V_{\mathrm{s}}\pm V_{\mathrm{w}}$；$V_{\mathrm{w}}$、$V_{\mathrm{wind}}$、$H$、$h$ 分别为水流速度、风速、水深和浪高；g_{main} 为船舶主机的油耗率，可以由主机的特性曲线获得。

船舶油耗除了主机油耗，还有柴油发电机油耗和燃油锅炉的油耗。因此，基于 EEOI 计算公式，可以推导出

$$\mathrm{EEOI}=\frac{(q_{\mathrm{main}}S_{\mathrm{total}}+Q_{\mathrm{aux}}+Q_{\mathrm{boiler}})C_{\mathrm{carbon}}}{m_{\mathrm{cargo}}D} \tag{5-36}$$

式中，S_{total} 为船舶航次总的航行距离；Q_{aux} 为航次柴油发电机的总油耗量；Q_{boiler} 为航次燃油锅炉的总油耗量。

5.1.4　船舶油耗预测模型

为验证油耗预测模型的准确性，需要将实测油耗值与油耗预测结果进行对比。本节仍以上述武汉—上海航段营运的 7000t 散货船舶为例。

油耗预测模型是假定船舶航行阻力等于船舶有效推力，因此需要选取船舶在匀速航行过程中采集的数据。此外，还需要选取多种不同航速下的采集数据。根据上述原则选取 100 个经过清洗后的实船采集数据，部分验证数据如表 5-1 所示(其中，kn 为节的单位符号，是一个专用于航海的速率单位)。

表 5-1　部分验证数据

风速/(m/s)	风向角/(°)	水深/m	水流速度/(m/s)	…	对水航速/kn	尾轴转速/(r/min)	油耗/(L/h)
2.6	340	13.5	1.7	…	5.8	172	47.29
3.2	3	12.8	1.9	…	6.4	181	60.17
0.6	327	34.1	1.5	…	5.5	168	42.98
0.9	51	19.7	1.5	…	5.5	171	47.29
2.3	339	14.9	1.9	…	6.8	193	64.47
6.3	344	13.5	1.7	…	6.3	182	55.87
0.6	327	34	1.5	…	5.4	170	42.98
3.5	336	19.3	1.5	…	5.6	175	51.58
⋮	⋮	⋮	⋮		⋮	⋮	⋮

将选取的实船采集数据中的船舶对水航速、风速、水深、浪高和水流速度作为油耗预测模型的输入，将油耗预测模型的输出即油耗预测值与实测值进行对比，将实测值和预测值拟合成一条直线，对比结果如图 5-3 所示。

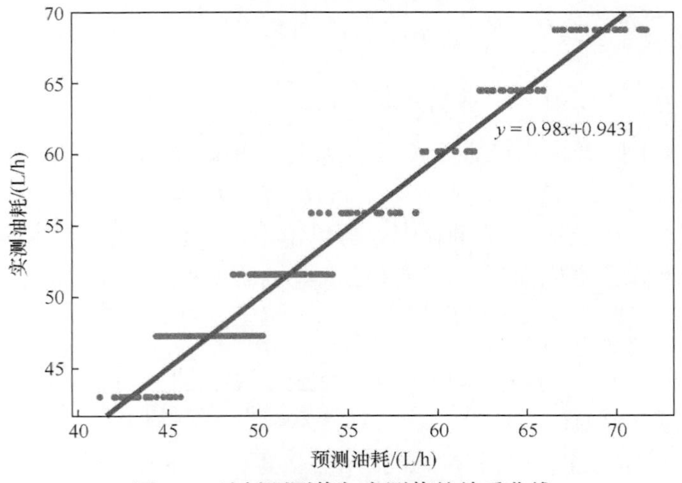

图 5-3　油耗预测值与实测值的关系曲线

主机油耗的预测值与实测值较为接近，*R*-squared 值为 0.9087。主机油耗预测值与实测值之间的最大误差为 8.3%，平均误差为 5.8%，该模型能够较准确地预测船舶在不同通航环境下的航行油耗。产生误差的主要原因是采集油耗数据的流量计精度较低，两种不同的油耗采集数据之间的差值最小为 4.3L/h。此外，理论方法对预测船舶油耗往往进行了一些简化与假设，因此总体上造成油耗预测值和实测值之间存在一定的误差。

5.2　船舶能效黑箱模型

5.2.1　BP 神经网络模型

BP 神经网络是一种按 BP 算法训练的多层前馈网络，是目前应用最广泛的神经网络模型之一。BP 神经网络能学习和存储大量的输入输出模式映射关系，而无须事先揭示描述这种映射关系的数学方程。它的学习规则是使用最速下降法，通过反向传播不断调整网络的权值和阈值，使网络的误差平方最小。它可以减少数据计算时间，提高数据容错能力和自学能力。在 ANN 的实际运用中，BP 神经网络主要应用于函数逼近、模式识别、数据分类和数据压缩等方面，它具有很强的非线性映射能力，在对多维数据进行拟合处理时具有很好的效果。BP 神经网络模型的拓扑结构包括输入层、隐含层和输出层。面向船舶能耗预测的 BP 神经网络的结构如图 5-4 所示。

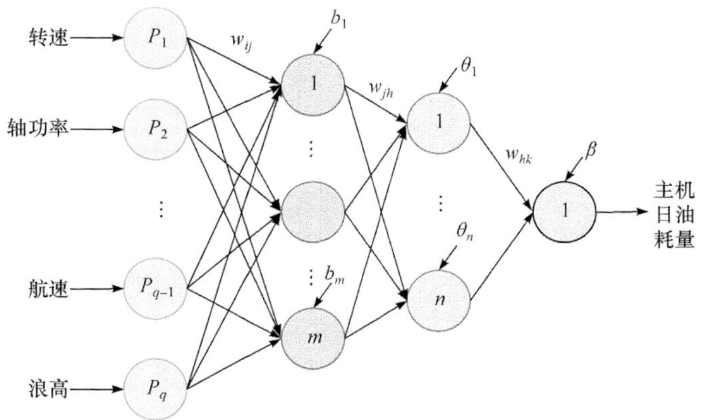

图 5-4　面向船舶能耗预测的 BP 神经网络的结构

BP 神经网络的输入层包含多个变量，分别代表影响船舶能耗的几个主要因素，如转速、轴功率、航速和浪高等。此外，该网络还包含若干隐含层，其中 $b_1,b_2,\cdots,b_n$、$\theta_1,\theta_2,\cdots,\theta_n$ 和 β 代表网络的偏置。此网络的输出层代表船舶主机日油耗量；在此网络中，w_{ij}、w_{jh}和w_{hk}为网络的权值。BP 神经网络模型能够有效地反映输入节点(船舶能耗影响因素)和输出节点(主机日油耗量)的函数映射关系。其中，网络中的第一层隐含层的第 j 个节点的输出结果 x_j 和第二层隐含层的第 h 个节点的输出结果 y_h 可分别通过式(5-37)和式(5-38)获得

$$x_j = f_1\left(\sum_{i=1}^{q} w_{ij}P_i + b_j\right) \tag{5-37}$$

$$y_h = f_2\left(\sum_{j=1}^{m} w_{jh}x_j + \theta_h\right) \tag{5-38}$$

输出的主机日油耗量 q 可通过式(5-39)获得

$$q = f_3\left(\sum_{h=1}^{n} w_{hk}y_h + \beta\right) \tag{5-39}$$

式中，f_1、f_2、f_3分别为输入关系和输出关系的传递函数。

BP 神经网络相较于其他机器学习算法具有明显的优点，具体如下。

(1) 可以减少数据计算时间，提高数据容错能力和自学能力。

(2) 具有很强的非线性映射能力，在对多维数据进行拟合处理时具有很好的效果。

(3) BP 神经网络的中间层数目和神经元数目可以根据实际需要进行设定。

5.2.2 基于 BP 神经网络的能效建模

1. 中间层数目

中间层数目是确定网络层数的关键。一般而言，BP 神经网络非线性映射的能力随着中间层数目的增加而提高，但中间层过多将会增加神经网络的系列映射模式的冗余度，提高神经网络结构的复杂性，降低该神经网络的学习效率。本节选取 3 层的 BP 神经网络结构来建立船舶营运能效预测模型。此外，以风速、风向角、水流速度、水深、主机转速等指标因素作为网络输入层，以船舶航速、主机油耗量等指标因素作为网络输出层，船舶的营运能效通过船舶航速、主机油耗量计算获得。

2. 中间层神经元数目

在 BP 神经网络建模的过程中，输入层和输出层的神经元数目是非常清晰的，而确定中间层神经元数目是一个难以权衡的问题：一方面，如果神经元数目过少，

那么网络无法从样本中获取足够的信息，这样就难以有效地概括和体现出样本中所包含的规律；另一方面，如果神经元数目过多，那么模型的学习时间会变得更长。

在初步进行中间层单元数选择时，可采用以下参考公式：

$$h = \sqrt{n+m} + a \tag{5-40}$$

式中，h、n、m 分别为中间层、输入层和输出层的节点数目；a 为 1～10 的常数，当 n=5, m=2 时，计算得到 h=4～13。

在此基础上，依次取中间层神经元数目为 3、8、13、16，在这些参数下的仿真结果如图 5-5 所示(测试过程中，取误差限为 0.01，训练次数为 200，中间层传递函数为 tansig，输出层传递函数为 purelin，学习算法为 trainlm)。

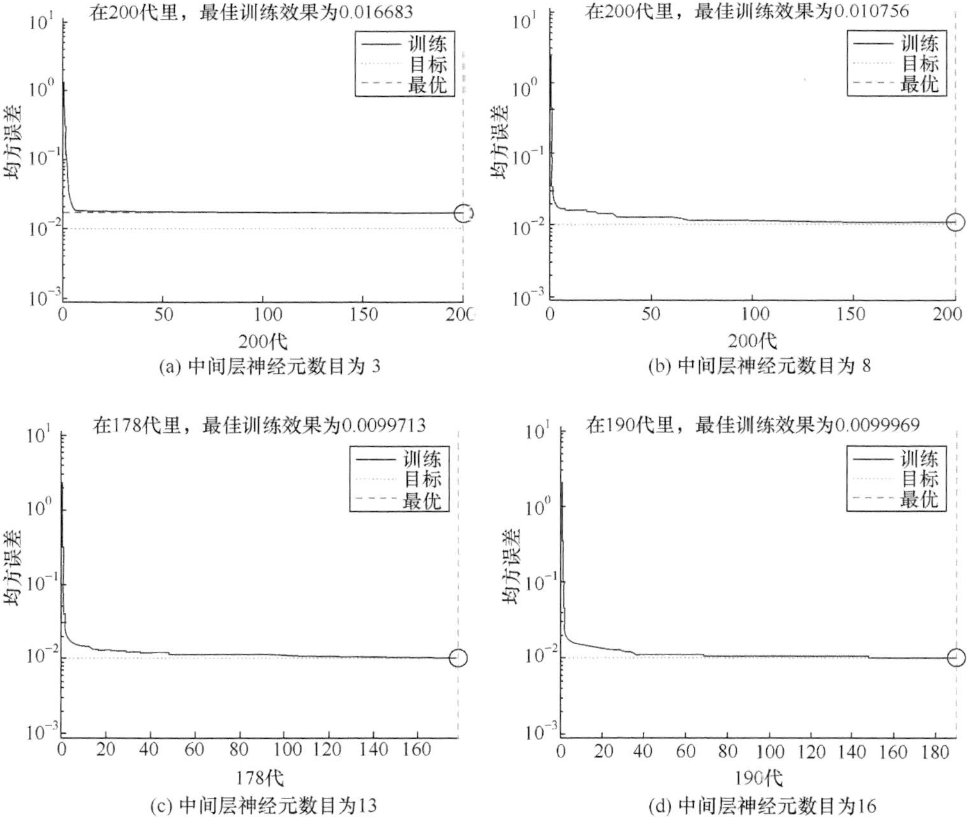

(a) 中间层神经元数目为 3　(b) 中间层神经元数目为 8

(c) 中间层神经元数目为13　(d) 中间层神经元数目为16

图 5-5　不同中间层神经元数目的训练表现

由图 5-5 的仿真结果可以看出，中间层神经元数目为 3、8、13、16 时，随着训练次数的增加，均方误差不断递减；中间层神经元数目为 3 和 8 时，都没有在 200 次训练之内满足均方差的误差要求(0.01)；在中间层神经元数目为 16 时，虽然能够满足均方差的误差要求，但是训练次数(190)较中间层神经元数目为 13 时更多(178)，因此选择中间层神经元数目为 13。

3. BP 神经网络的建立和训练

应用仿真软件中的 newff (PR, [S1 S2 ⋯ SN], {TF1 TF2 ⋯ TFN}, BTF, BLF, PF) 函数建立 BP 神经网络，输入参数说明如下。

(1) PR：由 *R* 维的输入样本最大值和最小值构成的矩阵。

(2) S*i*：第 *i* 层神经元个数。

(3) TF*i*：第 *i* 层的传递函数。

(4) BTF：训练函数。

(5) BLF：权值/阈值学习函数，默认函数为 learngdm 函数。

(6) PF：性能函数，默认函数为 mse 函数。

本模型中选择 tansig 函数作为第一层传递函数，相应地，选择 purelin 函数作为第二层传递函数。此外，训练函数选取 Levenberg-Marquardt 算法 trainlm。基于所建立的船舶能效模型，在仿真软件上进行训练，对油耗量、航速、EEOI 这三个输出的训练结果分别如图 5-6～图 5-8 所示。

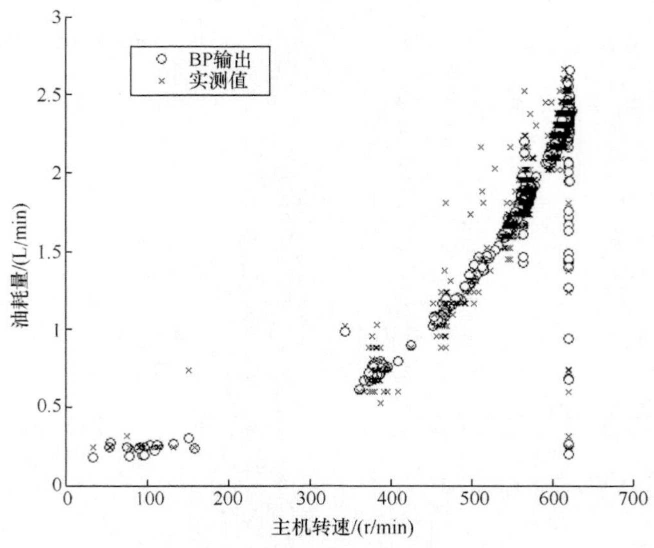

图 5-6　主机油耗量数据的训练结果

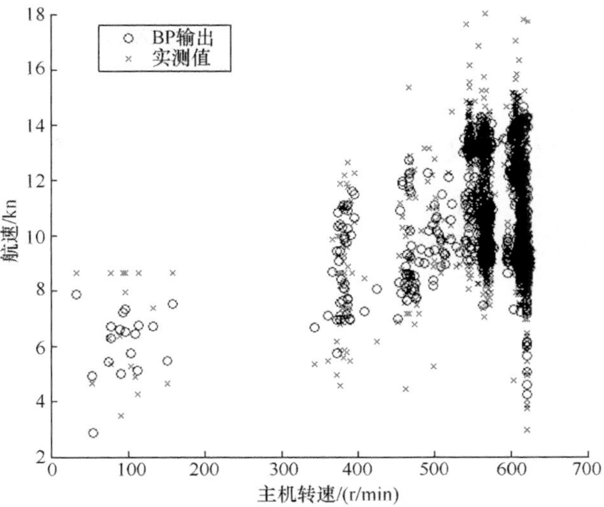

图 5-7 航速数据的训练结果

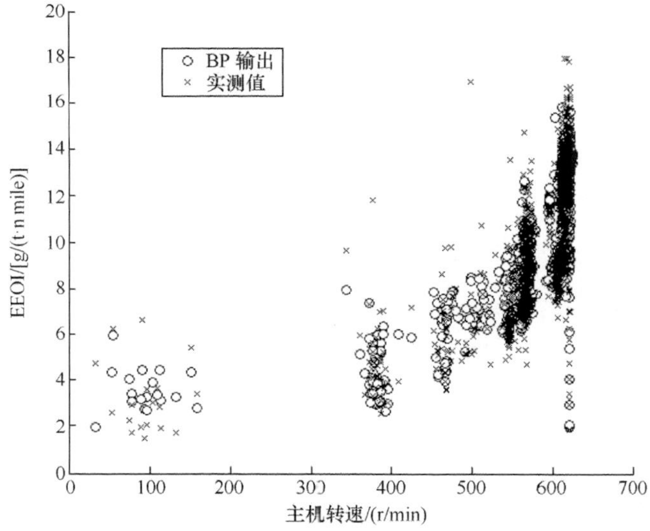

图 5-8 EEOI 数据的训练结果

由图 5-6～图 5-8 可以看出，训练完毕的船舶营运能效模型的输出值，包括主机油耗量、船舶航速和 EEOI，均与实测值基本吻合，从而可验证 BP 神经网络模型在船舶营运能效模型建模中的可行性。当然，这只是针对已有数据的验证，还需要验证该模型对未曾见过的样本的预测能力。

5.3 船舶能效灰箱模型

5.3.1 基于灰箱模型理论的油耗预测模型

灰箱模型针对研究对象知识背景不完全清晰的问题进行建模，利用灰箱模型研究船舶能效时，已知的部分可通过明确的物理方程及数学函数建立确定的白箱模型，未知的部分可通过 BP 神经网络构成的黑箱模型来描述。基于此思想，建立基于灰箱模型的船舶油耗预测模型如图 5-9 所示。

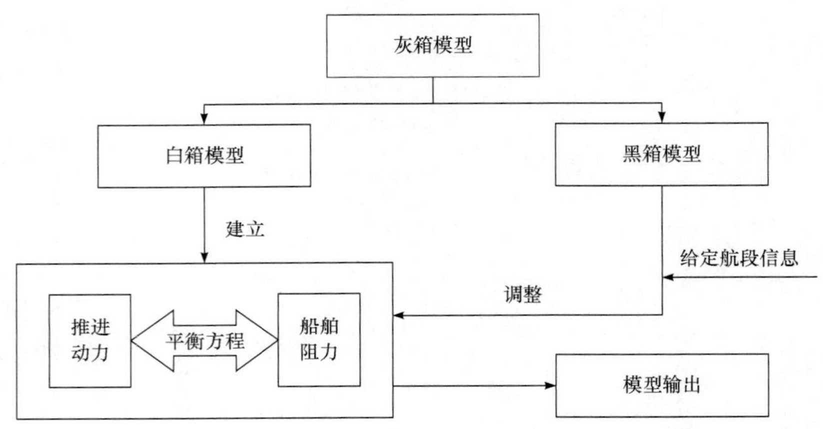

图 5-9　基于灰箱模型的船舶油耗预测模型

由图 5-9 可知，基于灰箱模型的船舶油耗预测模型中，白箱模型用来建立推进动力和船舶阻力之间的物理平衡方程，黑箱模型根据给定的航段信息来调整白箱模型的输出。

5.3.2 灰箱油耗优化模型构建

在灰箱模型中，有串行和并行两种结构方式。典型的串行结构方式是灰箱模型在白箱模型之前，对原始数据进行预处理再输出给白箱模型，此时的黑箱模型可以看成一个回归模型，如图 5-10 所示。并行结构方式灰箱模型如图 5-11 所示，其建模方法如下。

(1) 构建一个白箱模型。

(2) 通过最小化白箱模型输出和期望输出之间的误差来训练黑箱模型。

(3) 组合白箱模型和黑箱模型。

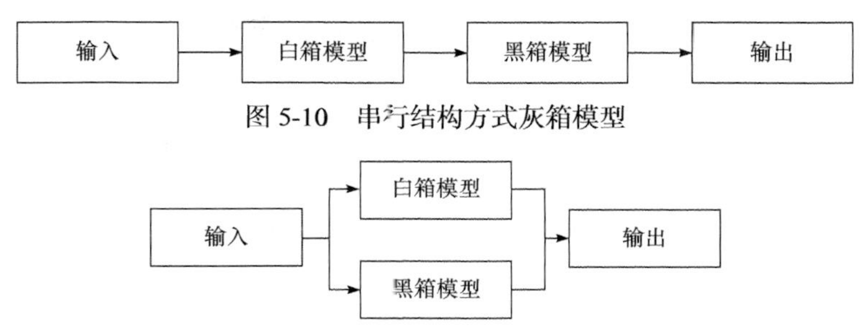

图 5-10　串行结构方式灰箱模型

图 5-11　并行结构方式灰箱模型

通过白箱模型计算可得到航速与油耗的关系。但是，还有一些影响船舶阻力的气象、水文等因素不易模拟成输入量，因此计算结果还存在较大的误差。可利用 BP 神经网络构建黑箱模型，将白箱模型输出的结果作为网络的输入，并考虑选定航段的航行环境，通过网络训练输出更加精确的航速与油耗关系，即基于灰箱模型构建以下船舶油耗预测模型：利用物理方程和经验公式构建白箱模型，将初步计算的结果输出给 ANN 构建的黑箱模型，再经过训练最终得出更准确的船舶航速与油耗量关系。综上，以船舶油耗量影响因素作为输入参数，以油耗量作为输出参数，结合白箱模型和黑箱模型构建船舶油耗预测模型，如图 5-12 所示。

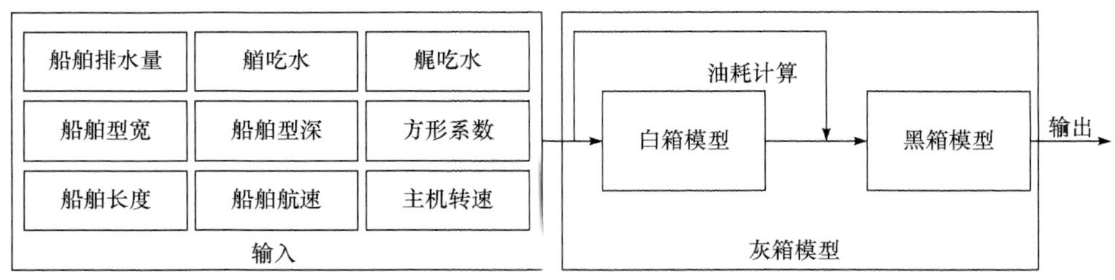

图 5-12　基于串行结构的船舶油耗灰箱模型

同时，根据灰箱理论，以并行结构方式构建船舶油耗预测模型，如图 5-13 所示。与串行结构方式相比，并行结构方式中多了黑箱模型的输出，将 ANN 训练

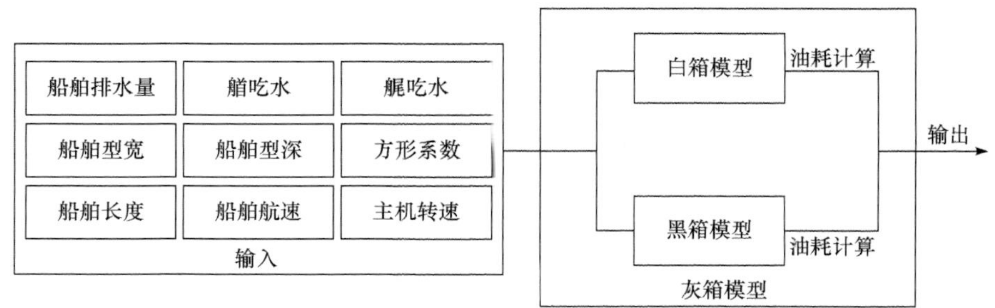

图 5-13　基于并行结构的船舶油耗灰箱模型

的结果与白箱模型计算的结果相叠加得到最终的油耗。

5.4 本章小结

船舶能效建模是能效优化的基础，本章分别介绍了三种船舶能效模型，总结如下。

(1) 白箱模型一般是结合船舶阻力模型、船-机-桨一体化的船舶运动模型以及基于实船采集的能效数据，建立主推进装置的油耗特性模型。

(2) 黑箱模型通常采用 ANN 进行建模，如本章基于 BP 神经网络，通过对 BP 神经网络模型的学习训练，建立了适用于内河船舶营运能效的黑箱模型，并利用实船数据验证了该模型的精确性和可靠性。

(3) 灰箱模型一般利用白箱模型和黑箱模型进行构建。本章介绍了串行和并行两种结构方式的灰箱模型构建方法。

第 6 章　船舶能效优化方法

由第 5 章建立的油耗预测模型可知，不同通航环境下船舶油耗和航速之间的对应关系有所区别。针对不同优化目标，对不同通航环境下的船舶航速进行优化能够最大限度地发挥航速优化的潜力，但内河通航环境复杂多变，无法时刻改变航速。因此，本章将通航环境进行聚类，分为不同的通航环境类别，基于通航环境类别对航段进行划分，然后建立针对不同目标的优化模型，获得所划分不同航段的船舶最佳航速。

6.1　通航环境分析

内河船舶的营运能效受通航环境的影响较大，内河航行环境的复杂性使不同环境条件下船舶能效最佳航行速度的决策尤为困难。根据航行环境的分布特征进行整个航线的航段划分，可为不同通航环境下的船舶航速优化提供新的思路。本节采用聚类分析方法实现通航环境类别的划分，在此基础上根据通航环境类别实现航段的划分，可为整个路线上不同航段、不同通航环境下的船舶能效最佳航速优化决策奠定基础。

6.1.1　聚类分析算法

聚类是一种无监督学习，它是按照某个特定的标准(如距离标准)把一个数据集分割成不同的类或簇，使同一簇内数据对象的相似性尽可能地大，同时在不同簇中数据对象的差异性尽可能地大。比较经典的聚类算法有基于距离的 k 均值聚类算法、具有噪声的基于密度的聚类(density-based spatial clustering of applications with noise，DBSCAN)算法以及模糊聚类算法等。

k 均值聚类算法是一种基于相似理论的聚类分析方法。与其他聚类算法如 Canopy 算法相比，k 均值聚类算法的优点主要集中在三个方面：①更加快捷简单；②对于大数据集具有更高的效率和可扩展性；③时间复杂度接近线性，非常适合大规模数据集的挖掘。因此，可采用 k 均值聚类算法进行通航环境类别划分。

传统 k 均值聚类算法是一种经典的基于距离聚类的算法，能够实现对数据的聚类，但也存在许多缺点。例如，在计算数据样本与聚类中心的距离时没有考虑不同参数的量纲，容易忽略数量级较小数据的影响。此外，该算法将不同参数等价看待，不能体现不同通航环境参数对船舶航行油耗影响的差异性。因此，为了增强聚类后同一类数据对船舶航行油耗影响的相关性，在利用 k 均值聚类算法计算距离前，首先对不同通航环境参数进行归一化处理，然后引入权重系数体现不同通航环境参数对油耗量的影响。改进后的 k 均值聚类算法流程如图 6-1 所示，具体步骤如下。

(1) 对不同通航环境参数进行归一化处理。

$$x_i'=\frac{x_i-x_i^{\min}}{x_i^{\max}-x_i^{\min}} \tag{6-1}$$

式中，x_i 为不同通航环境参数；$x_i^{\max}$ 和 $x_i^{\min}$ 为不同通航环境参数的最大值和最小值。

(2) 计算不同通航环境参数的权重系数。在第 4 章已计算了不同通航环境参数与每千米油耗之间的相关系数，权重系数可通过相关系数计算得到。更新完权重系数后，通航环境数据样本集合为$\{w_1x_1', w_2x_2', w_3x_3', w_4x_4'\}$。

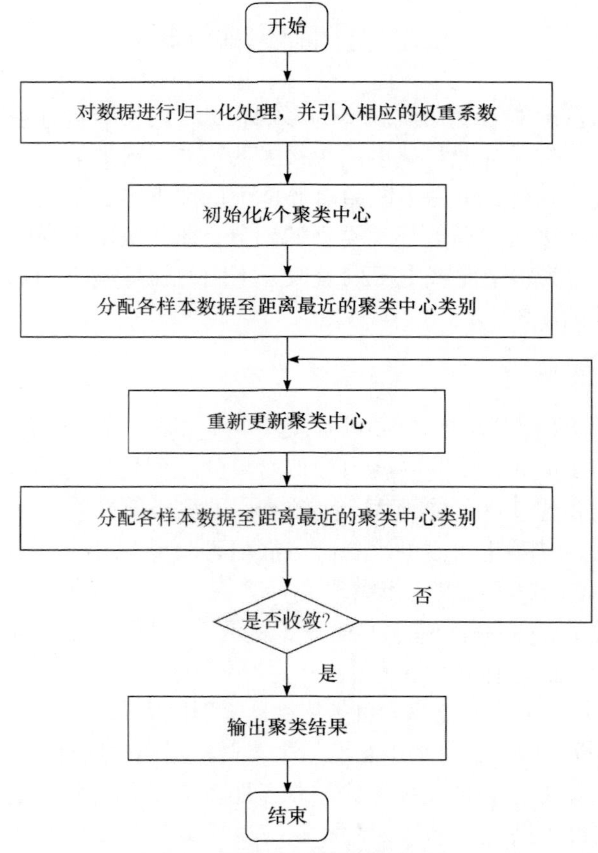

图 6-1　改进 k 均值聚类算法流程

$$w_i = r_i \bigg/ \sum_{i=1}^{4} r_i \tag{6-2}$$

式中，$w_i\,(i=1，2，3，4)$分别为水流速度、水深、风速和风向角数据的权重系数；$r_i\,(i=1，2，3，4)$分别为水流速度、水深、风速和风向角数据与每千米油耗之间的相关系数。

(3) 根据通航环境样本的分布范围均匀地随机生成 k 个聚类中心，聚类中心的位置分别为 $C_1,C_2,\cdots,C_k$。

(4) 分配样本数据类别，通过计算各样本数据与聚类中心的距离，将各样本数据分配至距离最近的聚类中心类别。

(5) 更新聚类中心，计算上述分类后每一类中所有样本的平均值，替换原来的聚类中心，再将每个数据对象重新分配至距离最近的聚类中心类别。

(6) 重复步骤(5)，直至聚类中心不再发生变化或迭代次数超过最大循环次数。

为验证改进后的 k 均值聚类算法的效果，采用改进前和改进后的 k 均值聚类算法对经过数据清洗后的 9000 多条通航环境数据聚类。集群数量设置为 5 类，对应 5 种通航环境类别，聚类结果对比如图 6-2～图 6-4 所示。图中不同灰度代表聚类后的不同类别。如图 6-2 所示，相同灰度的数据点处于同一通航环境类别中。k 均值聚类算法改进前，环境类别的划分主要受水深参数的影响，因为水深参数的数量级较大，水流速度和风速参数的数量级较小，在计算欧几里得距离时小数量级参数的影响很小；在对数据进行归一化处理后(图 6-3)，聚类散点分布比较集中，各类别之间的分界较为清晰；如图 6-4 所示，k 均值聚类算法改进后，聚类散点稍有分散，各类别之间的数据分界较为模糊。这是因为环境类别的划分受到了不同通航环境参数各自权重的影响，体现了不同参数与每千米油耗之间的相关性，聚类后的每个类别更符合航段划分的需求。

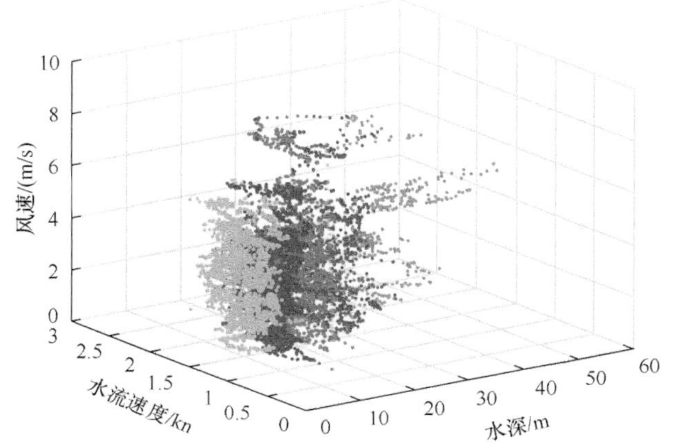

图 6-2　k 均值聚类算法改进前分类结果

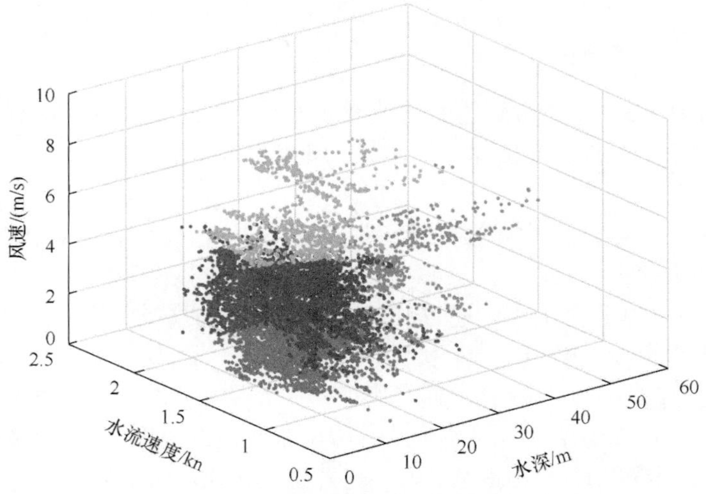

图 6-3　k 均值聚类算法数据归一化后分类结果

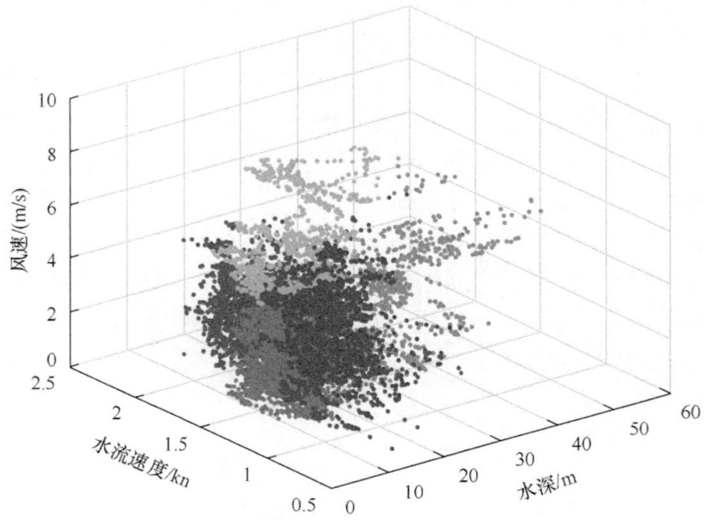

图 6-4　k 均值聚类算法改进后数据分类结果

6.1.2　通航环境类别划分

以长江航线为案例进行分析，整个长江航线示意图如图 6-5 所示，其分为上游、中游和下游三个航区。上游航区河床下降比例较大，此外，三峡大坝、葛洲坝使得环境非常复杂；中游为多桥区、曲折的航道；下游具有较温和的通航环境，通常被称为自然水道。不同航区的通航环境特征差异很大，因此需要分别对上游、中游和下游三个航区进行分析。

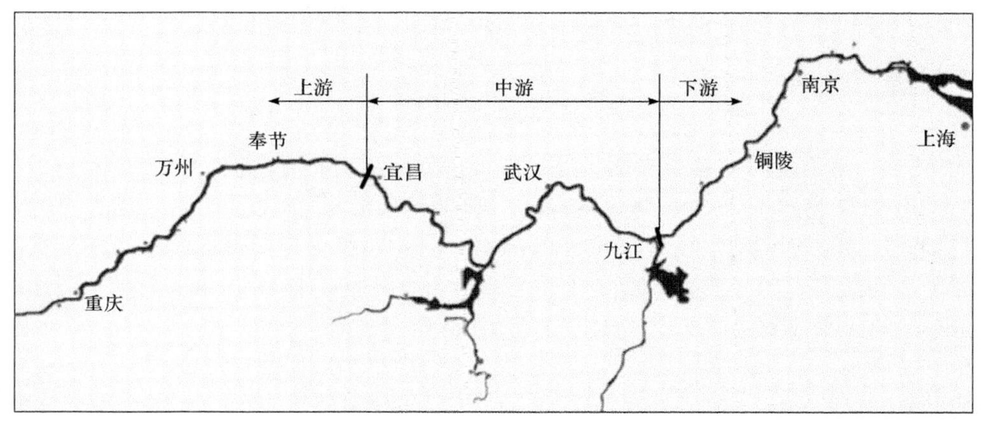

图 6-5　整个长江航线示意图

基于所获取的风速、风向角、水深、水流速度等数据，采用 k 均值聚类算法进行通航环境类别划分，将具有同一特征的通航环境划分为同一类别，总共获得 n 种类型的航段由数字 1～n 表示(n 为聚类算法初始聚类集群的数量)，它们分布在整个航线的不同区域。

6.2　单目标船舶能效优化

6.2.1　最小化总航行成本优化模型

船东和航运企业希望尽可能地降低船舶航行成本、增加船舶航行利润，使船舶营运的经济效应最佳。理论上，船舶航行整个航次的费用主要包括燃油费用、固定营运费用、船舶延误费用和未来可能需要缴纳的碳税费用。

船舶在航行途中的油耗主要为主机油耗和辅机油耗。船舶在航行中主机油耗可表示为船舶航速的三次方函数，并且由于受到船舶载重、风、浪、流等因素的影响，不同航段的油耗函数并不一致。此外，假设在航行途中辅机油耗量为一个常数。因此，整个航行期间燃油费用可表示为

$$F=\frac{R_{\mathrm{s}}}{1000}\sum_{i=1}^{n}\frac{d_i}{1.852\left(V_{\mathrm{s}}^{i}+V_{\mathrm{w}}^{i}\right)}\left[f_i\left(V_{\mathrm{s}}^{i}\right)+f'\right]\rho_{\mathrm{oil}} \tag{6-3}$$

式中，R_{s} 为单位重量燃油价格，元/t；d_i 为航段 i 的距离，km；V_{s}^{i} 为船舶在航段 i 的船舶对水航速，kn；V_{w}^{i} 为航段 i 的水流速度，kn；$f_i\left(V_{\mathrm{s}}^{i}\right)$ 为主机油耗函数，L/h；f' 为航行期间单位时间辅机油耗量，L/h；ρ_{oil} 为柴油密度，取 0.991kg/L。

固定营运费用包括船舶期租费用和船员工资，固定营运费用与船舶整个航次

的航行时间有关，其可以表示为

$$\mathrm{OP}=\frac{W+T_{\mathrm{e}}}{720}\sum_{i=1}^{n}\frac{d_i}{V_{\mathrm{s}}^{i}+V_{\mathrm{w}}^{i}} \tag{6-4}$$

式中，W 为单位时间船员费用，元/月；T_{e} 为单位时间船舶期租费用，元/月。

船舶未按照规定时间到达指定港口将会导致计划日程的延误以及客户的商誉损失，船舶延误的代价可能会非常高昂。因此，为了避免延误，对延期到港的船舶进行惩罚，且该费用与延期时间相关。在实际中，航运企业也会量化因船舶延迟到港而造成的损失。船舶的延误费用如下：

$$\mathrm{DE}=L[T-D]^{+} \tag{6-5}$$

式中，L 为单位时间延误罚款，元/h；T 为船舶实际到达港口的时间，h；D 为船舶预定最晚到达港口的时间，h；$[T-D]^{+}$ 定义如下：

$$[T-D]^{+}=\max\{T-D,0\} \tag{6-6}$$

基于以上假设和分析，建立以整个航次总航行成本最低为目标的航速优化模型如下：

$$\begin{gathered}\min \mathrm{Cost}=F+\mathrm{OP}+\mathrm{DE}\\ \text{s.t. } V_{\mathrm{s}}^{\min}<V_{\mathrm{s}}^{i}<V_{\mathrm{s}}^{\max}\end{gathered} \tag{6-7}$$

式中，$V_{\mathrm{s}}^{\min}$ 为船舶最小安全航速，kn；$V_{\mathrm{s}}^{\max}$ 为船舶最大安全航速，kn。

6.2.2 最小化船舶排放优化模型

船舶 CO_2 排放量可由船舶油耗量乘以 CO_2 排放系数得到。最小化碳排放模型中无延误到港的惩罚，因此额外设置了航行时间约束。根据 IMO 用于计算船舶 EEOI 的 CO_2 排放系数 3.11，船舶的 CO_2 排放量可表示为

$$\min Q_{\mathrm{CO_2}}=3.11\sum_{i=1}^{n}\frac{d_i}{1.852\left(V_{\mathrm{s}}^{i}+V_{\mathrm{w}}^{i}\right)}[f_i(V_{\mathrm{s}}^{i})+f']\rho$$

$$\text{s.t.}\begin{cases}V_{\mathrm{s}}^{\min}<V_{\mathrm{s}}^{i}<V_{\mathrm{s}}^{\max}\\ \displaystyle\sum_{i=1}^{n}\frac{d_i}{V_{\mathrm{s}}^{i}+V_{\mathrm{w}}^{i}}<D\end{cases} \tag{6-8}$$

6.2.3 考虑碳税费用的优化模型

考虑未来可能执行的针对船舶行业碳排放税机制，建立考虑碳税费用的营运成本最小化模型。碳税费用是指对超过一定阈值的碳排放量征收的费用，假设整

个航次排放的 CO_2 免费额度为 Q，则船舶所需要支付的碳排放费用为

$$\text{CT}=\frac{\delta}{1000}[Q_{\text{CO}_2}-Q]^+ \tag{6-9}$$

式中，δ 为碳税税率，元/t。

综上，建立以整个航次营运费用最低为目标的航速优化模型如下：

$$\min \text{Cost}=F+\text{OP}+\text{DE}+\text{CT}$$

$$\text{s.t.}\begin{cases} V_{\min}<V_i<V_{\max} \\ Q<Q_{\text{CO}_2}^{\max} \end{cases} \tag{6-10}$$

6.3　多目标船舶能效优化

在船舶航速优化研究中存在多种优化目标，船东和航运企业希望尽可能地降低船舶营运成本，政府和组织机构则希望减少船舶的碳排放。船舶营运成本主要包括租船成本和燃油成本，船东和航运企业希望船舶以最低营运成本航速航行，政府和组织机构则希望船舶以最低排放航速航行。在低油价背景下，最低排放航速通常比最低营运成本航速慢，船舶以最低排放航速航行会使租船成本上升导致营运成本增加。因此，船东、航运企业和政府组织机构所希望的优化目标是存在冲突的，需要找到最佳解决方案尽可能使两个目标达到最优，即多目标优化问题。在多目标优化问题中，同时使各个目标都达到最优是不可能实现的，只能在各个目标之间进行折中和权衡，最终得到能够尽可能使两个目标达到最优的折中解。

6.3.1　多目标优化模型

为建立多目标优化模型，首先需要对优化目标进行归一化处理，以消除量纲的影响。

$$\text{Cost}'=\frac{\text{Cost}-\text{Cost}^{\min}}{\text{Cost}^{\max}-\text{Cost}^{\min}} \tag{6-11}$$

$$Q'_{\text{CO}_2}=\frac{Q_{\text{CO}_2}-Q_{\text{CO}_2}^{\min}}{Q_{\text{CO}_2}^{\max}-Q_{\text{CO}_2}^{\min}} \tag{6-12}$$

式中，Cost' 和 Q'_{CO_2} 为归一化后的总航行成本和 CO_2 排放值；$\text{Cost}^{\min}$ 和 $\text{Cost}^{\max}$ 为总航行成本的最小值和最大值，元；$Q_{\text{CO}_2}^{\min}$ 和 $Q_{\text{CO}_2}^{\max}$ 为 CO_2 排放的最小值和最大

值，kg。总航行成本最低时对应的 CO_2 排放即为 $Q_{CO_2}^{max}$，CO_2 排放最低时对应的总航行成本即为 $Cost^{max}$。

通过非负加权求和，将多个目标问题转化为以下单目标问题：

$$\min\left(\gamma_1 Cost' + \gamma_2 Q'_{CO_2}\right)$$
$$\text{s.t.}\begin{cases}\gamma_1+\gamma_2=1\\ V_s^{\min}<V_s^i<V_s^{\max}\end{cases} \tag{6-13}$$

式中，γ_1、γ_2 为各目标权重，通常由决策者根据经验和期望来判断及决定。

6.3.2 帕累托最优解集

随着各个目标权重的变化，对多目标优化模型进行优化，在约束条件下可以得到帕累托最优解集，记为$[(Cost^1,Q_{CO_2}^1),(Cost^2,Q_{CO_2}^2),\cdots,(Cost^n,Q_{CO_2}^n)]$，从帕累托最优解集中选择一个合适的解作为折中解是多目标优化的最后一步。本节选择帕累托最优解集中距离理想点最小的解为折中解 B，理想点 A 即各目标均达到最优的点，记为$(Cost^{\min},Q_{CO_2}^{\min})$，如图 6-6 所示。

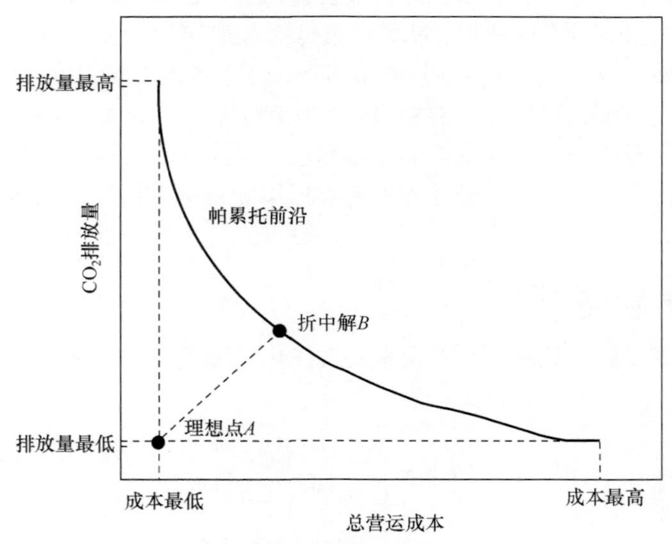

图 6-6　多目标优化模型折中解

6.3.3 权衡最优解

权衡最优解的方法有多种，目前主流的权衡最优解的方法是应用范数概念从帕累托前沿权衡最优解。根据范数的概念，帕累托前沿到理想点 A 之间的闵可

夫斯基距离可表示为

$$d=\left(\left|\gamma_1\mathrm{Cost}^i-\gamma_1\mathrm{Cost}^{\min}\right|^p+\left|\gamma_2Q_{\mathrm{CO}_2}^i-\gamma_2Q_{\mathrm{CO}_2}^{\min}\right|^p\right)^{\frac{1}{p}} \tag{6-14}$$

式中，($\mathrm{Cost}^i,Q_{\mathrm{CO}_2}^i$)为帕累托最优解集中的非劣解之一，$i=1,2,\cdots,n$；d 最小时对应的解即为折中解。

(1) 当 $p=1$ 时，d_1 即为曼哈顿距离(L_1 范数)：

$$d_1=\left|\gamma_1\mathrm{Cost}^i-\gamma_1\mathrm{Cost}^{\min}\right|+\left|\gamma_2Q_{\mathrm{CO}_2}^i-\gamma_2Q_{\mathrm{CO}_2}^{\min}\right| \tag{6-15}$$

(2) 当 $p=2$ 时，d_2 即为欧几里得距离(L_2 范数)：

$$d_2=\sqrt{\left(\gamma_1\mathrm{Cost}^i-\gamma_1\mathrm{Cost}^{\min}\right)^2+\left(\gamma_2Q_{\mathrm{CO}_2}^i-\gamma_2Q_{\mathrm{CO}_2}^{\min}\right)^2} \tag{6-16}$$

(3) 当 $p=\infty$ 时，d_∞ 即为切比雪夫距离(L_∞ 范数)：

$$d_\infty=\lim_{p\to\infty}\left(\left|\gamma_1\mathrm{Cost}^i-\gamma_1\mathrm{Cost}^{\min}\right|^p+\left|\gamma_2Q_{\mathrm{CO}_2}^i-\gamma_2Q_{\mathrm{CO}_2}^{\min}\right|^p\right)^{\frac{1}{p}} \tag{6-17}$$

6.4　本 章 小 结

本章在对 k 均值聚类算法改进的基础上，基于不同的通航环境类别对航段进行了划分，建立了四种航速优化模型，总结如下。

(1) 考虑到聚类数据量纲和权重的影响，对 k 均值聚类算法进行了改进，将改进前和改进后的 k 均值聚类算法的聚类结果进行了对比。结果显示，改进后的聚类结果更符合航速优化研究的期望。然后，利用改进的 k 均值聚类算法对通航环境进行了聚类计算，基于不同的通航环境类别对航段进行了划分。

(2) 在航段划分的基础上，建立了最小化总航行成本优化模型、最小化碳排放优化模型以及考虑总航行成本和碳排放的多目标优化模型。其中，在总航行成本中加入碳排放税费用，建立了考虑累进碳税费用的以总航行成本最低为目标的优化模型和考虑总航行成本和碳排放的多目标能效优化模型。最后介绍了获得多目标优化模型权衡最优解的方法。

第 7 章　船舶能效优化实例

7.1　优 化 算 法

目前针对航速优化模型求解器的选择，大多数研究者采用先进的启发式集群优化算法进行优化寻优，主要包括粒子群优化算法、人工鱼群优化算法、鲸鱼优化算法(whale optimization algorithm,WOA)等。这些算法均具有高效的求解能力和较高的求解精度，但很难得到精确的最优解。因此，进一步探索更先进、更高效、更精确的求解算法，或对现有的算法进行改进，使其具有更高效、更准确的优化求解能力，是未来的重要研究方向之一。本节对目前流行的几种优化算法进行介绍。

7.1.1　粒子群优化算法

粒子群优化(PSO)算法是计算智能领域，除了蚁群算法、鱼群算法之外的一种群体智能的优化算法。该算法最早由 Kennedy 和 Eberhart 在 1995 年提出。PSO 算法源于对鸟类捕食行为的研究，鸟类捕食时，找到食物最简单有效的策略就是搜寻当前距离食物最近的鸟的周围区域。PSO 算法是从这种生物种群行为特征中得到启发并用于求解优化问题的，算法中每个粒子都代表问题的一个潜在解，每个粒子都对应一个由适应度函数决定的适应度。粒子的速度决定粒子移动的方向和距离，速度随自身及其他粒子的移动经验进行动态调整，从而实现个体在可解空间中的寻优。

PSO 算法首先在可行解空间中初始化一群粒子，每个粒子都代表极值优化问题的一个潜在最优解，用位置、速度和适应度三项指标表示该粒子特征，适应度由适应度函数计算得到，其大小表示粒子的优劣。粒子在解空间中运动，通过跟踪个体极值 Pbest 和群体极值 Gbest 更新个体位置。个体极值 Pbest 是指个体粒子搜索到的适应度最优位置，群体极值 Gbest 是指种群中所有粒子搜索到的适应度最优位置。粒子每更新一次位置，就计算一次适应度，并且通过比较新粒子的适应度和个体极值、群体极值的适应度更新个体极值 Pbest 和群体极值 Gbest 的位置。

PSO 算法是基于迭代过程的群智能算法，相比于其他优化求解算法，PSO 算法具有适合处理非线性优化问题且容易实现等优势。近年来，PSO 算法被广泛地应用于各种优化问题，并具有较好的求解性能，因此本节采用 PSO 算法求解所建立的考虑多环境因素的船舶营运能效非线性优化模型，具体求解步骤如下。

(1) 初始化 N 个具有 M 个纬度的粒子，M 个纬度对应于各个划分航段的船舶航速，并通过待优化的目标函数获得各个粒子的适应度，然后选择个体的最优值和群体的最优值。

(2) 通过式(7-1)和式(7-2)更新每个粒子的速度和位置：

$$V^{k+1}=wV^{k}+c_1r_1({p_{\text{best}}}^{k}-X^{k})+c_2r_2({g_{\text{best}}}^{k}-X^{k}) \tag{7-1}$$

$$X^{k+1}=X^{k}+V^{k+1} \tag{7-2}$$

式中，k 为当前迭代的步数；p_{best} 为第一步得到的个体最优值；g_{best} 为群体最优值；X 为粒子的位置；V 为粒子的速度；c_1 和 c_2 为学习因子；r_1 和 r_2 为 0～1 的随机数；w 为惯性权重，如式(7-3)所示：

$$w=w_{\max}-(w_{\max}-w_{\min})\text{iter}_{\text{current}}/\text{iter}_{\max} \tag{7-3}$$

式中，$w_{\max}$ 为最大惯性因子；$w_{\min}$ 为最小惯性因子；$\text{iter}_{\text{current}}$ 为当前的迭代次数；$\text{iter}_{\max}$ 为最大的迭代次数。

(3) 重新计算满足待优化目标函数约束条件的粒子适应度，然后更新个体最优值和群体最优值。

(4) 迭代步骤(2)和步骤(3)，直至算法收敛，最终得到最优个体，即不同航段特定通航环境下的船舶能效最佳航速。

7.1.2　人工鱼群优化算法

人工鱼群优化算法是李晓磊等[124]提出的一种基于模拟鱼群行为智能优化算法。人工鱼群优化算法主要通过构造人工鱼来模仿鱼群的觅食、聚群及追尾等行为，从而实现寻优。人工鱼群优化算法具备较好的全局寻优能力，能快速跳出局部最优点，对于一些精度要求不高的情形，可以采用人工鱼群优化算法快速得到一个可行解。船舶航速优化研究不需要一个高精度的优化解，因此相比于 PSO 算法和蚁群优化算法等，人工鱼群优化算法非常适用于航速优化模型的求解计算。在人工鱼群优化算法中，单个人工鱼的状态为向量 $X=\left(x_1,x_2,\cdots,x_n\right)$，其中 $x_n\left(i=1,2,\cdots,n\right)$ 为寻优的变量，人工鱼当前位置的食物浓度表示为 $Y=f(X)$，Y 为目标函数。个体人工鱼 i 和 j 之间的距离表示为 $d_{ij}=|X_i-X_j|$。人工鱼群优化算法中的 5 个基本参数为人工鱼群规模 m、人工鱼移动的步长 Step、人工鱼的视野 Visual、尝试次数 Trynumber、拥挤度因子 ε。以求目标函数最小值为例，以下是

人工鱼群的几种典型行为。

(1) 觅食行为：指人工鱼 X_i 在其视野范围 Visual 内随机选择一个状态 X_j，分别计算它们的目标函数 Y_i 和 Y_j 并进行比较。若 $Y_j < Y_i$，则 X_i 向 X_j 方向移动一步；否则，X_i 继续在其视野内选择状态 X_j，判断其是否满足前进条件。反复尝试 Trynumber 次后，若仍未满足条件，则执行随机行为。表达式如下：

$$X_j = X_i + \text{Rand(Visual)} \tag{7-4}$$

$$X_{\text{next}} = X_i + \text{Random(Step)}\frac{X_j - X_i}{\|X_j - X_i\|} \tag{7-5}$$

式中，X_{next} 为人工鱼个体下一步状态向量；Rand(·)为模的大小在 0～1 的 n 维随机向量。

(2) 聚群行为：指人工鱼 X_i 搜索当前视野内(d_{ij}<Visual)的人工鱼数目 nf 和中心位置 X_c。若 Y_c/nf<εY_i，则表明中心位置 X_c 状态较优且不太拥挤，X_i 朝中心位置 X_c 移动一步，否则执行觅食行为。表达式如下：

$$X_{\text{next}} = X_i + \text{Random(Step)}\frac{X_c - X_i}{\|X_c - X_i\|} \tag{7-6}$$

(3) 追尾行为：指人工鱼 X_i 搜索当前视野内(d_{ij}<Visual)中函数 Y_j 最优的人工鱼 X_j，并探索人工鱼 X_j 视野内的人工鱼数目 nf。若 Y_j/nf<εY_i，则表明中心位置 X_j 状态较优且不太拥挤，X_i朝X_j 移动一步，否则执行觅食行为。表达式如下：

$$X_{\text{next}} = X_i + \text{Random(Step)}\frac{X_{\max} - X_i}{\|X_{\max} - X_i\|} \tag{7-7}$$

(4) 随机行为：指人工鱼 X_i 随机移动一步，到达一个新的状态。表达式如下：

$$X_{\text{next}} = X_i + \text{Random(Step)} \tag{7-8}$$

综上所述，算法在运算过程中同时进行聚群和追尾行为。觅食行为属于这两种行为中发现聚群对象或者追尾对象附近拥挤度过大时，人工鱼选择的行为方式。若在觅食过程中，未发现比自身适应度高的人工鱼，则按步长 Step 随机移动。最后对聚群行为和追尾行为得到的适应度进行比较，选择优秀的人工鱼作为下一代的个体。人工鱼群优化算法流程如图 7-1 所示。

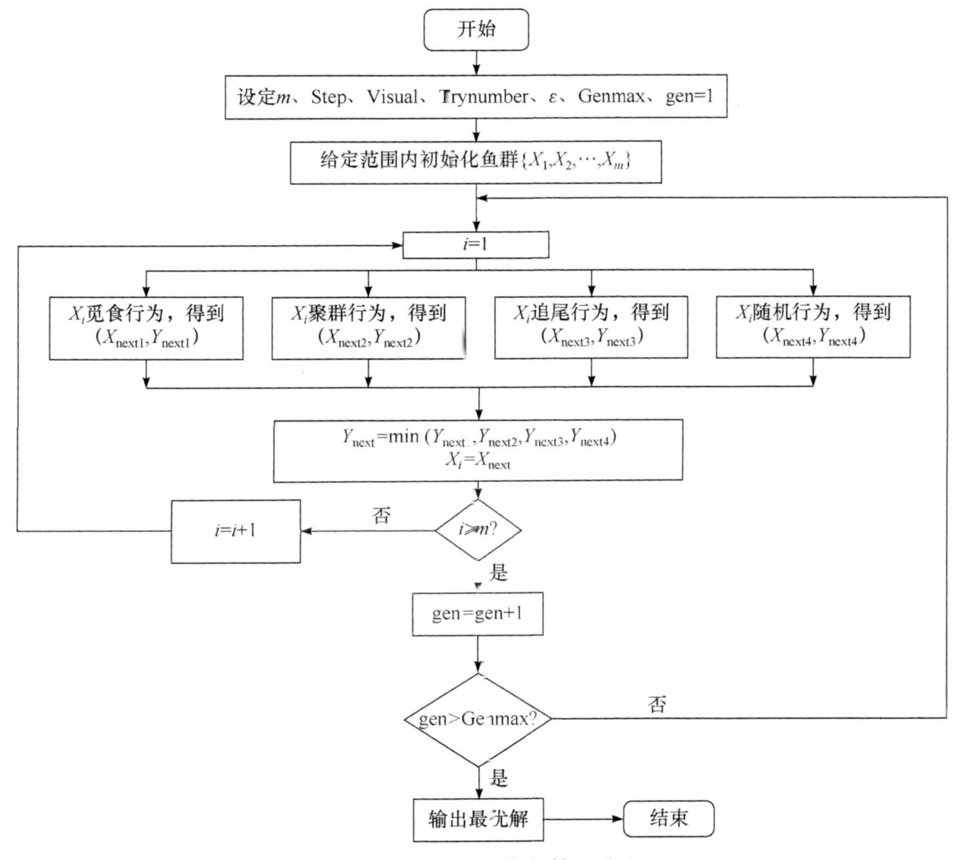

图 7-1　人工鱼群优化算法流程

7.1.3　鲸鱼优化算法

鲸鱼的捕食行为主要包括包围猎物、气泡网(bubble-net)狩猎以及搜寻猎物三个过程。鲸鱼优化算法的核心是在建立的模拟鲸鱼寻找和攻击猎物捕食过程的数学模型基础上，采用编程语言进行编程，通过模拟鲸鱼捕食行为对寻优目标进行动态寻优，模拟鲸鱼捕食行为的数学模型如下。

1) 包围猎物

鲸鱼在捕食过程中，在识别猎物的大概位置后，鲸鱼种群会将猎物围成一圈。然而，鲸鱼通常并不知道猎物的具体位置，因此假设猎物的最优位置是猎物位置或最接近猎物的位置。在定义最优位置后，种群中的其他鲸鱼将尝试向最优位置前行，包围猎物的数学模型可通过式(7-9)和式(7-10)表示：

$$X(t_w+1)=X^*(t_w)-AD \tag{7-9}$$

$$D=\left|C_{\mathrm{w}}X^{*}(t_{\mathrm{w}})-X(t_{\mathrm{w}})\right| \tag{7-10}$$

式中，t_w 为当前迭代次数；A 和 C_w 为系数变量；$X^*(t_w)$为当前最优解位置向量；$X(t_w)$为当前位置向量；D 为搜索代理与目标猎物的距离。

系数变量 A 和 C_w 是调节当前迭代个体逐步靠近最优解的区域，随着迭代次数的不断增加，鲸鱼群体逐渐靠近最优解相邻域，并缩小寻优范围，进而实现对最优点的包围。系数变量 A、a 和 C_w 可分别通过式(7-11)～式(7-13)进行计算：

$$A=2ar_1-a \tag{7-11}$$

$$a=2-2t_{\mathrm{w}}/T_{\max} \tag{7-12}$$

$$C_{\mathrm{w}}=2r_2 \tag{7-13}$$

式中，a 为线性变量，取值范围为 2～0，在算法迭代过程中呈线性递减；$T_{\max}$ 为最大迭代次数；r_1 和 r_2 均为[0，1]的随机数。

2) 气泡网狩猎

在鲸鱼狩猎过程中，鲸鱼通常以螺旋式运动的方式包围猎物，该过程的数学模型包含收缩包围圈和螺旋式位置更新两部分。

(1) 收缩包围圈：在收缩过程中，包围圈不断减小，数学模型中通过减小式(7-11)中的 a 值来实现收缩机制。在收缩过程中，系数变量 A 也将随着 a 的变化而变化。在算法迭代过程中，当 a 从 2 逐渐下降到 0 时，系数变量 A 是$[-a, a]$的随机值；当 A 在[−1，1]时，鲸鱼的下一个位置将随机出现在之前位置和当前最优位置之间的任意一处。鲸鱼优化算法中，设定当 A 小于 1 时，鲸鱼向猎物发动攻击。

(2) 螺旋式位置更新：当鲸鱼以螺旋运动的方式包围猎物时，引入螺旋式数学模型来表示，位置更新如下：

$$X\left(t_{\mathrm{w}}+1\right)=X^{*}\left(t_{\mathrm{w}}\right)+D_{\mathrm{p}}\mathrm{e}^{bl}\cos\left(2\pi l\right) \tag{7-14}$$

$$D_{\mathrm{p}}=\left|X^{*}\left(t_{\mathrm{w}}\right)-X\left(t_{\mathrm{w}}\right)\right| \tag{7-15}$$

式中，D_p 为当前某条鲸鱼与最优解的距离；b 为对数螺旋桨形状常数；l 为[−1，1]的随机数。

鲸鱼在围捕猎物的同时，不仅要以螺旋状态向猎物前进，还要不断收缩包围圈。为模拟该过程，建立概率阈值为 50%的鲸鱼位置更新如下：

$$X\left(t_{\mathrm{w}}+1\right)=\begin{cases}X^{*}\left(t_{\mathrm{w}}\right)-AD, & p<0.5\\ X^{*}\left(t_{\mathrm{w}}\right)+D_{\mathrm{p}}\mathrm{e}^{bl}\cos\left(2\pi l\right), & p\geqslant 0.5\end{cases} \tag{7-16}$$

式中，p 为[0,1]的随机数。

3) 搜寻猎物

鲸鱼在捕食过程中，除了采用气泡网狩猎策略，进行随机搜索也极为重要。随

机搜索以系数变量 A 的值为参考依据。当 $|A|\geqslant 1$ 时，距离 D 将会进行随机更新，鲸鱼个体将进行随机寻优，从而提高全局寻优的性能。该过程可表示为

$$D=|C_{\mathrm{w}}X_{\mathrm{rand}}-X(t_{\mathrm{w}})| \tag{7-17}$$

$$X(t_{\mathrm{w}}+1)=X_{\mathrm{rand}}-AD \tag{7-18}$$

式中，X_{rand} 为随机搜索的鲸鱼位置向量。

在鲸鱼捕食过程数学模型的基础上，在仿真软件中编写基于鲸鱼优化算法的船舶航速优化模型动态寻优算法，算法寻优过程如图 7-2 所示，具体求解步骤如下。

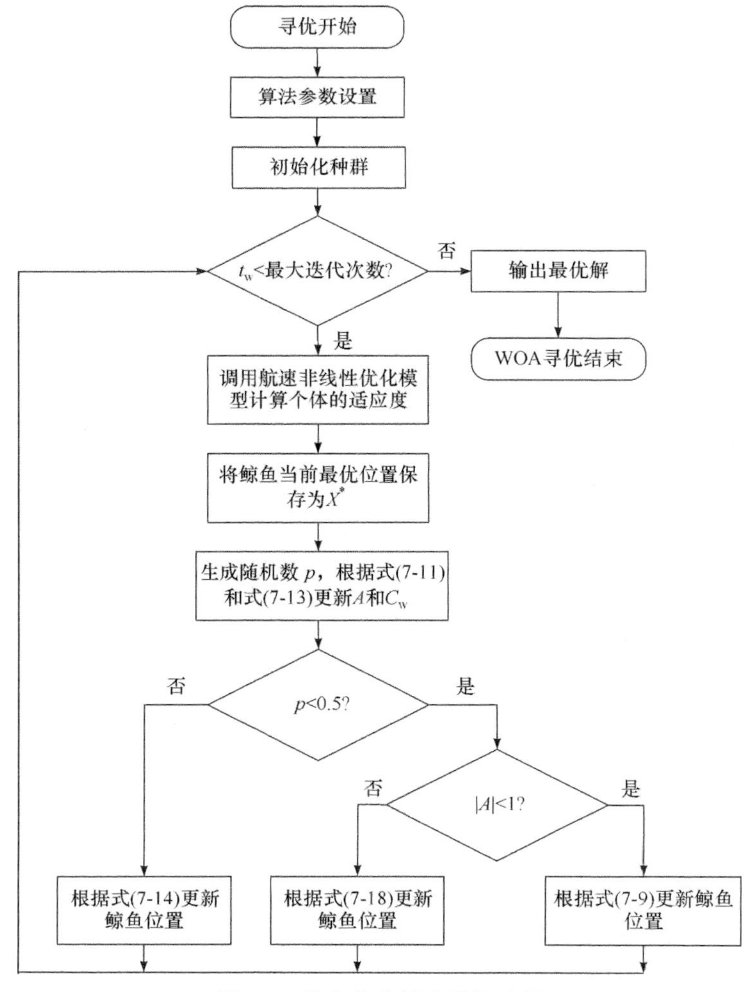

图 7-2　鲸鱼优化算法寻优过程

(1) 确定鲸鱼的个数 X，并随机生成各个位置参数，各个位置参数对应各个划分航段的相关参数。对算法中的其他参数如 A、C_W、a、l 等以及迭代次数 M 进行设置。

(2) 根据步骤(1)中算法参数设定运行算法，通过目标函数对寻优结果进行对比和评价。算法运行过程中可得到每只鲸鱼的适应度，将每只鲸鱼的适应度进行对比，得到当前鲸鱼种群中位置最优的鲸鱼个体，定义为 X^*。

(3) 开始鲸鱼位置更新迭代过程。在此过程中，随机生成 p，当 $p<0.5$，且 $|A|<1$ 时，算法采用式(7-9)对鲸鱼个体当前位置进行更新；当 $p<0.5$，而 $|A|\geqslant 1$ 时，算法采用式(7-18)对鲸鱼个体当前位置进行更新；当 $p\geqslant 0.5$ 时，算法采用式(7-14)对鲸鱼个体当前位置进行更新。

(4) 进行整个鲸鱼群的位置寻优，寻求全局最优的鲸鱼个体。

(5) 若满足算法中止条件，则算法得到收敛，得到寻优结果，即不同航段不同工况下的船舶最优航速；否则，进入步骤(2)进行迭代，继续上述动态寻优过程。

7.2 船舶能效优化方法

7.2.1 对象船舶参数

本节以在武汉—上海航段营运的 7000t 散货船为研究对象，优化模型中燃油价格、辅机油耗量、预定最晚到港时间、单位时间滞期费、船员工资、船舶期租费用和安全航速约束等各项具体参数，如表 7-1 所示。

表 7-1 具体参数

参数	数值
燃油价格 R_s /(元/t)	3800
辅机油耗量 f' /(L/h)	27
预定最晚到港时间 D/h	151
单位时间滞期费 L /(元/h)	500
船员工资 W /(元/月)	42000
船舶期租费用 T_e /(元/月)	370000
最小安全航速 $V_s^{\min}$ /kn	3.5
最大安全航速 $V_s^{\max}$ /kn	7.5
碳税税率 δ /(元/t)	500

7.2.2　航速优化结果

根据所建立的优化模型进行航速优化，通过人工鱼群优化算法对优化模型进行求解。基于多次仿真实验，人工鱼群优化算法参数设置如下：人工鱼群规模 m=40，人工鱼移动的步长 Step =0.2，人工鱼的视野 Visual =0.5，尝试次数 Trynumber=50，拥挤度因子 ε=0.5。

利用人工鱼群优化算法对船舶总航行成本模型(式(7-4))和碳排放模型(式(7-5))进行求解，得到总航行成本和碳排放的最小值，分别为 122051 元和 35.93t，记为 $\mathrm{Cost}^{\min}$ 和 $Q_{CO_2}^{\min}$。总营运成本最小时的 CO_2 排放量为 46.04t，记为 $Q_{CO_2}^{\max}$，碳排放最小时的总航行成本为 134261 元，记为 $\mathrm{Cost}^{\max}$。对多目标优化模型(式(6-13))进行优化求解，得到一组帕累托最优解集。最后，从帕累托最优解集中选取距离理想点 A 最近的解作为折中解，如图 7-3 所示。

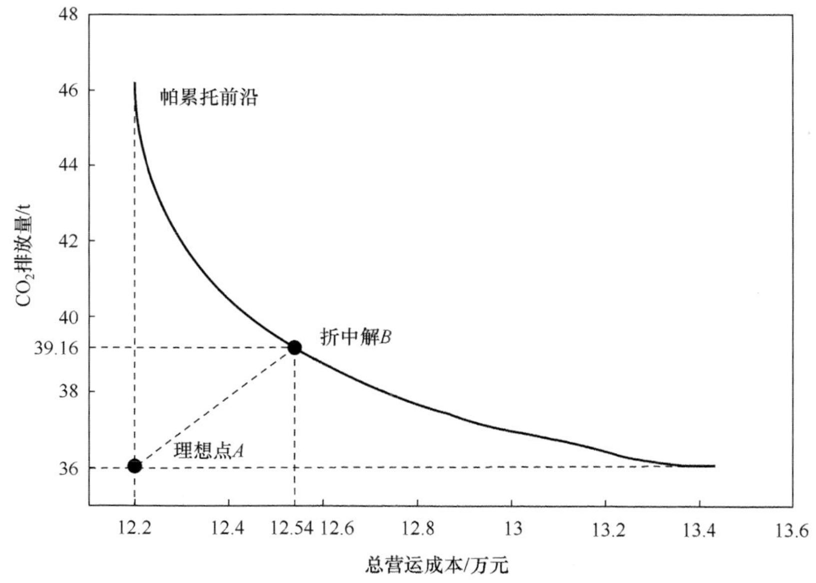

图 7-3　从帕累托前沿中选择折中解

以最小航行成本为目标优化后得到的 CO_2 排放量为 46.04t，免费碳排放额度为 37.18t。通过运行人工鱼群优化算法，对考虑碳税费用以最低总航行成本为目标的优化模型进行优化求解，得到航速优化结果。

将实测值和多种优化目标得到的航速优化结果进行比较，包括不同航段的航速、总航行时间、各项费用和 CO_2 排放量，如表 7-2 所示。

表 7-2　多种优化目标下的优化结果

项目		实测值	最低总航行成本优化结果	最低碳排放优化结果	多目标优化结果	考虑碳税费用优化结果
船舶航速/kn	环境类别 1	6.31	6.66	5.31	5.86	6.23
	环境类别 2	5.34	6.40	5.15	5.64	5.99
	环境类别 3	5.45	6.50	4.90	5.71	6.08
	环境类别 4	5.21	6.98	5.22	5.95	6.43
	环境类别 5	5.97	6.61	5.21	5.78	6.16
航行时间/h		131.33	109.68	150.80	129.64	119.54
燃油费用/元		48039	56428	44040	47851	51425
滞期费用/元		0	0	0	0	0
固定营运费用/元		78535	65587	90181	77528	71483
碳税费用/元		0	0	0	0	2571
总航行成本/元		126574	122015	134221	125379	125481
CO_2 排放量/t		39.31	46.17	36.04	39.16	42.09

7.2.3　结果分析

由表 7-2 可知，以最低总航行成本为目标进行优化，船舶以最优航速航行，整个航次总航行费用为 122015 元，与实测值相比减少 4569 元，同比减少 3.61%；航行时间为 109.68h，与实测值相比减少 21.65h，同比减少 16.49%。虽然船舶航行时间减少，整个航次的平均航速增加，燃油费用也随之增加，但固定营运费用降低的额度更大，能够保证总航行成本降低。综合考虑航速优化带来的不利影响，合理地优化船舶航速，保证优化目标达到最优值是航速优化研究的目的。以最低碳排放为目标进行优化，船舶以最优航速航行，整个航次 CO_2 排放量为 36.04t，与实测值相比减少 3.27t，同比减少 8.32%；航行时间为 150.8h，与实测值相比增加 19.47h，同比增加 14.83%。航行时间增加，整个航程的平均航速降低，证明适当减速能够在一定程度上降低船舶的 CO_2 排放量。考虑航行成本和碳排放进行多目标优化，船舶以最优航速航行，整个航次总航行成本为 125379 元，与最低总航行成本优化结果相比增加 3364 元，同比增加 2.75%；与最低碳排放优化结果相比减少 8842 元，同比减少 6.59%；整个航次 CO_2 排放量为 39.16t，与最低总航行成本优化结果相比减少 5.01t，同比减少 10.85%；与最低碳排放优化结果相比增加 3.12t，同比增加 8.66%，证明多目标优化方法在权衡总航行成本和碳排放时是有效的。此外，多种优化结果证明人工鱼群优化算法能够有效地对优化模型进行求解。

图 7-4 对比了多目标优化结果和实测值之间的差异，包括各段航速、燃油费用和固定营运费用。由图 7-4 可知，相比于实测值，在环境类别 1 和环境类别 5 中，最优航速有所下降，CO_2 排放量有所减少，但总航行成本有所增加。在环境类别 2、环境类别 3 和环境类别 4 中，最优航速有所增加，总航行成本有所下降，但 CO_2 排放量有所增加。总体而言，优化后航行时间减少 1.69h，燃油费用减少 188 元，同比减少 0.39%；固定营运费用减少 1007 元，同比减少 1.28%；总航行成本减少 1195，同比减少 0.94%；CO_2 排放量减少 0.15t，同比减少 0.38%。由此可见，考虑到通航环境的差异，在满足限制条件的情况下，船舶在某些航段应适当加速航行，在其他航段应适当减速航行。因此，通过优化不同通航环境下的船舶航速，在个别航段可能会导致总航行成本和 CO_2 排放量增加，但能使整个航次的总航行成本和 CO_2 排放量减少，保证优化目标达到最优值。

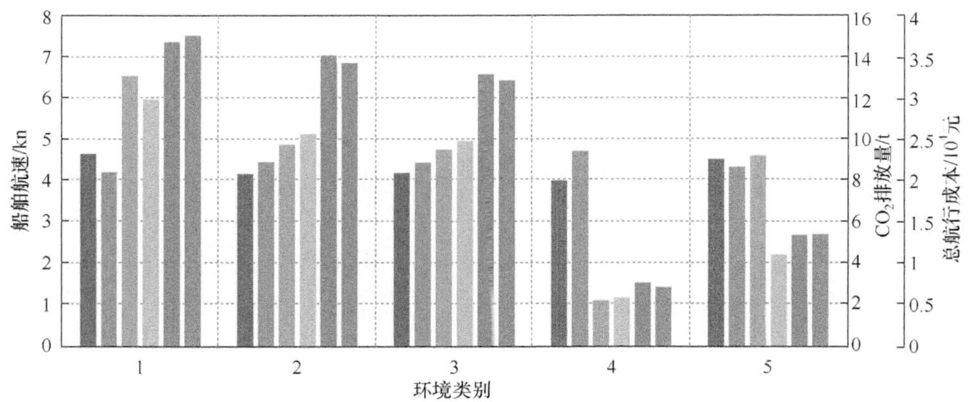

图 7-4　实测值与多目标优化值对比

图 7-5 对比了以最低总航行成本为目标考虑碳税费用和不考虑碳税费用优化结果之间的差异，包括各段航速、燃油费用和固定营运费用。结合表 7-2 和图 7-5 可以看出，与不考虑碳税机制的优化值相比较，考虑碳税机制时各航段最优航速有不同程度的降低。船舶 CO_2 排放量减少了 4.08t，同比下降 8.84%；总航行成本增加 1739 元，同比增加 1.43%，其中额外的碳税费用为 845 元。这说明征收碳税会导致船舶 CO_2 排放量显著降低，但船舶营运成本会有一定程度的提高。这主要

是由于船舶营运成本中多了一项碳税成本。此外，虽然优化后的船舶航速降低，船舶燃油成本也随之降低，但船舶单航次营运时间增加，导致船舶固定营运成本有所增加。

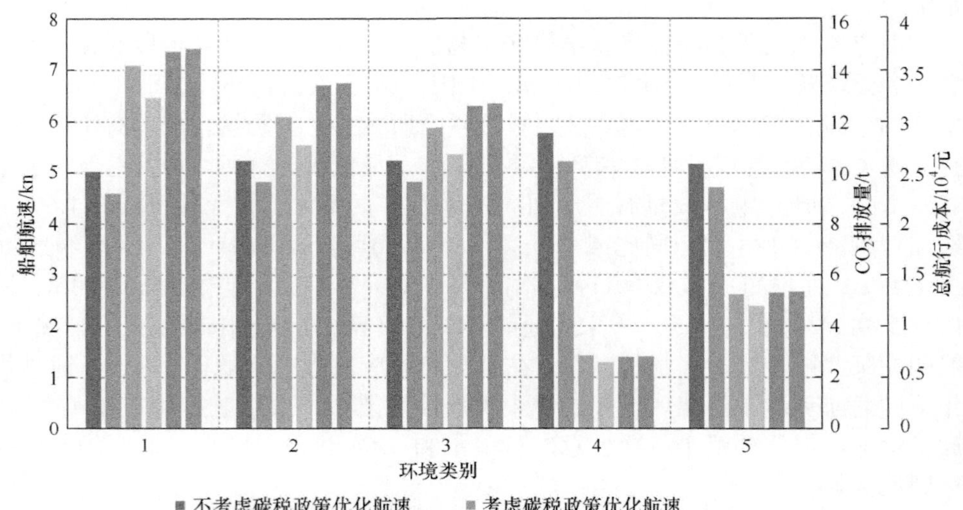

图 7-5 考虑碳税和不考虑碳税优化值对比

7.3 灵敏度分析

本节采用灵敏度分析的方法研究航行时间、燃油价格、租船价格、碳排放额度和碳税税率等因素对优化结果的影响。在仅改变一个参数的情况下，保持其他参数不变，以考虑碳税费用的最小化航行成本模型为例，对优化模型进行优化求解，分析优化后的船舶航速、总航行成本、CO_2 排放量、延误到港费用和碳税费用。

7.3.1 最晚到港时间灵敏度分析

船舶航行时间要求是影响船舶航速决策的重要因素之一。在案例分析中，由于最晚到港时间数值设置较大，并没有任何约束作用，本节将最晚到港时间设置为 100～120h，以 5h 为变化单位，对航行时间进行灵敏度分析。图 7-6 显示了不同最晚到港时间约束下船舶在不同通航环境下的最优航速。图 7-7 显示了不同最晚到港时间约束下优化后总航行成本、CO_2 排放量、碳税费用和延误到港费用。

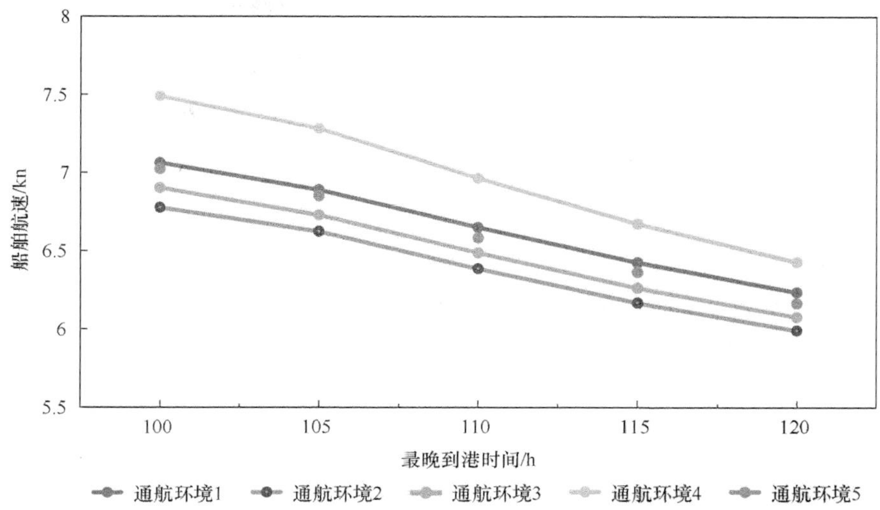

图 7-6　不同最晚到港时间约束下船舶在不同通航环境下的最优航速

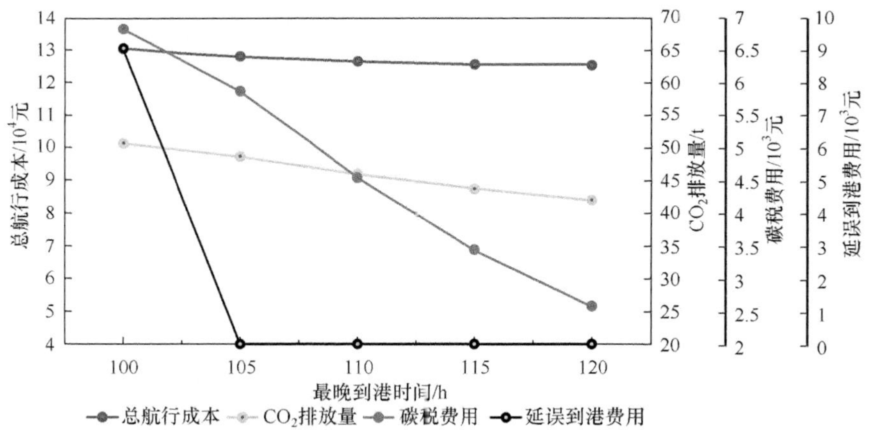

图 7-7　不同最晚到港时间约束下优化后总航行成本、CO_2 排放量、碳税费用和延误到港费用

由图 7-6 可知，随着最晚到港时间约束的减小，不同通航环境下的最优航速均有一定程度的增大，但增大的幅度存在一定的差异。船舶在通航环境 4 中优化后航速增大的幅度明显大于其他通航环境，这体现了通航环境的差异。由图 7-7 可知，随着最晚到港时间约束的减小，总航行成本、CO_2 排放量和碳税费用都增大。当最晚到港时间由 120h 减小至 105h 时，为了减少缴纳延误到港费用，各通航环境航速都随之增加，此时延误到港费用为 0 元；当最晚到港时间由 105h 减小至 100h 时，各航段最优航速均有一定幅度的增大，延误到港费用由 0 元增大为 910 元，此时继续增大各航段航速虽然会减少所缴纳的延误到港费用，但燃油

费用和碳税费用会有更大额度的增大，如果需要迫使船舶准时到港，可以适当增加船舶单位时间滞期费。研究结果表明，通过设置延误到港费用可以有效防止船舶在规定时间之外到达港口。

7.3.2　燃油价格灵敏度分析

燃油费用是影响船舶总航行成本的重要因素之一，燃油费用取决于航行油耗和燃油价格。本节将燃油价格的取值定为 3000～5000 元/t，以 500 元/t 为变化单位，对燃油价格进行灵敏度分析。图 7-8 显示了不同燃油价格下船舶在不同通航环境下的最优航速。图 7-9 显示了不同燃油价格下优化后总航行成本、CO_2 排放量和碳税费用。

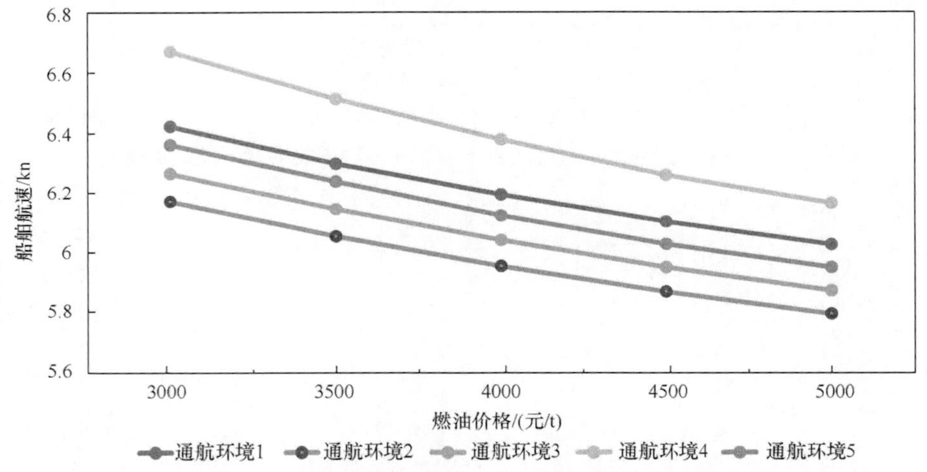

图 7-8　不同燃油价格下船舶在不同通航环境下的最优航速

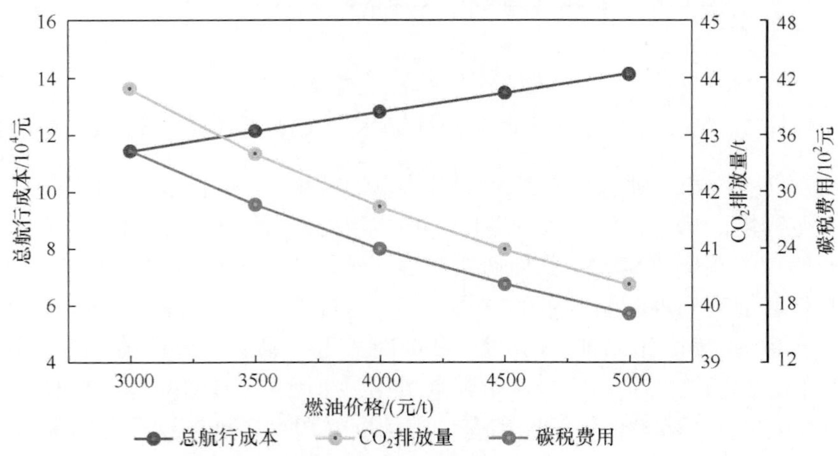

图 7-9　不同燃油价格下优化后总航行成本、CO_2 排放量和碳税费用

由图 7-8 和图 7-9 可知，随着燃油价格的上涨，优化后的各通航环境最优航速下降，总航行成本增加，CO_2 排放量减少，碳税费用降低。燃油价格上涨会导致燃油成本在总航行成本中所占的比例增加，为了减少燃油成本，优化方案会降低平均航速，减速也会导致 CO_2 排放量减少，碳税费用降低。因此，在执行碳税机制时，如果燃油价格较低，为了维持船舶 CO_2 排放量不增加，政府和组织需要适当地提高碳税税率，以增加船东和航运企业降低船舶 CO_2 排放量的意愿。当燃油价格较高时，政府和组织可以适当地降低碳税价格，以减少船东和航运企业的营运成本。但考虑到较高的燃油价格，船东和航运企业仍然会以较低的航速航行。

7.3.3　租船价格灵敏度分析

除了燃油费用，固定营运费用也是影响船舶总航行成本的重要因素之一。固定营运费用取决于航行时间、租船价格和船员工资。本节将租船价格的取值定为 30 万～45 万元/月，以 3 万元/月为变化单位，对租船价格进行灵敏度分析。图 7-10 显示了不同租船价格下船舶在不同通航环境下的最优航速。图 7-11 显示了不同租船价格下优化后总航行成本、CO_2 排放量和碳税费用。

由图 7-10 和图 7-11 可知，随着租船价格的上涨，优化后的各通航环境最优航速上升，总航行成本增加，CO_2 排放量增加，碳税费用增加。租船价格上涨会导致租船成本在总航行成本中所占的比例增加。为减少租船成本，优化方案会增加平均航速，航速增加会导致 CO_2 排放量增加，碳税费用增长。因此，在执行碳税机制时，如果租船价格较高，为了维持船舶 CO_2 排放量不增加，政府和组织需要额外增加碳税的价格，以增加船东和航运企业降低船舶 CO_2 排放的意愿；若租船价格较低，则政府和组织可以适当地降低碳税价格。

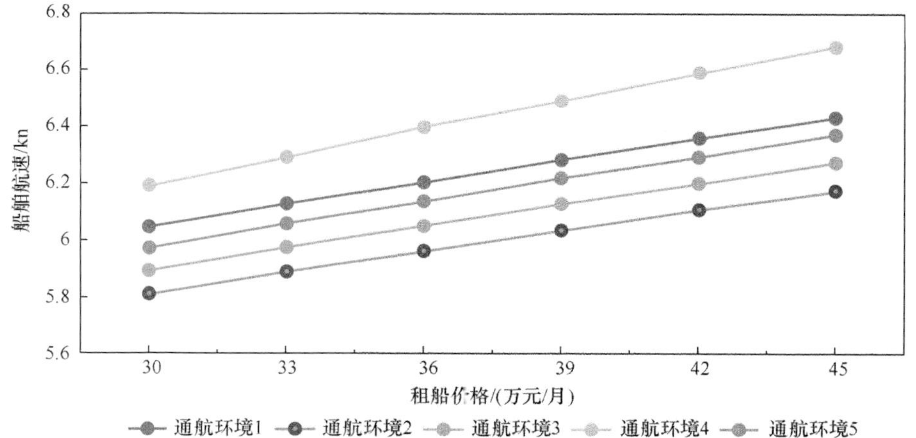

图 7-10　不同租船价格下船舶在不同通航环境下的最优航速

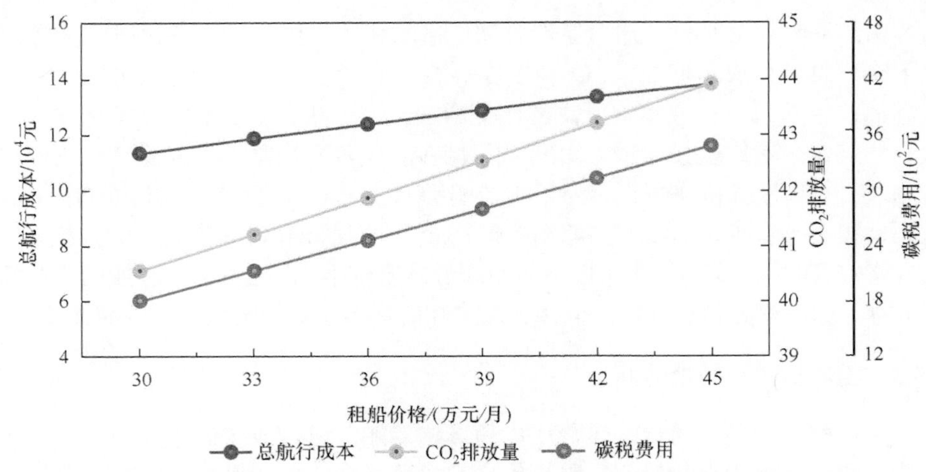

图 7-11 不同租船价格下优化后总航行成本、CO_2 排放量和碳税费用

7.3.4 免费碳排放额度灵敏度分析

免费碳排放额度是影响碳税费用的重要因素之一。本节将免费碳排放额度的取值定为历年碳排放量的 80%～94%，以 2%为变化单位，对免费碳排放额度进行灵敏度分析。图 7-12 显示了不同免费碳排放额度下船舶在不同通航环境下的最优航速。图 7-13 显示了不同免费碳排放额度下的总航行成本、CO_2 排放量和碳税费用。

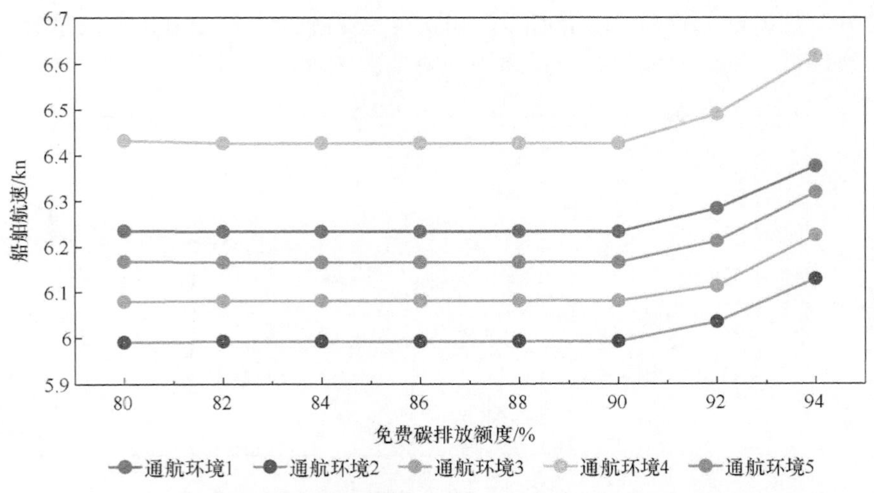

图 7-12 不同免费碳排放额度下船舶在不同通航环境下的最优航速

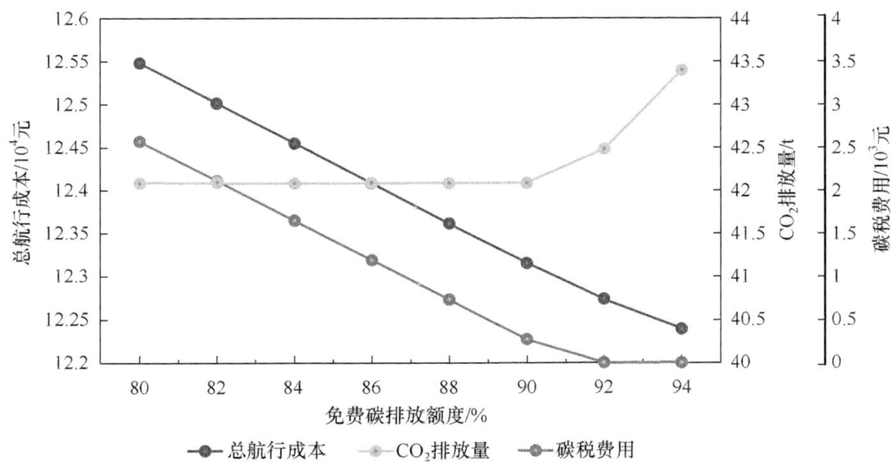

图 7-13 不同免费碳排放额度下的总航行成本、CO_2排放量和碳税费用

由图 7-12 和图 7-13 可知，当免费额度的取值小于历年碳排放量的 90%时，随着免费碳排放额度的增加，优化后各航段最优航速和 CO_2 排放量基本没有变化，但碳税费用和总航行成本减少。总航行成本减少主要是由于碳税费用的减少，而燃油费用和固定营运费用并没有发生改变。当免费额度的取值大于历年碳排放量的 92%时，碳税费用减少至 0，碳税机制对船舶航行 CO_2 排放量的约束减小，各通航环境的航速会随之增加，以降低固定营运费用，CO_2 排放量也随之增加，总航行成本随之减少。总航行成本减少主要是由于固定营运成本的减少。碳税机制制定者在制定碳税机制时应当谨慎地设置免费碳排放额度，免费碳排放额度过小会增加船东和航运企业所需要缴纳的碳税费用，导致总航行成本增加；免费碳排放额度过大会导致对船舶航行 CO_2 排放量的约束减小。

7.3.5 碳税税率灵敏度分析

除了免费碳排放额度，碳税税率也是影响碳税费用的重要因素之一。本节将碳税税率的取值定为 0～1500 元/t，以 100 元/t 为变化单位，对碳税税率进行灵敏度分析。图 7-14 显示了不同碳税税率下的各通航环境的最优航速。图 7-15 显示了不同碳税税率下的总航行成本、CO_2 排放量和碳税费用。

由图 7-14 和图 7-15 可知，随着碳税税率的上涨，优化航速降低，CO_2 排放量减少，且下降幅度逐渐减小，但总航行成本增加，增加幅度逐渐减小。碳税税率在 0～1000 元/t 时，碳税费用随着碳税税率的上涨而增加；碳税税率在 1000 元/t 时，碳税费用上涨至最大值；碳税税率在 1000～1500 元/t 时，超过免费额度的每吨 CO_2 排放量所需要缴纳的碳税费用增加，但优化后的 CO_2 排放量逐渐减少，导致碳税费用随着碳税税率的上涨而减少。因此，可以判断，随着碳税税率继续上

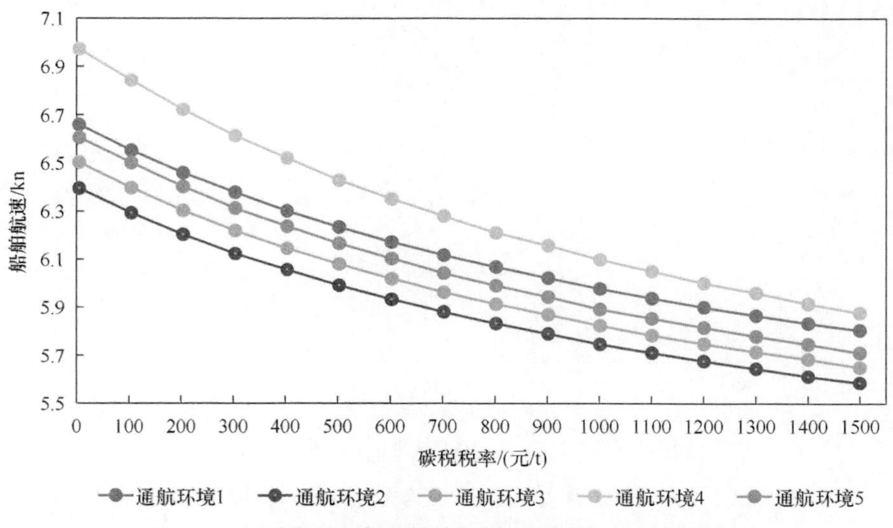

图 7-14 不同碳税税率下船舶在各通航环境下的最优航速

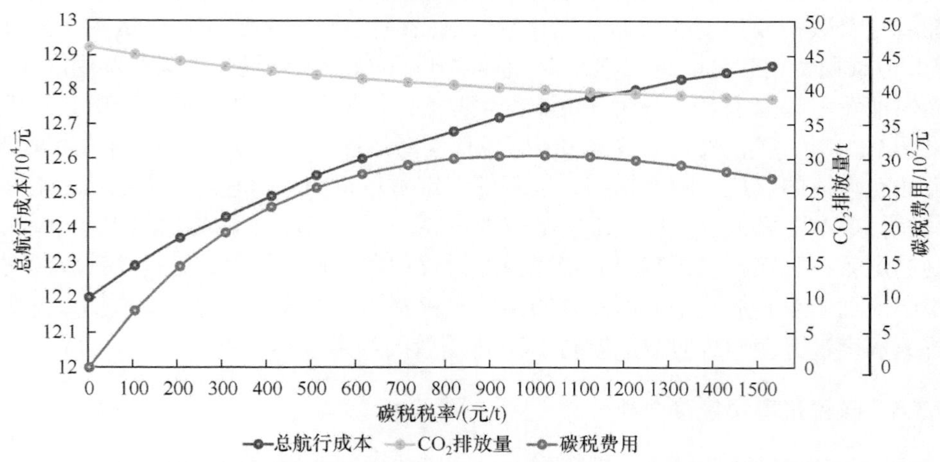

图 7-15 不同碳税税率下的总航行成本、CO_2 排放量和碳税费用

涨，碳税费用会缓慢降至 0，CO_2 排放量会降至免费额度。

图 7-16 显示了考虑碳税费用优化后 CO_2 排放量和总航行成本与帕累托最优解集中 CO_2 排放量和总航行成本的对比结果。由图 7-16 可知，考虑碳税费用优化后 CO_2 排放量与帕累托最优解集中某个解的 CO_2 排放量相同时，优化后的总航行成本比该解对应的总航行成本要高，这是由所缴纳的碳税费用造成的；优化后的总航行成本减去碳税费用，若此时优化后的 CO_2 排放量和总航行成本与帕累托最优解集中某个解相同，则碳税税率可以类似看成多目标优化问题中碳排放目标的权重。政府和组织可以通过设立碳税机制引导船舶和航运企业降低碳排放

量，通过调整碳税税率，可以改变船舶和航运企业对降低船舶碳排放量的重视程度。但需要考虑通过某种合理的方式将碳税收入返还给船东和航运企业，如用于抵消船东和航运企业需要缴纳的正常税额，或对节能环保的低排放的船舶进行补贴，否则会额外增加船东和航运企业的营运压力。此外，碳税税率约为 1300 元/t 时，得到的优化结果与多目标优化的折中解类似，该碳税税率可以为碳税机制制定者在确定碳税税率时提供参考。

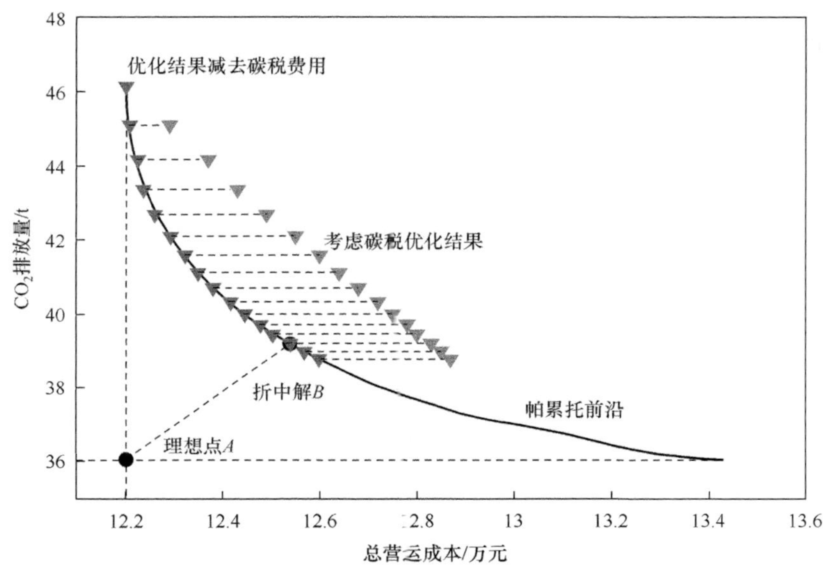

图 7-16　考虑碳税费用与多目标优化结果对比

7.4　本 章 小 结

本章首先着重介绍了几种常用的船舶能效智能优化算法的机理。然后以一艘采用传统推进方式的实船为案例，利用人工鱼群优化算法对建立的多种基于能效提升的航速优化模型进行求解，对优化结果进行分析。最后采用灵敏度分析的方法分析燃油价格、租船价格和碳税价格对优化方案的影响，总结如下。

(1) 人工鱼群优化算法能够有效地对不同优化目标的航速优化模型进行最优化求解。以最低总航行成本为目标进行优化，整个航次总航行成本减少 4568 元，同比减少 3.61%；以最低碳排放为目标进行优化，整个航次 CO_2 排放量减少 3.27t，同比减少 8.32%；考虑总航行成本和碳排放进行多目标优化，总航行成本减少 1195 元，同比减少 0.94%，CO_2 排放量减少 0.15t，同比减少 0.38%。

(2) 将多种不同优化目标的优化结果与实测值进行对比分析，结果表明，在符合限制条件的情况下，通过优化不同通航环境下的船舶航速，在个别航段可能导致优化目标值增加，但能使整个航次的优化目标值减少，保证优化目标达到最优值。考虑到通航环境的差异，合理地优化航速能最大化发挥航速优化的潜力。

(3) 对最晚到港时间、燃油价格、租船价格、免费碳排放额度和碳税税率的灵敏度进行了分析。不同的最晚到港时间、燃油价格、租船价格、免费碳排放额度和碳税税率下的优化结果可以为船东和航运企业制订碳税机制下的航行计划提供科学依据，也可以为碳税机制制定者在确定碳税税率时提供参考。碳税机制制定者应当谨慎设置免费碳排放额度和碳税税率，并考虑燃油价格和航运市场的影响。

第 8 章　船队营运能效优化管理

本章以招商局集团中国长江航运集团有限公司的五艘长江内河散货船所组成的船队为研究对象，此船队船舶的航线为武汉—上海航段。对象船队船舶的基本参数如表 8-1 所示。

表 8-1　对象船队船舶的基本参数

参数	船舶 1#	船舶 2#	船舶 3#	船舶 4#	船舶 5#
总长/m	79.8	85.88	85.88	90	99.8
垂线间长/m	75	82	82	86	95.6
型宽/m	15.8	15.84	15.84	16.2	16.25
型深/m	5.6	6	6	6	5
载重吨/t	3 600	4 830	4 830	5 130	4 579
主机功率/kW	528×2	600×2	600×2	720×2	528×2
额定转速/(r/min)	1200	1500	1500	1450	1200

8.1　船队营运能效数据分析

8.1.1　船队营运能效分析方法

通过船队船舶之间能效水平的比较可以分析不同船舶能效水平的优劣，探寻能效水平影响因素，参照能效水平高的船舶营运方式，对能效水平低的船舶进行改进，进而提高船队营运能效的整体水平。此外，为了对比分析船队营运能效水平以及探索船队营运能效优化方法，需确定船队营运能效的评价指标。

基于式(2-2)的分析，船队 EEOI 的本质是单位距离单位货物运输量的 CO_2 排放量。为方便进行船舶能效的比较与分析，本节对船队营运能效评价指标进行简化。当船队船舶的总装载量、航程以及所用燃油类型一定(CO_2 排放因子一定)时，船队 EEOI 可以简化为

$$\mathrm{EEOI_f} = K_1 \frac{\sum_j \sum_i \mathrm{FC}_{ji}}{\sum_j m_{\mathrm{cargo},j} \times D_j} = K_2 Q_{\mathrm{total}} \tag{8-1}$$

式中，K_1、K_2 为转换系数；Q_{total} 为船队总油耗量。

综上，降低船队 EEOI 可以归结为降低船队船舶单位距离油耗。此外，当各艘船舶航行距离一定时，船队 EEOI 可以进一步简化为转换系数 K_2 与船队总油耗量的乘积，因此对于特定的船队和航线，降低船队总油耗量可以有效降低 $\mathrm{EEOI_f}$。

8.1.2 同航区不同船舶能效对比分析

为了对比分析船队不同船舶能效水平，本节对同一航段的不同船舶的能效水平进行分析。图 8-1 给出了武汉—上海同一航段不同船舶的能效水平。由图可以看出，在相同的航段，即相同的通航环境特征条件下，不同的船舶能效水平具有较大差异。一方面，这是由船舶航速不同造成的；另一方面，船舶技术参数和装载状态的不同也会导致船舶能效水平具有一定的差异。

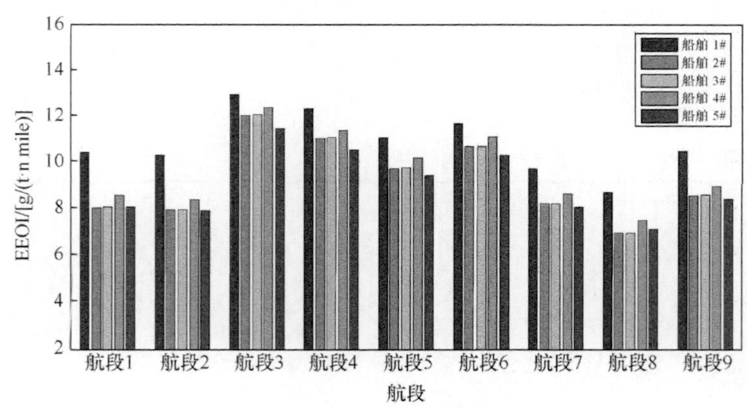

图 8-1 同一航段不同船舶的能效水平

8.1.3 同船舶不同航区能效对比分析

同一船舶在技术参数和装载状态一定的条件下，其在不同航段航行时的船舶能效水平也有所差异。图 8-2 给出了武汉—上海同一船舶在不同航段的能效水平。由图可以看出，在相同的技术参数和船舶装载状态下，船舶在不同航段的能效水平同样有一定的差异。一方面，这是由船舶航速不同造成的；另一方面，不同航段的不同通航环境是导致船舶能效差异的主要原因。

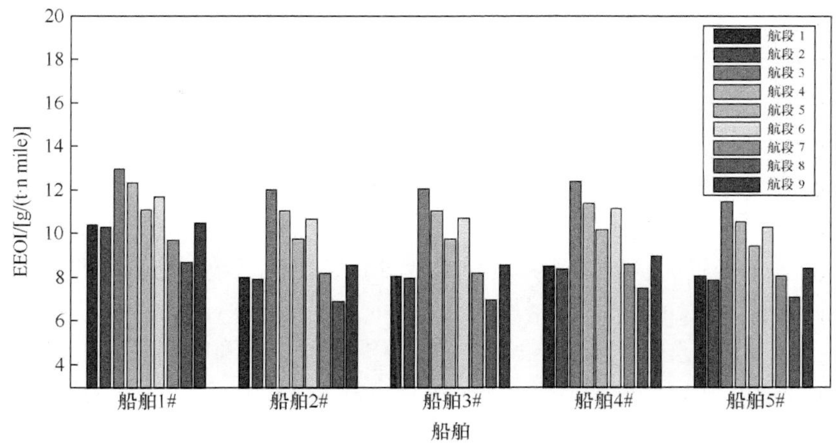

图 8-2　同一船舶不同航段的能效水平

8.2　考虑多因素的船队营运能效优化模型与方法

8.2.1　考虑多因素的船队营运能效优化方法

一支由 M 艘船舶组成的船队，当船队的运输需求一定时，优化船队营运能效的方法为：在满足航行时间和运输需求的条件下，使船队总油耗最低，即当船队货物运输量一定时，船队的能耗最低。通过优化每艘船舶在不同航段、不同通航环境下的船舶航速可以达到降低船队总油耗的目的，如图 8-3 所示。

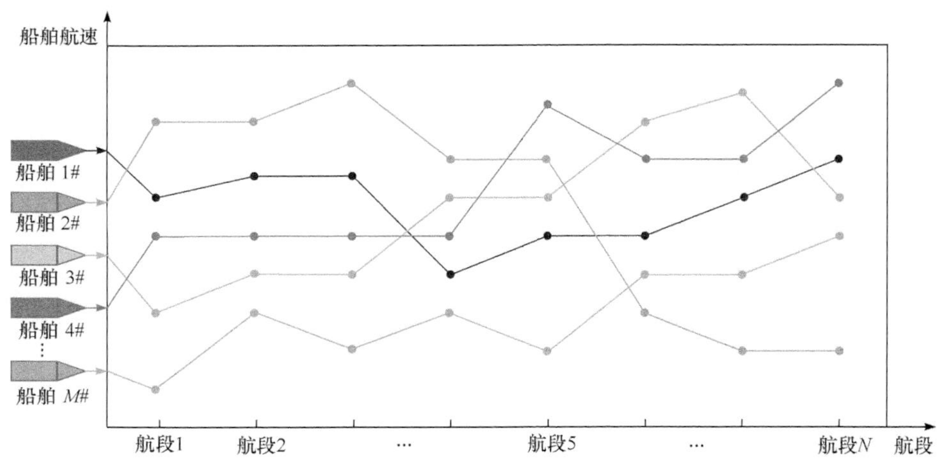

图 8-3　船队营运能效优化示意图

首先，获取整个航线 N 个航段上的通航环境和航程等信息，如风速、风向角、水深、水流速度、航段距离等；然后，通过建立考虑多因素的船队营运能效非线性优化模型及智能求解算法，获得船队每艘船舶在不同航段、不同通航环境下的能效最佳航行速度，从而达到优化船队营运能效的目的。船队营运能效优化的具体步骤如下。

(1) 对整个航线进行基于区域的航段划分。

(2) 获取每个航段的航行信息，包括航行环境和航程信息等。

(3) 基于船舶的状态参数和技术参数以及实船运行数据，建立每艘船舶的考虑通航环境等要素的船舶能效模型。

(4) 以每艘船舶在不同航段、不同通航环境下的船舶航速为优化变量，以船队总油耗最低为优化目标，以航行时间为约束条件，建立船队营运能效非线性优化模型。

(5) 采用 PSO 算法求解所建立的船队营运能效非线性优化模型，获取每艘船舶在不同航段、不同通航环境下能效最佳的航行速度。

(6) 分析包括港口装卸效率、港口等待时间和船队营运时间等因素对船队总能耗影响的敏感性，为探索系统性的船队营运能效优化管理方案提供参考。

8.2.2 考虑多因素的船队营运能效模型

在船舶航行的过程中，主要是通过螺旋桨产生的推力来抵消船舶在水中运动的阻力，从而推动船舶以一定的航速向前行驶。其中，不同船舶在不同航段通航环境下的推力为

$$T_{jh}=\frac{R_{jh}}{K_j\left(1-t_j\right)}=k_{\mathrm{t},jh}\rho_{\mathrm{water}}n_{jh}^{\ 2}D_j^{\ 4} \tag{8-2}$$

式中，T_{jh}为船舶 j#在 h 航段通航环境下的推力；R_{jh}为船舶 j#在 h 航段通航环境下航行的船舶总阻力，其为船舶航速、船舶技术参数以及通航环境要素的函数；K_j为船舶 j#螺旋桨的个数；t_j为船舶 j#的推力减额系数；$k_{\mathrm{t},jh}$为船舶 j#在 h 航段的推力系数；ρ_{water}为水的密度；n_{jh}为船舶 j#在 h 航段航行时螺旋桨的转速；D_j为船舶 j#的螺旋桨直径。

此外，船舶 j#在 h 航段的进速系数 J_{jh} 可由式(8-3)表示：

$$J_{jh}=\frac{\left(1-w_j\right)V_{\mathrm{s},jh}}{n_{jh}D_j} \tag{8-3}$$

式中，w_j为船舶 j#的兴波系数；$V_{\mathrm{s},jh}$为船舶 j#在 h 航段的船舶对水航速。

综上，可以得

$$\ln\left(\frac{k_{\mathrm{t},jh}}{J_{jh}^{\ 2}}\right)=\ln\left[\frac{R_{jh}}{\rho\left(1-t_j\right)(1-w_j)^2V_{\mathrm{s},jh}^{\ 2}D_j^{\ 2}}\right]=f\left(J_{jh}\right) \tag{8-4}$$

由此可知，在给定航速下，可以求出船舶 j#在 h 航段的进速系数 J_{jh}。在此基础上，船舶 j#在不同航段的主机输出功率可以通过式(8-5)表示：

$$P_{\mathrm{B},jh}=\frac{R_{jh}V_{\mathrm{s},jh}}{K_j\eta_{\mathrm{S},jh}\eta_{\mathrm{G},jh}\eta_{\mathrm{O},jh}\eta_{\mathrm{H},jh}\eta_{\mathrm{R},jh}} \tag{8-5}$$

式中，$\eta_{\mathrm{S},jh}$ 为船舶 j#在 h 航段时的轴系传递效率；$\eta_{\mathrm{G},jh}$ 为船舶 j#齿轮箱的效率；$\eta_{\mathrm{R},jh}$ 为船舶 j#螺旋桨的相对旋转效率；$\eta_{\mathrm{H},jh}$ 和 $\eta_{\mathrm{O},jh}$ 分别为船舶 j#的船体效率和敞水效率，其可以通过式(8-6)获得

$$\eta_{\mathrm{H},jh}=\frac{1-t_j}{1-w_j}，\quad \eta_{\mathrm{O},jh}=\frac{k_{\mathrm{t},jh}}{k_{\mathrm{q},jh}}\frac{J_{jh}}{2\pi} \tag{8-6}$$

式中，$k_{\mathrm{q},jh}$ 为转矩系数；$k_{\mathrm{t},jh}$ 和 $k_{\mathrm{q},jh}$ 可以通过插值多项式的方法求得，即

$$k_{\mathrm{t},jh}=f_{k_{\mathrm{t},jh}}\left(J_{jh}\right)，\quad k_{\mathrm{q},jh}=f_{k_{\mathrm{q},jh}}\left(J_{jh}\right) \tag{8-7}$$

综上，求得船舶 j#在 h 航段的主机输出功率为

$$P_{\mathrm{B},jh}=\frac{R_{jh}V_{\mathrm{s},jh}k_{\mathrm{q},jh}2\pi\left(1-w_j\right)}{K_j\eta_{\mathrm{S},jh}\eta_{\mathrm{G},jh}\eta_{\mathrm{R},jh}k_{\mathrm{t},jh}J_{jh}\left(1-t_j\right)} \tag{8-8}$$

进而可得到船舶 j#在 h 航段的船舶主机单位距离油耗，如式(8-9)所示：

$$\begin{aligned}q_{\mathrm{main},jh}&=\frac{R_{jh}\left(V_{\mathrm{g},jh}\pm V_{\mathrm{w},jh}\right)k_{\mathrm{q},jh}2\pi\left(1-w_j\right)}{\eta_{\mathrm{S},jh}\eta_{\mathrm{G},jh}\eta_{\mathrm{R},jh}k_{\mathrm{t},jh}J_{jh}\left(1-t_j\right)V_{\mathrm{g},jh}}g_{\mathrm{main},jh}\\&=F_{\mathrm{q},jh}\left(V_{\mathrm{g},jh},V_{\mathrm{w},jh},V_{\mathrm{wind},jh},H_{jh},h_{jh},g_{\mathrm{main},jh}\right)\end{aligned} \tag{8-9}$$

式中，$q_{\mathrm{main},jh}$ 为船舶 j#在 h 航段的船舶主机单位距离油耗，其为船舶对地航速和通航环境参数的函数；$V_{\mathrm{g},jh}$ 为船舶 j#在 h 航段上的船舶对地航速，$V_{\mathrm{g},jh}=V_{\mathrm{s},jh}\pm V_{\mathrm{w},jh}$；$V_{\mathrm{w},jh}$、$V_{\mathrm{wind},jh}$、$H_{jh}$ 和 h_{jh} 分别为船舶 j#在 h 航段航行时的水流速度、风速、水深和浪高；$g_{\mathrm{main},jh}$ 为船舶 j#在 h 航段航行时的船舶主机油耗率。

此外，船舶辅机的能耗也是船舶油耗的主要组成部分，因此本节的船舶能耗模型同样考虑了辅机的油耗，其可以通过式(8-10)获得

$$q_{\mathrm{aux},j}=T_{\mathrm{total},j}g_{\mathrm{aux},j} \tag{8-10}$$

式中，$q_{\mathrm{aux},j}$ 为船舶 j#航次辅机的总油耗量；$g_{\mathrm{aux},j}$ 为船舶 j#的辅机单位时间的油耗量；$T_{\mathrm{total},j}$ 为船舶 j#的航次总营运时间。

船舶单航次的总营运时间主要包括航次的航行时间、进出港的等待时间和装

卸货时间，如式(8-11)所示：

$$T_{\mathrm{total},j}=T_{\mathrm{nav},j}+T_{\mathrm{load},j}+T_{\mathrm{wait},j} \tag{8-11}$$

式中，$T_{\mathrm{nav},j}$ 为船舶 j#航次的航行时间；$T_{\mathrm{load},j}$ 为船舶 j#的货物装卸时间；$T_{\mathrm{wait},j}$ 为船舶 j#的港口等待时间。

其中，船舶 j#航次的航行时间可由式(8-12)表示：

$$T_{\mathrm{nav},j}=\sum_{h=1}^{N}S_{jh}/V_{\mathrm{g},jh} \tag{8-12}$$

式中，S_{jh} 为船舶 j#在 h 航段的航程。

此外，船舶 j#航次的装卸货时间可由式(8-13)表示：

$$T_{\mathrm{load},j}=W_{\mathrm{load\_T},j}\theta_j/\eta_j^{\mathrm{L}}+W_{\mathrm{load\_T},j}\theta_j/\eta_j^{\mathrm{U}} \tag{8-13}$$

式中，$W_{\mathrm{load\_T},j}$ 为船舶 j#的载重吨；θ_j 为船舶 j#的装载率；η_j^{L} 为船舶 j#的装货效率；η_j^{U} 为船舶 j#的卸货效率。

8.2.3 船队营运能效非线性优化模型

通过上述所建立的考虑通航环境因素的船队船舶能效模型，可以计算出不同船舶在不同航段通航环境条件下，运行于不同航速下的船舶单位距离的能耗。此外，根据不同航段的航行距离和航行速度可以获得船队各艘船舶在不同航段的航行时间。对于整个船队营运能效的优化，其是一个以所有船舶的航次总能耗最小为优化目标的非线性优化模型，如式(8-13)所示，其以每艘船舶在不同航段的航速为优化变量。此非线性优化模型的约束条件如式(8-14)所示，其中，第一个和第二个约束条件可以确保船舶在规定的时间内完成整个航程；第三个和第四个约束条件分别对应各艘船舶的主机转速和航速的约束，以避免单船能耗过高或超负荷运行。

$$\min Q_{\mathrm{total}}=\sum_{j=1}^{M}\sum_{h=1}^{N}\left[F_{\mathrm{q},jh}\left(V_{\mathrm{g},jh},V_{\mathrm{w},jh},V_{\mathrm{wind},jh},H_{jh},h_{jh},g_{\mathrm{main},jh}\right)S_{jh}\right]+\sum_{j=1}^{M}q_{\mathrm{aux},j} \tag{8-14}$$

$$\text{s.t.}\begin{cases}\sum\limits_{h=1}^{N}\left(S_h\right)=S_{\mathrm{total}}\\ T_{\mathrm{total}}=\sum\limits_{j=1}^{M}\left(T_{\mathrm{total},j}\right)\leqslant T_{\mathrm{limit}}\\ N_{\mathrm{min},j}<f_{\mathrm{engine\_speed}}\left(V_{\mathrm{g},jh}\pm V_{\mathrm{w},jh}\right)<N_{\mathrm{max},j}\\ V_{\mathrm{min},j}<V_{\mathrm{g},jh}\pm V_{\mathrm{w},jh}<V_{\mathrm{max},j}\end{cases} \tag{8-15}$$

8.2.4　优化模型求解

基于上述所建立的船队营运能效非线性优化模型，采用适用于非线性问题的 PSO 算法进行求解，求解过程如图 8-4 所示。

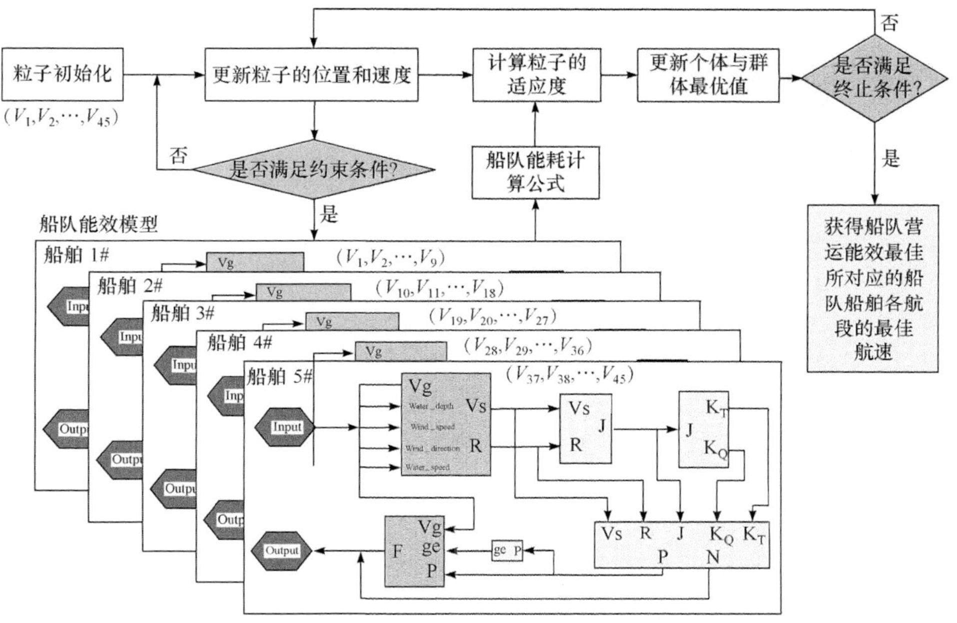

图 8-4　基于 PSO 算法的船队营运能效非线性优化模型求解过程

PSO 算法具体求解步骤如下。

(1) 粒子的初始化，共初始化 Q^*个粒子，每个粒子共 $M \times N$ 维，分别代表各艘船舶不同航段的航速。

(2) 更新各个粒子的速度和位置，直至满足约束条件。

(3) 计算每个粒子的适应度，并更新种群的最优值和个体最优值。

(4) 判断算法是否已满足设定的终止条件，若满足，则可获得船队营运能效最佳所对应的粒子，即船队船舶各航段的最佳航速，否则返回步骤(2)。

8.3　船队营运能效优化

本节以表 8-1 中所述的五艘内河散货船所组成的船队为研究对象，以船队武汉—上海航段的船舶上水的单个航次为案例进行分析。基于区域特征将航线划分为 9 个航段，分别为武汉—黄石、黄石—九江、九江—安庆、安庆—铜陵、铜陵—芜湖、芜湖—南京、南京—镇江、镇江—江阴、江阴—上海。通过决策船队各艘船舶在不同航段、不同通航环境下的船舶能效最佳航速，在满足航行时间和运输需求的条件下降低船队总的能耗水平。

采用上述所建立的模型和求解算法进行求解。其中，PSO 算法所需的参数设置如表 8-2 所示；船队船舶营运参数如表 8-3 所示。

表 8-2　PSO 求解算法相关参数

参数	c_1	c_2	w_{max}	w_{min}	$iter_{max}$
设定值	2	2	0.9	0.4	200

表 8-3　船队船舶营运参数

参数	船舶 1#	船舶 2#	船舶 3#	船舶 4#	船舶 5#
载重吨/t	3600	4830	4830	5130	4579
装载率	0.97	0.97	0.97	0.97	0.97
辅机油耗量/(t/d)	0.12	0.12	0.12	0.12	0.12
装卸效率/(t/d)	5000	5000	5000	5000	5000
港口等待时间/d	0.5	0.5	0.5	0.5	0.5
总时间约束/d			37		

8.3.1　船队营运能效优化结果

求解算法通过不断迭代寻优最终获得了模型的最优解，如图 8-5 所示。PSO 算法经过 127 步迭代后获得了最优值，同时获得了各艘船舶不同航段的优化航速，如图 8-6 所示。此外，还获得了此优化航速下各艘船舶不同航段的油耗、CO_2 排放量和航行时间，分别如图 8-7～图 8-9 所示。

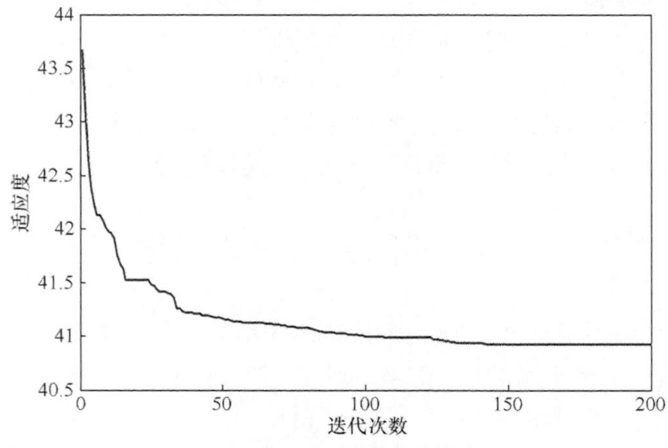

图 8-5　不同迭代次数下的适应度

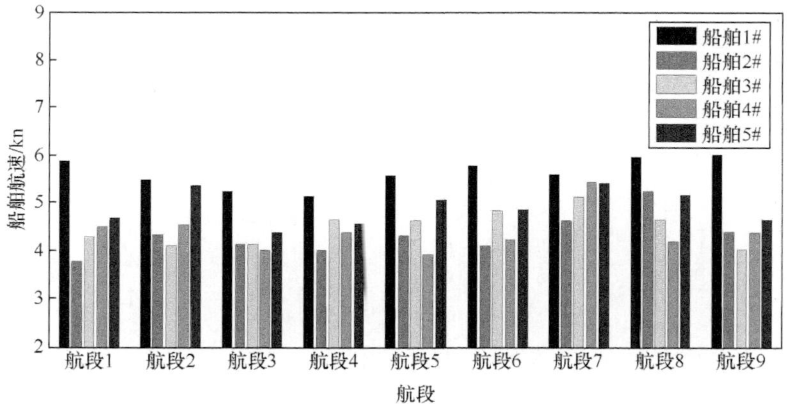

图 8-6　各艘船舶不同航段的优化航速

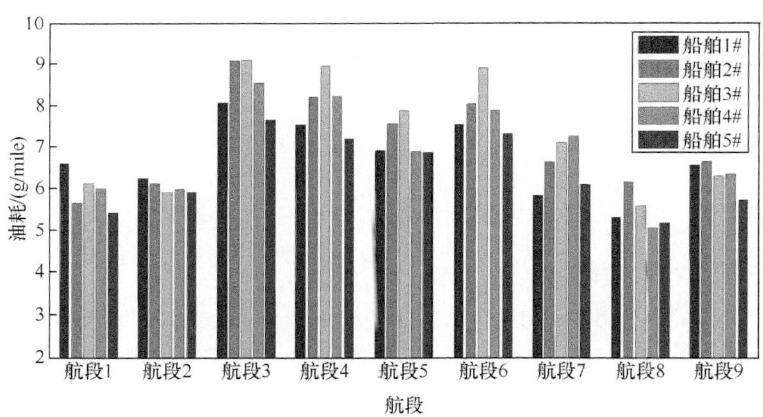

图 8-7　各艘船舶不同航段的油耗

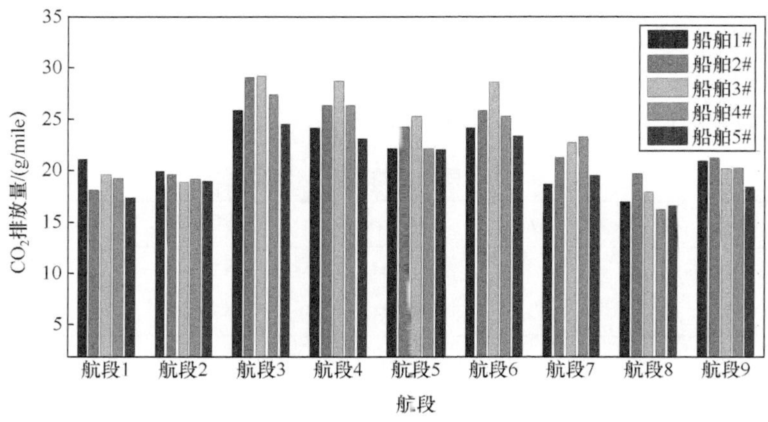

图 8-8　各艘船舶不同航段的 CO_2 排放量

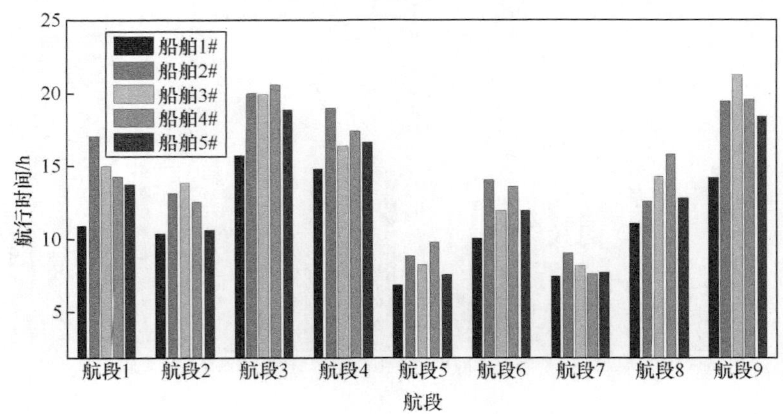

图 8-9　各艘船舶不同航段的航行时间

由图 8-6～图 8-9 可以看出，船舶技术参数和航段的通航环境不同导致船舶在不同航段的船舶能效最佳航速也有所不同。通过控制船队船舶在所求得的优化航速下航行，不仅可以在预定的时间内完成船队的运输需求，而且可以降低船队的能耗水平。

8.3.2　船队营运能效优化结果对比分析

1) 不同航行方法优化结果对比分析

为验证本节所提出方法的有效性，与船队船舶原始运行模式下的能耗水平进行对比分析。当船舶在原始运行模式下航行时，船队总油耗量和总 CO_2 排放量如表 8-4 所示。此外，表 8-4 还给出了采用本节所提出的考虑多因素的能效优化方法的船队总油耗量和总 CO_2 排放量。可以看出，采用所提出的船队营运能效优化方法，在满足航行总时间约束的前提下，一个航次可降低油耗 5.15%(在不同通航环境条件及不同操作模式下，此优化幅度会有所不同)，约 2.2t 燃油，同时可以降低 CO_2 排放量约 7.1t。由此可知，采用此优化方法不仅可以按时完成船队货物运输需求，而且可以有效地减少油耗和 CO_2 排放量。

表 8-4　不同航行方法优化结果对比

运行模式	主机油耗量/t	辅机油耗量/t	总油耗量/t	总 CO_2 排放量/t
原始运行模式	38.710	4.44	43.150	138.340
航速优化	36.488	4.44	40.928	131.215

2) 不同营运时间约束优化结果对比分析

航行时间的要求是决定船舶航速的主要因素之一。当船舶航行距离一定时，航行时间要求越短，船队船舶所需的航速越快，以按时抵达目的地。本节分析不同时间约束下的船队船舶能耗水平，以期为制定合理的航行计划决策提供参考。

通过上述能效优化方法可以获得航次营运时间约束分别为 35～39d 情况下的航速优化结果(港口装卸效率为 5000t/d，港口等待时间为 0.5d)。其中，不同条件下的船队船舶主机油耗量、辅机油耗量与总油耗量如表 8-5 所示。可以看出，随着时间约束的增长，为船舶降航速运行提供了更大的优化空间，从而可以进一步降低船队船舶能源消耗和 CO_2 排放量。然而，航行时间的加长将导致无法在规定的时间内完成船队船舶的运输需求，或需要增加其他船舶来完成规定时间的运输需求，因此船队管理者应该综合考虑各因素来设定合理的船舶航次营运时间约束。

表 8-5　不同航次营运时间约束优化结果对比

项目	不同航次营运时间约束下的油耗				
	35d	36d	37d	38d	39d
主机油耗量/t	38.397	37.378	36.488	35.844	35.202
辅机油耗量/t	4.200	4.320	4.440	4.560	4.680
总油耗量/t	42.597	41 698	40.928	40.404	39.882

3) 不同装卸效率优化结果对比分析

港口的货物装卸效率对船舶在港的时间具有较大影响，当营运时间约束一定时，通过提高货物的装卸效率也可以为船舶航行节省更多的时间，进一步为船舶的航速优化创造条件。本节分析不同港口装卸效率下的船队船舶能耗水平，以了解港口的货物装卸效率对船队船舶能耗优化结果的影响关系。

通过上述航行优化方法，获得了装卸效率分别为 4500～5500t/d 情况下的航速优化结果(航次营运时间约束为 37d，港口等待时间为 0.5d)。其中，不同条件下的船队船舶主机油耗量、辅机油耗量与总油耗量如表 8-6 所示。可以看出，随着装卸效率的提高，为船舶降航速运行提供了更大的优化空间，从而可以进一步降低船队船舶能源消耗和 CO_2 排放量。因此，通过采取改进港口设备等措施提高货物的装卸效率可有效降低船舶能耗。

表 8-6　不同装卸效率优化结果对比

项目	不同装卸效率下的油耗				
	4500t/d	4750t/d	5000t/d	5250t/d	5500t/d
主机油耗量/t	37.586	37.058	36.488	36.361	36.249
辅机油耗量/t	4.440	4.440	4.440	4.440	4.440
总油耗量/t	42.026	41.498	40.928	40.801	40.689

4) 不同港口等待时间的优化结果对比分析

同上，港口等待时间也直接影响船舶在港停泊时间，当船舶航次营运时间约束一定时，降低港口等待时间同样可以为船舶航行节省更多的时间，从而进一步降低船队船舶能源消耗。本节分析不同港口等待时间情况下的船队船舶能耗水平，以了解港口等待时间对船队船舶能耗优化结果的影响关系。

通过上述航行优化方法，获得了港口等待时间分别为 0.3～0.7d 情况下的航速优化结果(航次营运时间约束为 37d，港口装卸效率为 5000t/d)。其中，不同条件下的船队船舶主机油耗量、辅机油耗量与总油耗量如表 8-7 所示。可以看出，随着装卸效率的提高，为船舶降航速运行提供了更大的优化空间，从而可以进一步降低船队船舶能源消耗和 CO_2 排放量。因此，通过岸基有效的沟通与协调来降低船舶港口的等待时间可有效降低船队船舶的能耗。

表 8-7　不同港口等待时间优化结果对比

项目	不同港口等待时间下的油耗				
	0.3d	0.4d	0.5d	0.6d	0.7d
主机油耗量/t	35.894	36.332	36.488	36.987	37.408
辅机油耗量/t	4.440	4.440	4.440	4.440	4.440
总油耗量/t	40.334	40.772	40.928	41.427	41.848

8.3.3　敏感性分析

1. 敏感性分析方法

为了进一步分析航次营运时间约束、港口等待时间和装卸效率对船队能耗影响的敏感程度，本节采用敏感性分析方法进行分析。敏感性分析是研究一个数学模型或系统输出的不确定性是如何受不同输入来源的不确定性所影响的。通过对不同输入下的输出结果进行灵敏度分析，可以得知变量对输出的影响，其通常是通过固定对模型输出没有影响的输入参数，或者识别和删除模型结构的冗余部分来完成的。对于多输入变量的模型，敏感性分析是模型建立和质量保证的重要组成部分。

假设有 k 个输入因子的模型，且每个输入因子在输入系数空间中有 p 个等级的变化，则实验空间 Ω 是一个 k 维 p 个等级的网络。设 Y 为系统的输出，其可以表示为

$$Y = f\left(X_1, X_2, \cdots, X_k\right) \tag{8-16}$$

在其余因子不变时，输入因子 X_i 以步长 $\Delta=\{0, 1/(P-1), 2/(P-1),\cdots,1\}$ 一步一

步地移动，其因子效应可以表示为

$$d_i(X)=\frac{f(X_1,\cdots,X_{i-1},X_i+\Delta,X_{i+1},\cdots,X_k)-f(X)}{\Delta} \tag{8-17}$$

式中，$X=(X_1,X_2,\cdots,X_k)$ 为在实验空间 Ω 中选择的基准值，通过所选取的 r 个样本值 $X^{(1)},X^{(2)},\cdots,X^{(r)}$，可以获得 r 个因子效应值 $d_i(X^{(1)}),d_i(X^{(2)}),\cdots,d_i(X^{(r)})$，进而可通过式(8-18)评估因子 i 对模型输出的全局重要程度：

$$\mu_i=\frac{1}{r}\sum_{j=1}^{r}\left|d_i\left(X^{(j)}\right)\right| \tag{8-18}$$

综上，当每个因子沿 q 级变化，因子 i 在基线值以步长Δ在 $\pm(q-1)\Delta_i/2$ 的范围内变化，而其他因子维持基线值不变时，式(8-18)可以改写为

$$\begin{aligned}S_i=&\frac{1}{q-1}\left\{\sum_{m=0}^{(q-1)/2}\left|\frac{\left[f_{m+1}(X_i)-f_m(X_i)\right]/f_0(X)}{\Delta_i/X_i}\right|\right\}\\&+\frac{1}{q-1}\left\{\sum_{n=0}^{(q-1)/2}\left|\frac{\left[f_{n+1}(X_i)-f_n(X_i)\right]/f_0(X)}{\Delta_i/X_i}\right|\right\}\end{aligned} \tag{8-19}$$

式中，S_i 为因子 i 的灵敏度系数。很明显，S_i 越大，意味着因子对输出的灵敏度越高。灵敏度一般分为不敏感、低程度敏感、中-高程度敏感和高程度敏感几个等级，如表 8-8 所示。

表 8-8　敏感度分析等级表

S_i	敏感度等级
$0.00 \leqslant S_i < 0.05$	不敏感
$0.05 \leqslant S_i < 0.20$	低程度敏感
$0.20 \leqslant S_i < 1.00$	中-高程度敏感
$S_i \geqslant 1.00$	高程度敏感

2. 敏感性分析结果

采用上述敏感性分析方法，分别分析航次营运时间约束、港口等待时间和装卸效率对船队能耗影响的敏感程度。

各因子的基准为：37d(航次营运时间约束)、0.5d(港口等待时间)、5000t/d(装卸效率)。每个因子均分为五个级别，每个级别的计算参数和灵敏度如表 8-9 所示。计算后的三个因子的灵敏度系数如图 8-10 所示。其中，航次营运时间约束

对船队能耗的灵敏度系数为 0.61；港口等待时间对船队能耗的灵敏度系数为 0.05；装卸效率对船队能耗的灵敏度系数为 0.16。参照上述敏感度分析等级表，可以看出，航次营运时间约束对船队能耗影响的敏感程度较大，装卸效率次之，因此通过延长航次营运时间和提高港口的装卸效率可以有效提高船队的能效水平。

表 8-9　各级敏感度统计表

参数	时间约束/d	船队油耗量/t	灵敏度系数	等待时间/d	船队油耗量/t	灵敏度系数	装卸效率/(t/d)	船队油耗量/t	灵敏度系数
$X_i-2\Delta$	35	42.597	0.813	0.3	40.334	0.054	4500	42.026	0.258
$X_i-\Delta$	36	41.698	0.696	0.4	40.772	0.019	4750	41.498	0.279
X_i	37	40.928	—	0.5	40.928	—	5000	40.928	—
$X_i+\Delta$	38	40.404	0.474	0.6	41.427	0.061	5250	40.801	0.062
$X_i+2\Delta$	39	39.882	0.472	0.7	41.848	0.051	5500	40.689	0.055

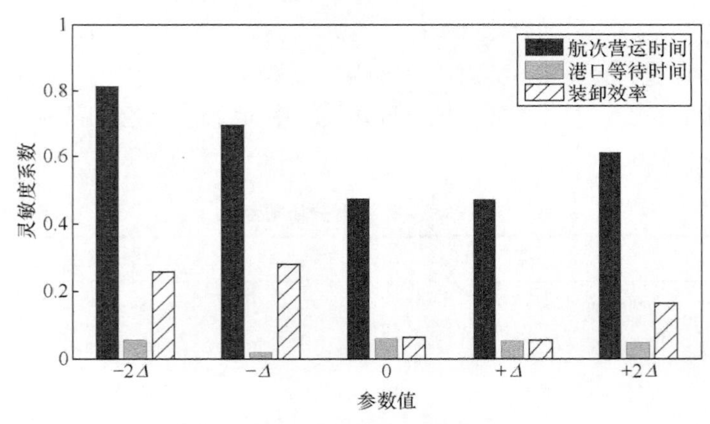

图 8-10　敏感性分析结果

8.4　船队营运能效综合优化方法

8.4.1　船队营运能效综合优化问题与方法

船队营运能效优化管理是航运企业营运管理过程中的一项重要决策，也是提高船队经济效益和能效水平的有效途径。内河船队营运能效优化管理决策是一个复杂问题。在此决策的过程中，为了将货物合理地分配给各艘船舶，除了应该考虑每艘船舶的运力限制，还应考虑环境等因素对船舶到港时间、船舶油耗的影响[96]。

内河船队营运能效的影响因素较多，如运输需求、环境因素、港口信息、船舶营运条件等。船队营运能效的管理不仅涉及航运企业的营运决策，还涉及船舶的航行优化，只有统筹管理、逐级优化，才能在满足船队运输需求的条件下，实现船队经济与能效的最大化。因此，本节介绍一种船队营运能效“双级”综合优化方法，如图 8-11 所示，其包括船队营运决策层和船队营运能效动态优化层。

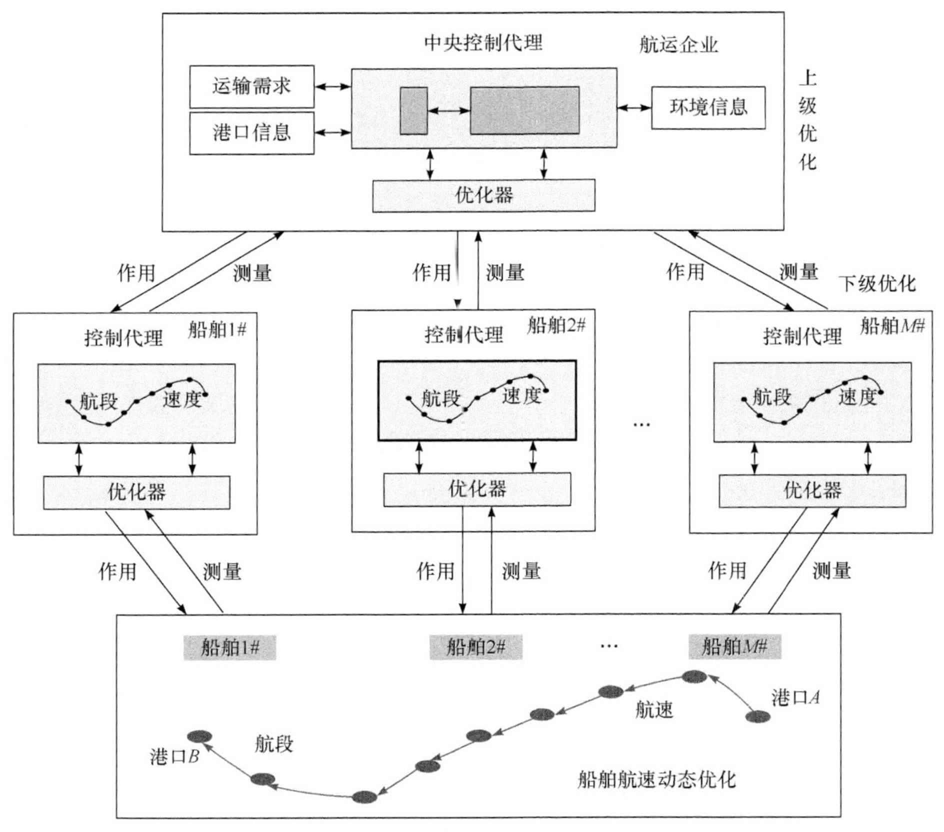

图 8-11　船队营运能效“双级”综合优化方法示意图

上级为航运企业船队营运决策层。如图 8-12 所示，在船队总的运输需求一定的条件下，通过获得港口信息、通航环境信息、航行时间约束和船队船舶的具体参数等，建立考虑多因素的船队营运决策模型，航运企业可以决策每艘船舶的优化配载和服务航速，以保证在规定的时间内完成货物的运输需求，并使船队船舶的总能耗最低。

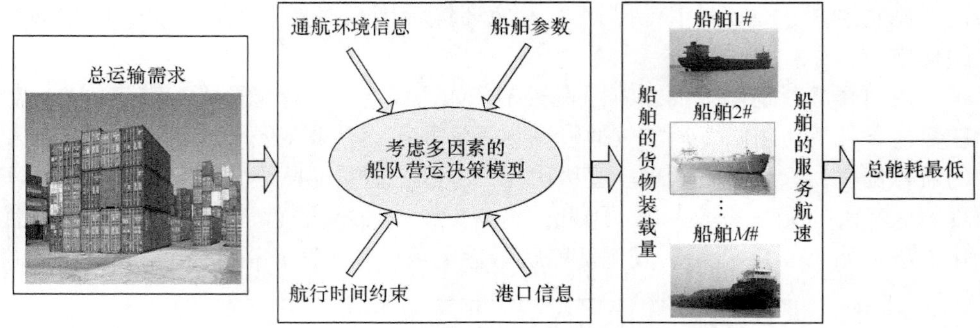

图 8-12　航运企业船队营运决策示意图

下级为多变条件下的船队营运能效动态优化层。如图 8-13 所示，当船舶从位置 A 航行到位置 B 时，需要根据整个航线不同区域的通航环境要素，包括风速、风向角、水深、水流速度等，确定船舶在不同航行区域的能效最佳航行速度，以达到船舶能效优化的目标。在船舶航行的过程中，通航环境等因素会随时间发生变化，因此静态的优化方法不能够确保在通航环境等因素不断变化时，实现船舶能效的最优化。基于实时信息的船队营运能效动态优化方法可以充分考虑这些因素的时变性，从而进一步提高船队的能效水平。

在船舶航行出发前，获取从起始点 A 到目的地 B 整个航线的通航环境和港口操作等信息，通过建立能效优化模型及优化算法可以决策出此通航环境条件下不同时间步长的船舶能效最佳航速。

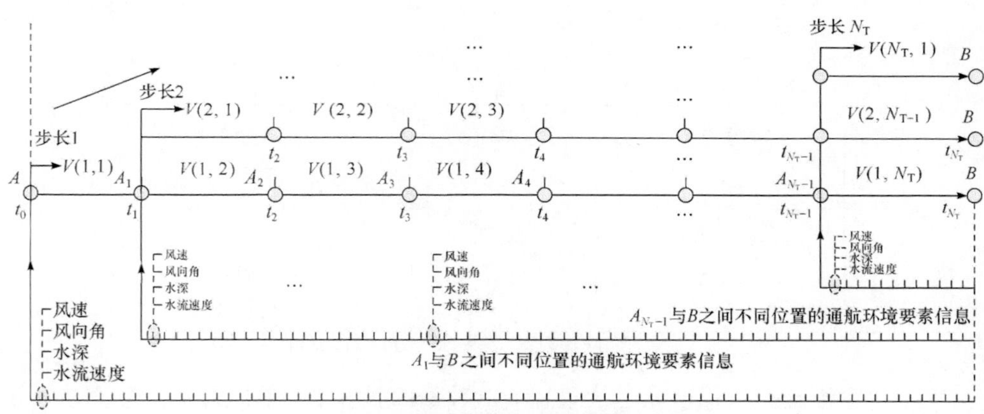

图 8-13　船队营运能效动态优化示意图

船舶按照决策出的航速 $V(1, 1)$进行第一段航行时，随着时间的推移及通航环境的变化，将会获得 t_1 时刻从位置 A_1 到目的地 B 的通航环境及航程等信息，通过再次应用所建立的能效优化模型及优化算法可以决策出新通航环境条件下从

位置 A_1 到目的地 B 的不同位置的船舶能效最优航速，当船舶航行至 A_1 时，将会以重新优化后的航速 $V(2,1)$进行航行。以此类推，通过不断地多次优化，直至船舶最终航行至目的地 B。采用这种动态的优化方法可以充分考虑通航环境等信息的时变性，保证系统在每一时间步长下取得实际的最优解，即每一时间步长船舶都能在最优的航速下航行，从而进一步提高船舶的能效水平。

通过以上两级的优化决策，可以实现船队营运能效的统一管理与综合优化。一方面，在保证运输需求的条件下进行船队的营运决策；另一方面，在营运决策的基础上，根据实时的通航环境和港口作业状态等信息实现船队各艘船舶能效的动态优化。其中，考虑多因素的船队营运决策模型及船队营运能效动态优化模型与算法是实现船队营运能效综合优化的核心。

8.4.2　船队营运决策模型

基于前面的研究，在给定的航行速度下，船队各艘船舶的主机单位距离油耗可以通过式(8-20)表示：

$$
\begin{aligned}
q_{\mathrm{main},j} &= \frac{R_j\left(V_{\mathrm{g},j} \pm \tilde{V}_{\mathrm{w},j}\right)k_{\mathrm{q},j}2\pi\left(1-w_j\right)}{\eta_{\mathrm{S},j}\eta_{\mathrm{G},j}\eta_{\mathrm{R},j}k_{\mathrm{t},j}J_j\left(1-t_j\right)V_{\mathrm{g},j}}g_{\mathrm{main},j} \\
&= F_{\mathrm{q},j}\left(W_{\mathrm{load},j},V_{\mathrm{g},j},\tilde{V}_{\mathrm{w},j},\tilde{V}_{\mathrm{wind},j},\tilde{H}_j,\tilde{h}_j,g_{\mathrm{main},j}\right)
\end{aligned}
\tag{8-20}
$$

式中，R_j 为船舶 j#的航行总阻力，其是航速、装载量、通航环境以及船舶状态等参数的函数；$W_{\mathrm{load},j}$ 为船舶 j#的货物装载量；$V_{\mathrm{g},j}$ 为船舶 j#的对地航速；$k_{\mathrm{q},j}$ 为船舶 j#的转矩系数；w_j 为船舶 j#的兴波系数；$\eta_{\mathrm{S},j}$ 为船舶 j#的轴系传递效率；$\eta_{\mathrm{G},j}$ 为船舶 j#齿轮箱的效率；$\eta_{\mathrm{R},j}$ 为船舶 j#螺旋桨的相对旋转效率；$k_{\mathrm{t},j}$ 为船舶 j#的推力系数；J_j 为船舶 j#的进速系数；t_j 为船舶 j#的推力减额系数；$\tilde{V}_{\mathrm{w},j}$、$\tilde{V}_{\mathrm{wind},j}$、$\tilde{H}_j$ 和 $\tilde{h}_j$ 分别为航次的平均水流速度、平均风速、平均水深和平均浪高；$g_{\mathrm{main},j}$ 为船舶 j#的主机油耗率。

此外，船队各艘船舶的总营运时间可以通过式(8-21)表示：

$$
\begin{aligned}
T_{\mathrm{total},j} &= T_{\mathrm{nav},j} + T_{\mathrm{wait},j} + T_{\mathrm{load},j} \\
&= S / V_{\mathrm{g},j} + T_{\mathrm{wait},j} + W_{\mathrm{load},j} / \eta_j^{\mathrm{L}} + W_{\mathrm{load},j} / \eta_j^{\mathrm{U}}
\end{aligned}
\tag{8-21}
$$

式中，S 为各艘船舶航次的航程。

另外，船舶辅机油耗量可以通过式(8-10)表示。

综上，上级的优化问题是一个以整个船队总能耗最小为优化目标的非线性优化模型，如式(8-22)所示。此模型以船队中各艘船舶的最佳货物装载量和整个航线的服务航速(定速)为优化变量，其约束条件如式(8-23)所示。其中，第一个到第三个约束条件确保船舶 j#在规定的时间内完成整个航程，并完成船队的货物运输需求；第四个和第五个约束条件分别为船舶 j#的主机转速和航行速度的约束，以避免其能耗过高或超负荷运行。

$$\min Q_{\text{total}} = \sum_{j=1}^{M}\left[F_{\text{q},j}\left(W_{\text{load},j},V_{\text{g},j},\tilde{V}_{\text{w},j},\tilde{V}_{\text{wind},j},\tilde{H}_j,\tilde{h}_j,g_{\text{main},j}\right)S+q_{\text{aux},j}\right] \tag{8-22}$$

$$\text{s.t.}\begin{cases} V_{\text{g},j}T_{\text{nav},j}=S \\ T_{\text{total}}=\sum_{j=1}^{M}\left(T_{\text{total},j}\right)\leqslant T_{\text{limit, total}} \\ \sum_{j=1}^{M}W_{\text{load},j}=W_{\text{load,total}} \\ N_{\text{min},j}<f_{\text{engine\_speed}}\left(V_{\text{g},j}\pm\tilde{V}_{\text{w},j}\right)<N_{\text{max},j} \\ V_{\text{min},j}<V_{\text{g},j}\pm\tilde{V}_{\text{w},j}<V_{\text{max},j} \end{cases} \tag{8-23}$$

8.4.3　船队营运能效动态优化模型

在前述研究的基础上，可以推断出船舶 j#在第 k 个时间步长时的主机输出功率为

$$P_{\text{B},jk}=\frac{R_{jk}V_{\text{s},jk}k_{\text{q},jk}2\pi\left(1-w_j\right)}{K_j\eta_{\text{S},jk}\eta_{\text{G},jk}\eta_{\text{R},jk}k_{\text{t},jk}J_{jk}\left(1-t_j\right)} \tag{8-24}$$

式中，R_{jk} 为船舶 j#在第 k 个时间步长时的通航环境下航行的船舶阻力，其是船舶航速与通航环境等参数的函数；$V_{\text{s},jk}$ 为船舶 j#在第 k 个时间步长时的船舶对水航速；$k_{\text{q},jk}$ 为船舶 j#在第 k 个时间步长时的转矩系数；K_j 为船舶 j#螺旋桨的个数；$\eta_{\text{S},jk}$ 为船舶 j#在第 k 个时间步长时的轴系传递效率；$\eta_{\text{G},jk}$ 为船舶 j#齿轮箱的效率；$\eta_{\text{R},jk}$ 为船舶 j#螺旋桨的相对旋转效率；$k_{\text{t},jk}$ 为船舶 j#在第 k 个时间步长时的推力系数；J_{jk} 为船舶 j#在第 k 个时间步长时的进速系数。则船舶 j#在第 k 个时间步长时的船舶主机单位距离油耗为

$$\begin{aligned} q_{\text{main},jk} &= \frac{R_{jk}\left(V_{\text{g},jk}\pm V_{\text{w},jk}\right)k_{\text{q},jk}2\pi\left(1-w_j\right)}{\eta_{\text{S},jk}\eta_{\text{G},jk}\eta_{\text{R},jk}k_{\text{t},jk}J_{jk}\left(1-t_j\right)V_{\text{g},jk}}g_{\text{main},jk} \\ &= F_{\text{q},jk}\left(V_{\text{g},jk},V_{\text{w},jk},V_{\text{wind},jk},H_{jk},h_{jk},g_{\text{main},jk}\right) \end{aligned} \tag{8-25}$$

式中，$q_{\text{main},jk}$ 为船舶 j#在第 k 个时间步长时的主机单位距离油耗，其为船舶对地航速和通航环境等参数的函数；$V_{\text{g},jk}$ 为船舶 j#在第 k 个时间步长时的船舶对地航

速，$V_{g,jk}=V_{s,jk}\pm V_{w,jk}$；$V_{w,jk}$、$V_{wind,jk}$、$H_{jk}$ 和 h_{jk} 分别为船舶 j#在第 k 个时间步长时的水流速度、风速、水深和浪高；$g_{main,jk}$ 为船舶 j#在第 k 个时间步长时的主机油耗率。

此外，船舶 j#总的营运时间如式(8-26)所示：

$$T_{\text{limit},j}=\min\left(\frac{S}{V_{g,j}}+T_{\text{wait},j}+T_{\text{load},j},T_{\max,j}\right) \tag{8-26}$$

式中，$T_{\max,j}$ 为船舶 j#最大的营运时间约束，其大小由航运企业根据实际情况设定。则船舶 j#的辅机油耗量可通过式(8-27)表示：

$$q_{\text{aux},j}=T_{\text{limit},j}g_{\text{aux},j} \tag{8-27}$$

另外，船舶 j#在第 k 个时间步长时的剩余航行时间可通过式(8-28)求得

$$\begin{aligned}T_{\text{nav},jk}=&T_{\text{limit},j}-T_{\text{wait},jk}-W_{\text{load},j}/\eta_{jk}^{\text{L}}\\&-W_{\text{load},j}/\eta_{jk}^{\text{U}}-\sum_{i=1}^{k-1}\left[T_{\text{nav},ji}/\left(N_{\text{T}}-k+1\right)\right]\end{aligned} \tag{8-28}$$

式中，N_{T} 为总的时间步长。

通过上述所建立的模型，可以获得不同航行环境、不同航速下的船舶油耗量和航次的航行时间。船舶能效动态优化模型是一个以不同时间步长时的剩余航程总能耗最小为优化目标，以剩余航行时间的不同时间步长时的船舶航行速度为优化变量的非线性优化模型，如式(8-29)所示。其约束条件如式(8-30)所示，第一个约束条件确保船舶 j#在规定的时间内完成整个航程；第二个和第三个约束条件分别是船舶 j#的主机转速和航速的约束，以避免其能耗过高或超负荷运行。

$$\begin{aligned}\min\ Q_{\text{total},jk}=&\sum_{i=1}^{N_{\text{T}}-k+1}\left[F_{q,ji}\left(V_{g,ji},V_{w,ji},V_{\text{wind},ji},H_{ji},h_{ji},g_{\text{main},ji}\right)V_{g,ji}\frac{T_{\text{nav},jk}}{N_{\text{T}}-k}\right.\\&\left.+\left(T_{\text{nav},jk}+T_{\text{wait},jk}+W_{\text{load},j}\big/\eta_{jk}^{\text{L}}+W_{\text{load},j}\big/\eta_{jk}^{\text{U}}\right)g_{\text{aux},j}\right]\end{aligned} \tag{8-29}$$

$$\text{s.t.}\begin{cases}\displaystyle\sum_{i=1}^{N_{\text{T}}-k+1}\left(V_{g,ji}\frac{T_{\text{nav},jk}}{N_{\text{T}}-k+1}\right)=S-S_{\text{total},j(k-1)}\\N_{\min,j}<f_{\text{engine\_speed}}\left(V_{g,jk}\pm V_{w,jk}\right)<N_{\max,j}\\V_{\min,j}<V_{g,jk}\pm V_{w,jk}<V_{\max,j}\end{cases} \tag{8-30}$$

式中，$S_{\text{total},jk}$ 为船舶 j#在第 k 个时间步长时航行的总距离。

第 k 个时间步长时的系统状态信息主要包括船舶当前航行的总距离、当前的环境参数及港口操作信息，分别由式(8-31)和式(8-32)表示。因此，在时间步长为 k 时，系统的状态方程可由式(8-33)表示。

$$Y_{s,j}(k)=S_{\text{total},j}(k)=\sum_{i=1}^{k}\left[V_{g,j(k-i+1)}\frac{T_{\text{nav},j(k-i+1)}}{N_T-k+i}\right] \tag{8-31}$$

$$d_{s,j}(k)=\left(V_{g,j(k+i-1)},V_{w,j(k+i-1)},V_{\text{wind},j(k+i-1)},H_{j(k+i-1)},h_{j(k+i-1)},T_{\text{wait},j(k+i-1)}\right) \tag{8-32}$$

$$Y_{s,j}(k+1)=F_{s,j}\left(Y_{s,j}(k),u_{s,j}(k),d_{s,j}(k)\right) \tag{8-33}$$

式中，$Y_{s,j}(k)$ 为船舶 j#在第 k 个时间步长时的系统状态；$S_{\text{total},j}(k)$ 为船舶 j#在第 k 个时间步长时航行的总距离；$d_{s,j}(k)$ 为船舶 j#在第 k 个时间步长时系统的实时信息；$u_{s,j}(k)$ 为船舶 j#在第 k 个时间步长时系统的输入决策变量。

8.4.4 船队营运能效动态优化算法

1. 模型预测控制算法

精确的系统模型是现代控制理论的基础，然而，系统具有非线性与时变性以及强耦合和不确定性等特点，因此难以建立精确的系统参数模型，从而影响系统的控制效果。模型预测控制(model predictive control，MPC)算法在此背景下应运而生，并获得了快速的发展。MPC 算法以滚动时域的方式在线求解约束优化问题，已在很多运输场景中获得成功应用。其除了能够在系统限制内达到最佳的系统性能，还可以考虑所有可预测的未来信息，并在早期阶段预测未来的情况，因此避免了由系统干扰引起的控制效果的误差[125-127]。

MPC 算法的核心主要包括以下几个方面。

(1) 预测模型。通过此模型和系统当前的控制作用及历史信息获得系统未来的输出值。

(2) 滚动优化。即在每个时间步长下基于系统的状态及所建立的预测模型，通过求解目标函数以获得最优的控制序列，并只将最优序列的第一个决策值作用于被控对象的过程。

(3) 反馈校正。其不仅具有很强的抗干扰性，还具有克服由非线性和干扰等引起的系统不确定性的能力，从而可以有效地补偿模型的控制误差。

从预测控制的基本原理出发，与其他控制算法相比，MPC 算法具有其自身的特点和明显的优势，具体如下。

(1) 建模方便，过程描述可由实验获得。

(2) 对处理关于动作、状态和输出等方面的约束具有明确的方法，适用于有约束的实际过程。

(3) 采用滚动优化策略及时补偿由不确定性等因素造成的干扰，从而实现更好的动态控制性能。

(4) 对于有多输入、多输出参数的系统，具有较好的控制能力。

(5) 具有相对容易的校对过程以及内嵌的强鲁棒性的特性等。

2. 基于 MPC 的船队营运能效动态优化算法

基于 MPC 的船队营运能效“双级”综合优化算法如算法 8-1 所示。其中，上级的基于 PSO 算法的优化模型求解过程主要包括以下几个步骤。

(1) 初始化 N_s 个 $2N^*$维的粒子，前 N^*维对应每艘船舶的对地航速，后 N^*维对应每艘船舶的货物装载量，计算这些粒子的适应度，并确定个体的最优值和群体的最优值。

(2) 更新这些粒子的速度和位置，粒子的位置根据其自身的速度而变化，每个粒子的速度和位置的更新可以通过式(8-34)和式(8-35)获得

$$\tilde{V}^{\tau+1} = w\tilde{V}^{\tau} + c_1 r_1 \left(\tilde{p}_{\text{best}}^{\tau} - \tilde{X}^{\tau}\right) + c_2 r_2 \left(\tilde{g}_{\text{best}}^{\tau} - \tilde{X}^{\tau}\right) \tag{8-34}$$

$$\tilde{X}^{\tau+1} = \tilde{X}^{\tau} + \tilde{V}^{\tau+1} \tag{8-35}$$

式中，τ 为当前的迭代次数；$\tilde{p}_{\text{best}}$ 为个体最优值；$\tilde{g}_{\text{best}}$ 为全局最优值；$\tilde{X}$ 为粒子的位置；$\tilde{V}$ 为粒子的速度；c_1 和 c_2 为学习因子；r_1 和 r_2 为 0～1 的随机数；w 为惯性权重。

(3) 重新计算每个粒子的适应度，然后更新个体和群体的最优值。

(4) 迭代步骤(2)和步骤(3)，直至算法收敛，最终获得对应全体最优的粒子，即 N 艘船舶的最佳航行速度和货物装载量。

同样地，下级的非线性优化模型求解过程主要包括以下几个步骤。

(1) 初始化 N_x 个 $N_{\text{T}-k+1}(k=1, 2, \cdots, N_{\text{T}})$维的粒子，计算获得这些粒子的适应度，并确定个体最优值和群体最优值。

(2) 更新这些粒子的速度和位置，粒子的位置是根据自身的速度变化的。每个粒子的速度和位置的更新可以通过式(8-34)和式(8-35)获得。

(3) 重新计算满足约束方程式的粒子适应度，然后更新个体和群体最优值。

(4) 迭代步骤(2)和步骤(3)，直至算法收敛，最终获得对应全体最优的粒子，即 k 时间步长时所求的船舶最佳航行速度($V_{\text{g},jk}, \cdots, V_{\text{g},jN\text{T}}$)，也是系统的输入决策变量($u_{\text{s}}(k), \cdots, u_{\text{s}}(N_{\text{T}})$)。

根据上述算法和步骤，可以实现船队营运能效的综合优化。通过上级优化决策出每艘船舶的货物装载量和船舶服务航速，同时根据整个航线的距离和服务航

速，确定下级每艘船舶的营运时间等约束。在此条件下，下级的动态优化算法可以根据实时信息获得不同时间步长下各艘船舶能效最佳航速。通过上下两级的综合优化可以在实现船舶优化配载的情况下，进一步提高船队的能效水平[128-130]。

算法 8-1　基于 MPC 的船队营运能效“双级”综合优化算法

1. 初始化船队营运决策系统的状态(包括船队的运输需求、通航环境和港口操作信息)

2. 采用 PSO 算法求解由式(8-18)和式(8-19)所建立的上级非线性优化模型，获得每艘船舶的货物装载量和船舶服务航速，同时根据整个航线的距离和航速确定下级每艘船舶的营运时间约束

3. for $j=1{:}M$　do

4. 在时间步长 k=0 时，初始化系统的状态和系统的实时信息(包括通航环境、港口信息和剩余航行时间)

5. while $k \leqslant N_{\mathrm{T}}$　do

6. 测量 k 时间步长时系统当前的状态 $Y_{\mathrm{s}}(k)$和系统的实时信息 $d_{\mathrm{s}}(k)$，如式(8-26)和式(8-27)所示

7. 采用 PSO 算法求解由式(8-24)和式(8-25)所建立的下级非线性优化模型，获得 k 时间步长时的最优解($V_{\mathrm{g},jk},\cdots,V_{\mathrm{g},jN_{\mathrm{T}}}$)，即系统的输入决策($u_{\mathrm{s}}(k),\cdots,u_{\mathrm{s}}(N_{\mathrm{T}})$)

8. 通过采用式(8-28)执行最优解的第一步 $u_{\mathrm{s}}(k)$，从而获得新的系统状态 $Y_{\mathrm{s}}(k+1)$

9. $k \leftarrow k+1$，并返回第 5 步

10. end while

11. end for

8.5　船队营运能效综合优化

本节以表 8-1 中的五艘内河散货船所组成的船队为研究对象，以上海—武汉航段为例，根据航线距离、通航环境以及港口信息变化的幅度和频率，设定总的动态优化次数为 9 次。根据不同航段的通航环境与航道信息以及港口操作信息的特点，采用仿真的方法获得不同时间步长下的通航环境信息和港口操作等信息，如表 8-10 所示。

8.5.1 船队营运能效综合优化结果

1) 上级船队营运决策优化结果

上级船队营运决策优化算法所需要的主要参数如表 8-11 所示。通过采用上述所建立的船队营运决策模型及智能求解算法，可获得各艘船舶优化后的装载量，如图 8-14 所示。此外，通过上述方法还可以获得各艘船舶在整个航线的服务航速的优化结果，如图 8-15 所示。

表 8-10　不同时间步长下的通航环境信息和港口操作信息

时间步长	不同经纬度位置的通航环境信息												港口操作信息				
	121.3169°E, 31.5706°N				121.3159°E, 31.5716°N				114.8045°E, 30.6127°N				各船舶等待时间/d				
	风速/(m/s)	风向角/(°)	水深/m	水流速度/(m/s)	风速/(m/s)	风向角/(°)	水深/m	水流速度/(m/s)	风速/(m/s)	风向角/(°)	水深/m	水流速度/(m/s)	船舶1#	船舶2#	船舶3#	船舶4#	船舶5#
1	7.5	88	13	0.0	8.1	97	13	0.0	6.5	61	14	0.0	0.6	0.6	0.6	0.6	0.6
2	0.9	137	70	0.4	1.1	289	98	1.3	13.0	346	29	1.4	0.4	0.4	0.5	0.5	0.5
3	10.7	116	11	1.5	10.8	317	21	0.1	10.7	90	37	0.7	0.5	0.6	0.5	0.5	0.4
4	7.3	324	94	0.9	6.5	358	121	0.5	11.4	246	124	1.3	0.5	0.4	0.6	0.5	0.5
5	6.9	163	24	1.1	0.3	244	89	0.5	6.3	219	75	0.7	0.5	0.6	0.5	0.6	0.5
6	10.0	81	81	1.4	10.3	14	58	0.8	7.3	236	92	1.4	0.5	0.5	0.4	0.4	0.5
7	9.9	189	54	0.0	9.2	64	139	0.4	4.2	314	101	1.6	0.6	0.4	0.5	0.4	0.4
8	2.2	245	133	1.8	12.6	125	106	1.5	7.1	73	65	0.3	0.5	0.4	0.6	0.5	0.5
9	4.5	302	63	1.4	4.0	313	72	1.3	0.8	53	99	1.6	0.5	0.5	0.5	0.5	0.4

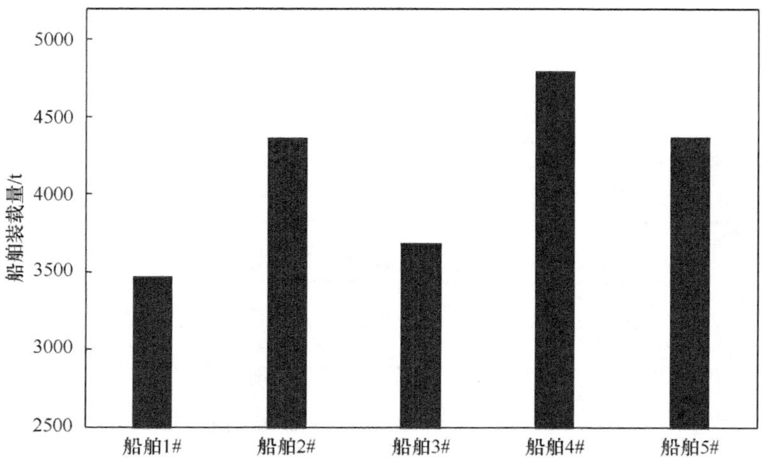

图 8-14　各艘船舶优化后的装载量

表 8-11　上级优化所用参数

参数	c_1	c_2	w_{max}	w_{min}	$iter_{max}$	$W_{load,total}$/t
设定值	2	2	0.9	0.4	150	20672

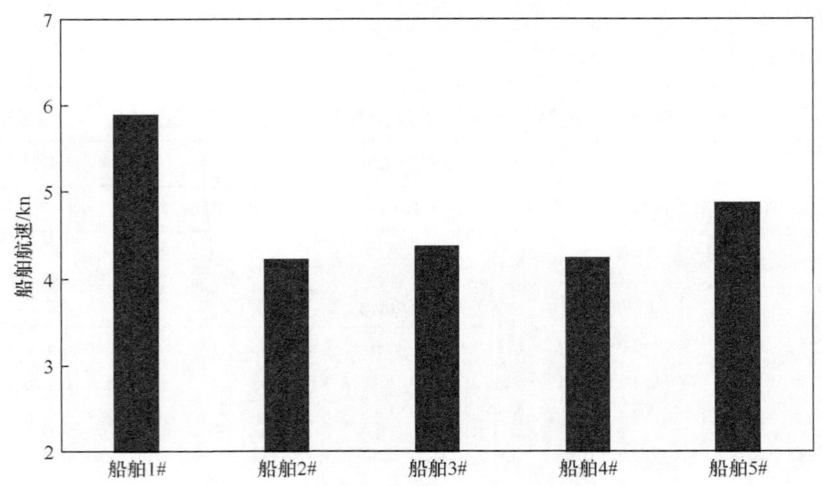

图 8-15　各艘船舶优化后的航线服务航速

2) 下级船队营运能效动态优化结果

根据上级船队营运决策的优化结果，可以获得每艘船舶在优化服务航速航行时的航次营运时间，如表 8-12 所示。将此营运时间作为下级船队各艘船舶能效动态优化的营运时间约束条件，从而保证在规定的时间内完成总的货物运输需求。此外，下级船队营运能效动态优化所需的其他参数如表 8-13 所示。

表 8-12　上级营运时间和下级时间约束

项目	船舶 1#	船舶 2#	船舶 3#	船舶 4#	船舶 5#
上级营运时间/d	6.183	8.227	7.752	8.392	7.447
下级时间约束/d	6.183	8.227	7.752	8.392	7.447

表 8-13　下级船队营运能效动态优化所需参数

参数	c_1	c_2	w_{max}	w_{min}	$iter_{max}$
设定值	2	2	0.9	0.4	100

通过采用上述所建立的模型和方法，得到船队各艘船舶在不同时间步长下的优化结果分别如图 8-16～图 8-20 所示。

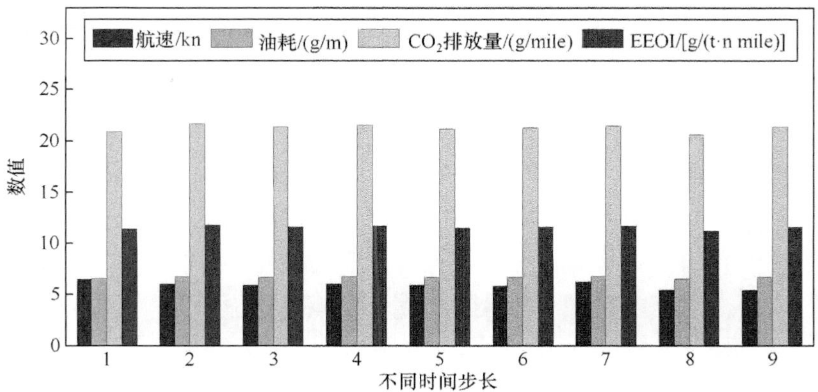

图 8-16 船舶 1#航行优化结果(1)

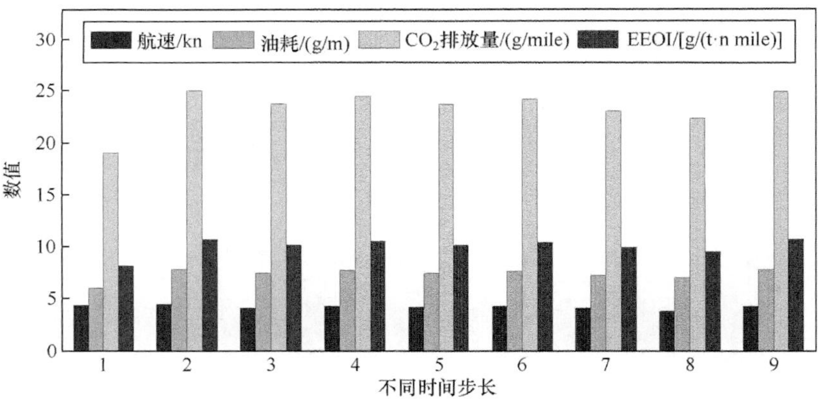

图 8-17 船舶 2#航行优化结果(1)

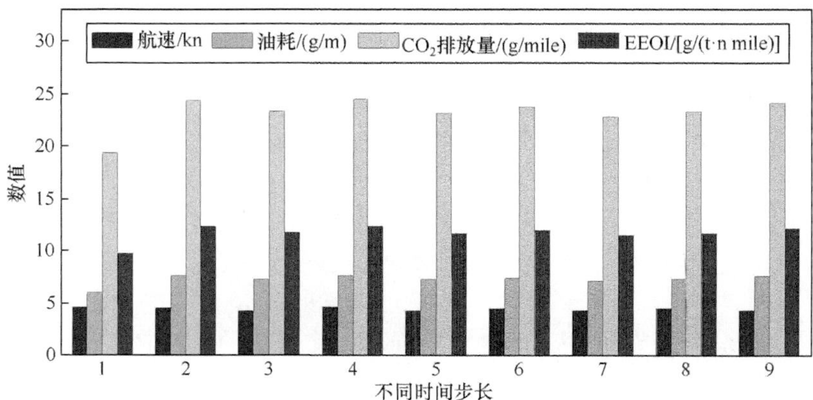

图 8-18 船舶 3#航行优化结果(1)

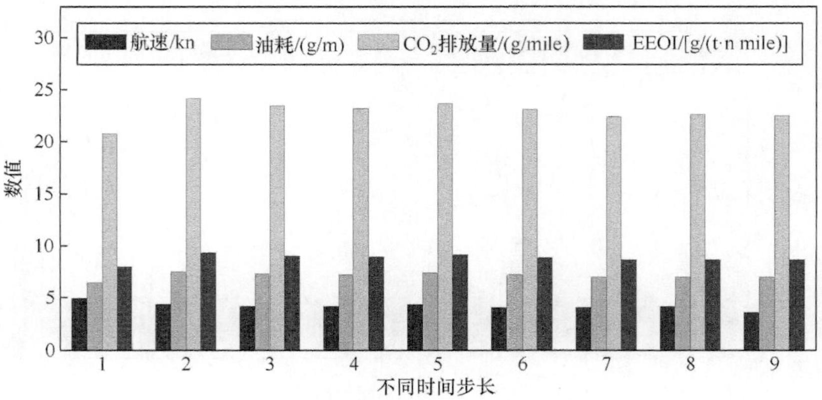

图 8-19　船舶 4#航行优化结果(1)

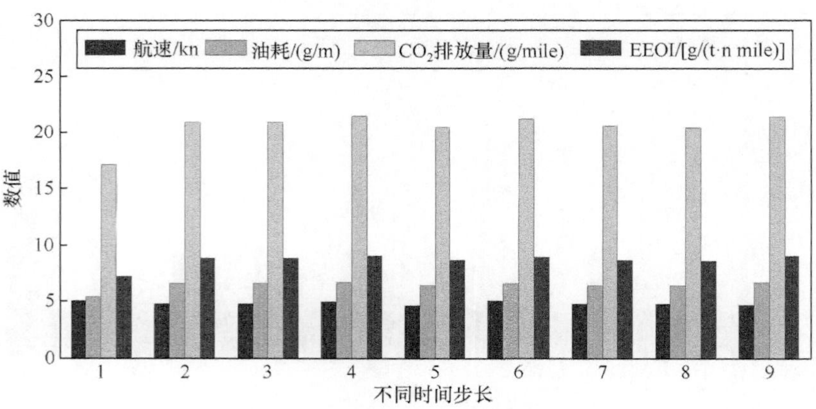

图 8-20　船舶 5#航行优化结果(1)

8.5.2　船队营运能效综合优化结果分析

1) 动静态优化结果对比分析

为了验证所提出的船队营运能效动态优化方法的有效性，本节进行动静态优化结果的对比分析。图 8-21～图 8-25 分别给出了船舶 1#～5#采用动态方法和静态方法在各个时间步长下的船舶航速、船舶主机油耗和 EEOI 信息。由图可以看出，各个时间步长下的通航环境等信息存在差异，使最终航速的优化结果有所不同，即通航环境的变化使船队船舶能效具有更大的优化潜力。此外，表 8-14 分别给出了船舶 1#～5#采用动静态优化方法的航线总油耗、CO_2 排放量和 EEOI 信息。

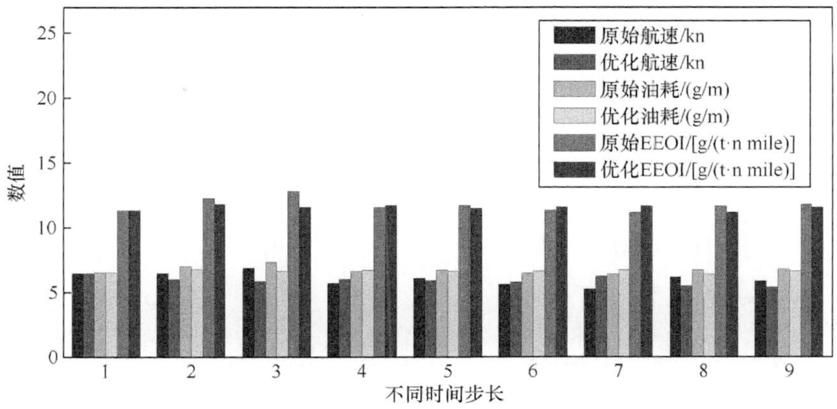

图 8-21　船舶 1#航行优化结果(2)

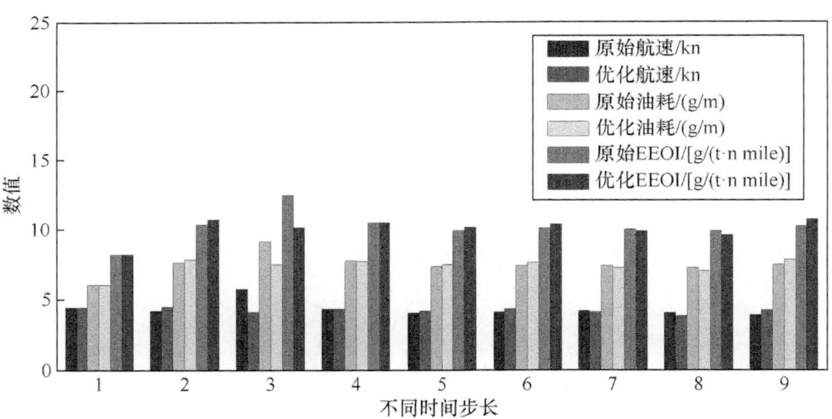

图 8-22　船舶 2#航行优化结果(2)

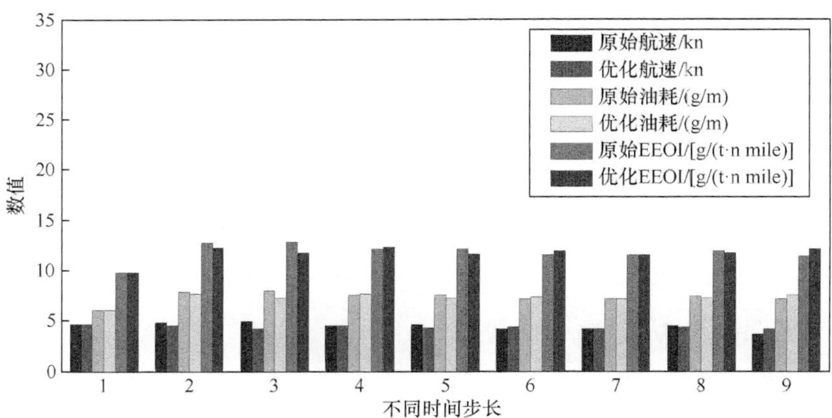

图 8-23　船舶 3#航行优化结果(2)

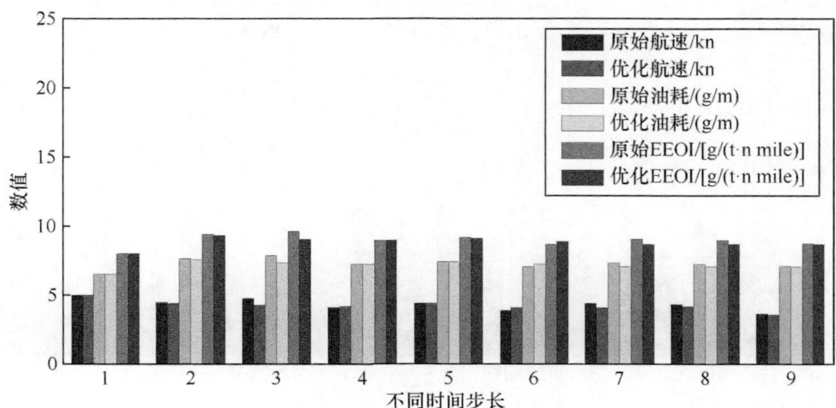

图 8-24 船舶 4#航行优化结果(2)

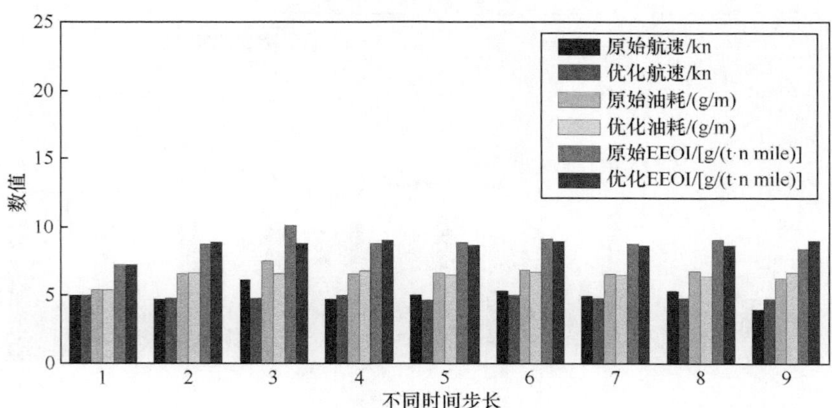

图 8-25 船舶 5#航行优化结果(2)

表 8-14 采用动静态优化方法结果对比

项目	船舶 1#	船舶 2#	船舶 3#	船舶 4#	船舶 5#
静态方法总油耗量/t	8.332	9.408	9.172	9.160	8.258
静态方法总 CO_2 排放量/t	26.712	30.163	29.406	29.367	26.474
静态方法 EEOI/[g/(t·n mile)]	12.679	11.383	13.154	10.093	9.979
动态方法总油耗量/t	8.191	9.217	9.068	9.030	8.099
动态方法总 CO_2 排放量/t	26.260	29.550	29.073	28.950	25.964
动态方法 EEOI/[g/(t·n mile)]	12.464	11.152	13.004	9.949	9.787
降低百分比/%	1.69	2.03	1.13	1.42	1.93

由表 8-14 可以看出，采用动态优化方法比静态优化方法可以进一步降低船舶能耗，减少 CO_2 排放量，降低幅度最大可达 2.03%(船舶 2#)，最小也可降低能耗 1.13%(船舶 3#)。此外，船舶 1#、船舶 4#和船舶 5#分别可以降低能耗和 CO_2 排放量约为 1.69%、1.42%和 1.93%。由此可见，本节所提出的船队营运能效动态优化方法可以有效地降低船队船舶的能耗和 CO_2 排放量，提高船队船舶的能效水平。

2) 船队整体能效优化结果分析

表 8-15 分别给出了传统船队营运方法和所提出的船队营运能效“双级”综合优化方法的船队总油耗量、总 CO_2 排放量以及 $EEOI_f$ 信息。由表 8-15 可见，采用所提出的船队营运能效“双级”综合优化方法比传统船队营运方法可以降低船队总油耗量和 CO_2 排放量 7.91%。由此可见，本节所提出的船队营运能效“双级”综合优化方法可以有效地提高船队的整体能效水平。

表 8-15　船队整体能效优化结果对比

项目	传统船队营运方法	船队营运能效“双级”综合优化方法	降低百分比/%
船队总油耗量/t	47.349	43.605	7.91
船队总 CO_2 排放量/t	151.801	139.798	7.91
$EEOI_f$/[g/(t·n mile)]	12.091	11.135	7.91

8.6　本 章 小 结

本章以武汉—上海航段的内河散货船队为研究对象，根据船队营运能效分析方法，进行了船队营运能效水平的对比分析，建立了考虑多因素的船队营运能效优化模型，提出了考虑多因素的船队营运能效优化方法，具体总结如下。

(1) 建立了考虑通航环境、运输需求、航行时间、港口操作时间与港口等待时间的船队营运能效非线性优化模型，并采用智能求解算法获得了船队各艘船舶不同条件下的优化航速，从而提高了内河船队的能效水平。

(2) 进行了航次营运时间约束、港口等待时间和装卸效率对船队能耗影响的敏感性分析，从而为制订系统性的船队营运能效优化方案提供参考。

(3) 船队营运能效的综合优化包括船队的整体营运决策以及在此决策下的船队营运能效动态优化。基于此，本章建立了考虑多因素的船队营运决策模型和船队营运能效动态优化模型，形成了包括货物的优化配载及基于实时信息的船舶航行动态优化的船队营运能效“双级”综合优化方法。

第 9 章　电力推进船舶能效优化

9.1　柴电混合动力船舶能效优化

9.1.1　研究对象

本节研究对象船舶为一艘重庆市东江实业有限公司已建造完成的内河 690 客位豪华游轮“美维凯悦号”，如图 9-1 所示。该船采用综合电力推进，由 4 台柴油发电机组和超级电容提供全船所需的电能。该船舶相关的部分参数如表 9-1 所示。

图 9-1　“美维凯悦号”游轮

表 9-1　对象船舶部分参数

参数	信息	参数	信息
航行区域	上海—重庆	船长/m	149.99
发电机组额定功率/kW	1250	水线长/m	142.795
发电机组额定转速/(r/min)	1000	螺旋桨直径/mm	2200
推进电机额定功率/kW	1680	齿轮箱减速比	4.52：1
推进电机额定转速/(r/min)	1500	方形系数	0.642
组网方式	直流组网	型宽/m	21.8
设计航速/(km/h)	27.85	设计吃水/m	3.0

与常规柴油机直接推进系统相比，综合电力推进系统结构更复杂，其包含更

多元器件，系统的主要组件及数量如表 9-2 所示。电力推进系统中各个元器件影响着整个船舶的能效水平，对电力推进系统中的元器件进行分析，以确定监测的重点是很有必要的。

表 9-2　对象船舶电力推进系统组件及数量

组件名称	组件数量/台	组件名称	组件数量/台
主发电机组	4	停泊发电机组	1
主推进电机	2	超级电容组	2
发电整流器	4	侧推逆变器	1
主推逆变器	2	侧推螺旋桨	1
日用逆变器	2	侧推电机	1
斩波逆变器	2	日用变压器	4
减速齿轮箱	2	主推螺旋桨	2

1) 主推进部分相关元器件

电力推进系统的主推进部分主要有主发电机组、主推进电机、主推螺旋桨、发电整流器、主推逆变器、减速齿轮箱等组成。其中，主发电机组、主推进电机和主推螺旋桨相较于其他组件，它们的功率更大，工况更复杂，对整个船舶能效水平有更大的影响，因此主发电机组、主推进电机和主推螺旋桨等主推进部分相关元器件应当是对象船舶能效监测系统的重点监测对象。

2) 非推进部分相关元器件

非推进部分相关元器件主要包括日用电网相关元器件、侧推相关元器件、超级电容组相关元器件和停泊相关元器件等。对象船舶是 1 艘豪华游轮，日用电量远大于普通的货船，而且在正常航行状态下，日用负载所需要的电能也来自于主发电机组，会对船舶能效水平造成一定的影响，在设计电力推进游轮能效监测系统和能效优化时，应考虑日用电网相关元器件。在本船舶的设计中，正常航行状态下侧推器、停泊发电机和超级电容组基本不会使用，所以停泊和侧推相关的停泊发电机组、侧推逆变器、侧推螺旋桨、侧推电机、超级电容组等不作为主要监测对象。

9.1.2　船舶能效建模与分析

1. 船舶能效建模

对象船舶为综合电力推进船舶，其能量传递关系与柴油机直接推进船舶有一定区别，具体能量传递过程如下：对象船舶在水中正常航行时，能量的来源是 4

台发电机组，发电机组通过燃烧将燃油的热能转化为机械能，进而转化为电能，电能经过整流器汇入主电网。汇入主电网的电能一部分经过主推逆变器输送至主推进电机，主推进电机通过齿轮箱、轴系等部件带动螺旋桨在水中旋转，螺旋桨在旋转过程中对船舶产生推力；一部分电能经过日用逆变器和变压器输送至日用电网，用于满足船用负载和日常生活等非推进用电需求。针对综合电力船舶能量流动特点，对象船舶的能量传递过程如图 9-2 所示。

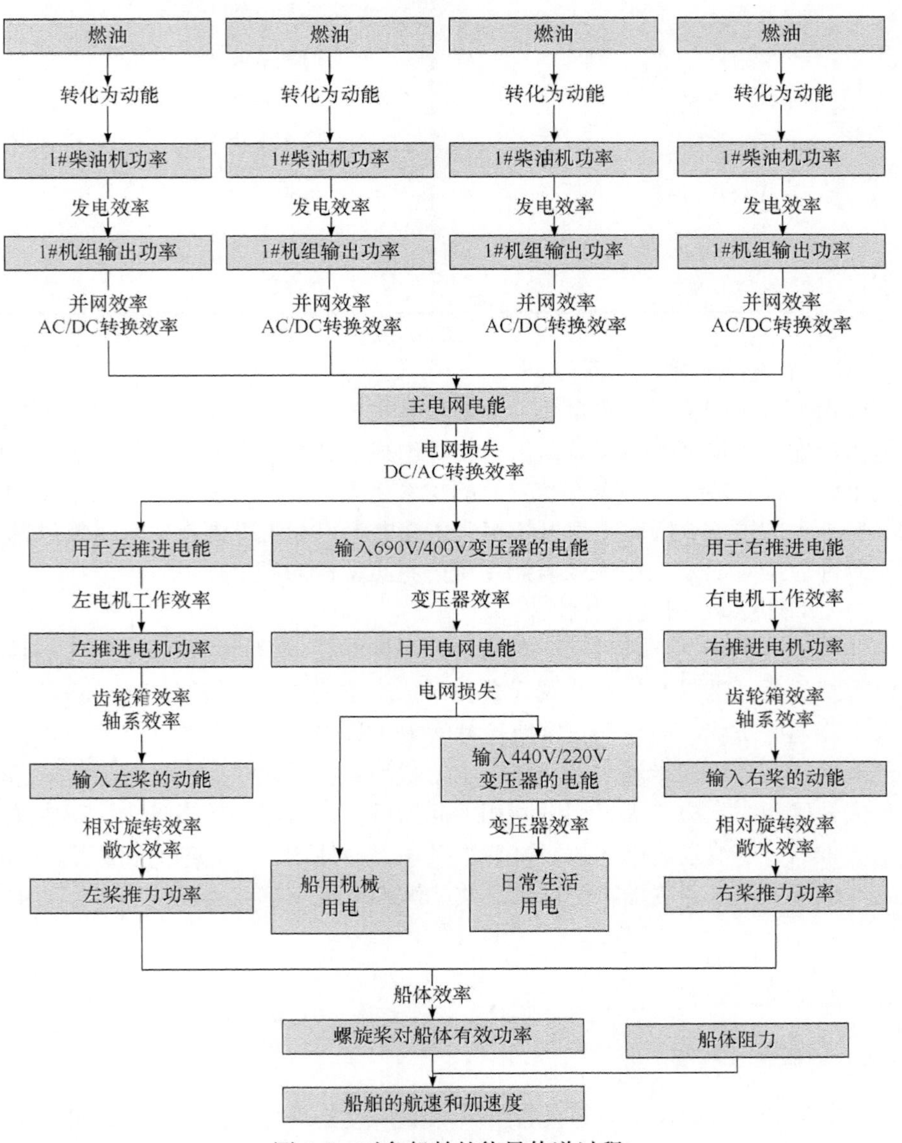

图 9-2　对象船舶的能量传递过程

根据船舶原理和动力推进装置方面的知识，结合船舶自身及能量传递的特点，可总结出影响对象船舶能效的机理过程，如图 9-3 所示。根据图 9-3，由船舶受到的阻力、螺旋桨产生的推力以及阻力与推力之间的关系可以得到船舶的航速，通过船舶航速和油耗关系可以得到船舶能效。对象船舶营运能效仿真模型，即将图 9-3 中各部件分别用数学语言描述，然后根据各部分之间的联系，将各部分的数学描述联系在一起并进行仿真实验，这一过程可以根据船舶原理、发电机原理和船舶主动力装置相关原理，结合船模实验数据，利用仿真软件实现。在建模过程中充分考虑了所用模块的独立性，将船舶能效模型分为以下五个子模块进行搭建。

(1) 船舶阻力模块：用于描述船舶在静水航行时的阻力及外界通航环境作用下引起的附加阻力。

(2) 船舶动力模块：用于描述在一定转速下推进电机带动螺旋桨产生的推力。

(3) 船舶运动模块：用于描述船舶在一定的推力与阻力下所达到的稳定状态。

(4) 机组输出功率计算模块：用于计算船舶推进用电和非推进用电，得出发电机组的输出功率。

(5) 油耗计算模块：描述发电机组在不同工况下的油耗变化规律，计算各发电机组油耗及总油耗。

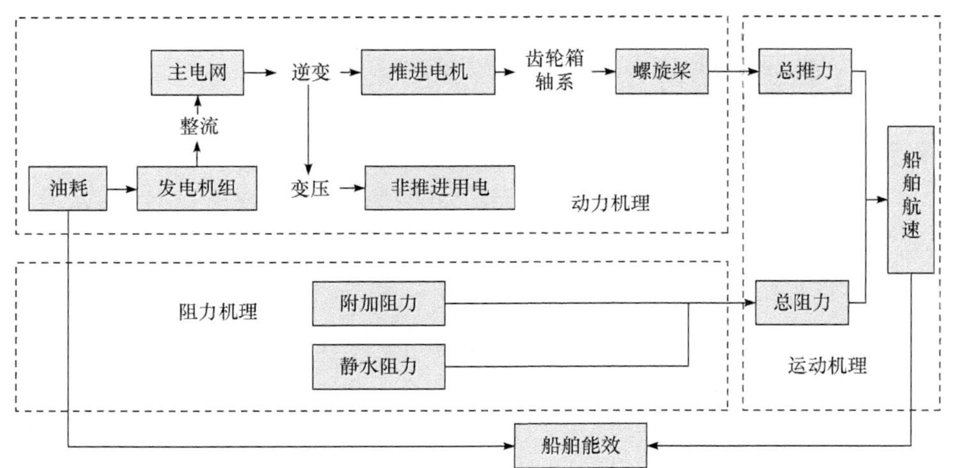

图 9-3　对象船舶能效机理图

各模块之间的关联如图 9-4 所示。

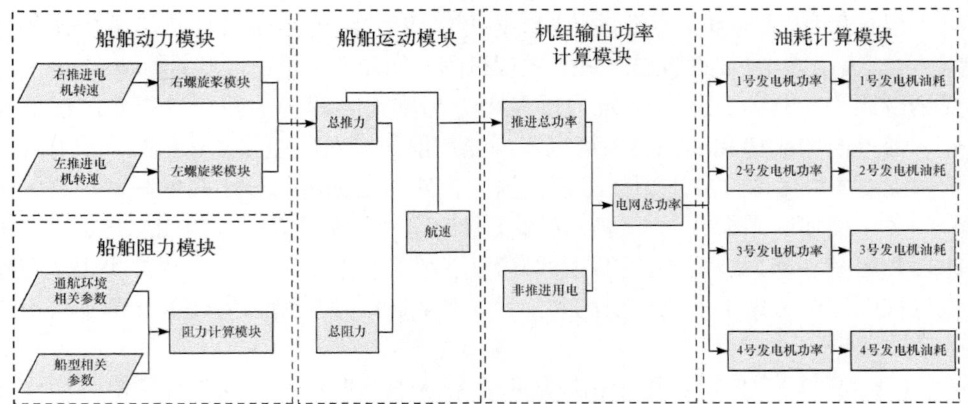

图 9-4　对象船舶能效模型中各模块关联图

船舶阻力模型、船舶动力模型和船舶运动模型可根据 5.1 节船舶能效白箱模型的公式结合船舶的设计参数获得。下面仅介绍发电机组功率计算模型。

由图 9-4 所分析的能量使用情况可知，发电机组发出的电能经过整流和逆变后主要用于推进用电和非推进用电两部分，所以发电机总功率可通过用于推进的功率和用于非推进的功率求得，具体公式如下：

$$P_f = P_p + P_n \tag{9-1}$$

式中，P_f 为发电机组功率，kW；P_p 为用于推进的功率，kW；P_n 为用于非推进的功率，kW。其中，用于推进的功率可通过螺旋桨功率除以相应的效率计算：

$$P_p = \frac{P_t}{\eta_1\eta_2\eta_3\eta_4\eta_5\eta_6\eta_7} \tag{9-2}$$

式中，P_t 为螺旋桨推力功率，其可通过式(9-3)计算得到；η_1、η_2、η_3、η_4、η_5、η_6 和 η_7 分别为逆变器效率、整流器效率、相对旋转效率、敞水效率、减速齿轮箱效率、轴的效率和电机推进效率。

$$P_t = TV_s \tag{9-3}$$

式中，V_s 为船舶对水航速，m/s；T 为螺旋桨产生的总推力，具体计算过程在船舶动力计算模型中已经说明。

非推进用电主要包括日常生活用电和船用辅助机械用电两部分，可采用式(9-4)进行计算：

$$P_n = \frac{P_s}{\eta_8\eta_{8'}\eta_1\eta_2} + \frac{P_c}{\eta_8\eta_1\eta_2} \tag{9-4}$$

式中，P_s 为日常生活用电功率，kW；η_8 为 690V/440V 变压器效率；$\eta_{8'}$ 为 440V/220V 变压器效率；P_c 为辅助机械的用电功率，kW。

日常生活用电功率 P_s 可通过式(9-5)进行估算，具体为

$$P_s = P_{s\,max}\varphi_1 \tag{9-5}$$

式中，$P_{s\,max}$ 为生活用电功率最大值，设计值为 956.1kW；φ_1 为生活用电同时使用系数，设计值为 0.35。

船用设备用电功率 P_c 可通过船舶设计最大值进行估算，具体为

$$P_c = P_{c\,max}\varphi_2 \tag{9-6}$$

式中，$P_{c\,max}$ 为船用机械用电最大值，设计值为 534.83kW；φ_2 为船用机械用电同时使用系数，设计值为 0.8。

目前常用于表征船舶营运能效水平的指数有百千米油耗和 EEOI。对象船舶为一艘内河游轮，装载的重量差别不大，与 EEOI 相比，百千米油耗更能直观地反映船舶能效水平，因此本节采用百千米油耗来表征对象船舶的能效水平。

百千米油耗可通过式(9-7)进行计算：

$$Q = Q' t_h \tag{9-7}$$

式中，Q 为百千米油耗，kg；Q' 为单位时间的油耗，kg/h；t_h 为船舶航行 100km 所需要的时间，h。

根据每台发电机发出的功率和功率油耗率关系可求得发电机单位时间的油耗，即

$$Q' = \sum_{i=1}^{c} p_i f_i(p_i) \tag{9-8}$$

式中，c 为运行的发电机组台数；p_i 为第 i 台发电机组的功率，kW；$f_i(p_i)$ 为第 i 台发电机组油耗率与发电机输出功率的关系，其取决于发电机组的运行模式。

船舶百千米行驶的时间计算公式如下：

$$t_h = L / V_g \tag{9-9}$$

式中，L 为航行路程，取值 100km；V_g 为船舶对地航速，km/h。理论上，对地航速可以通过对水航速与水流速度的矢量和得到，但本节仅考虑纵向的速度，因此对地航速可用式(9-10)进行计算：

$$V_g = 3.6(V_s \pm V_w) \tag{9-10}$$

式中，V_s 为船舶对水航速，m/s；V_w 为沿船舶运动方向的水流速度，m/s，逆水行驶时取负号，顺水行驶时取正号。

对机组优先启动次序进行设定(2—1—3—4)，在固定机组优先启动次序的基础上，利用 Simulink 中的逻辑判断模块实现开启机组台数判别，保证模型中只通一路，从而实现百千米油耗的计算。模型中涉及多处判断模块，为使模型更加简单，以封装后的模型进行展示，具体如图 9-5 所示。

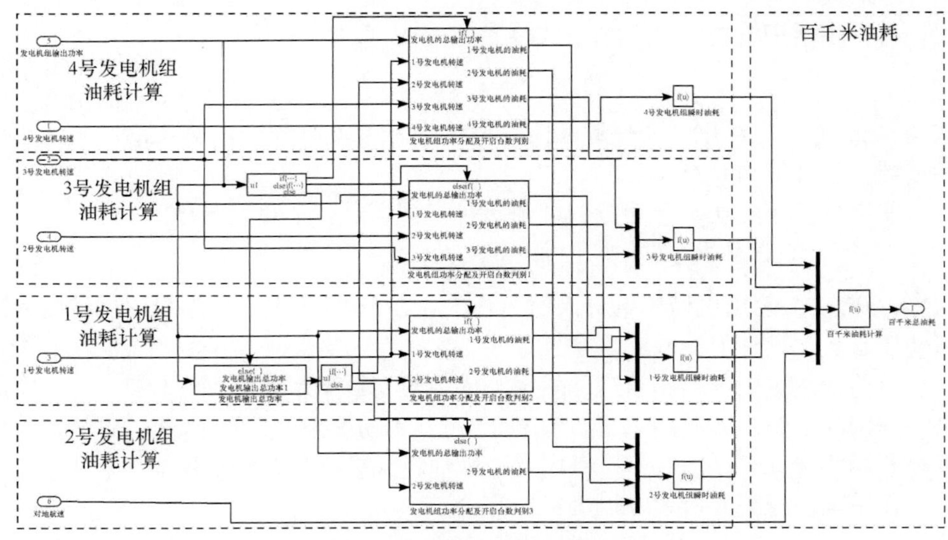

图 9-5　百千米油耗计算模型

2. 能效仿真模型验证

利用仿真软件，搭建阻力、动力、船舶运动、机组功率和百千米油耗的仿真模型，并结合各模块之间的关系，对各个模块进行封装，整个能效仿真模型如图 9-6 所示。

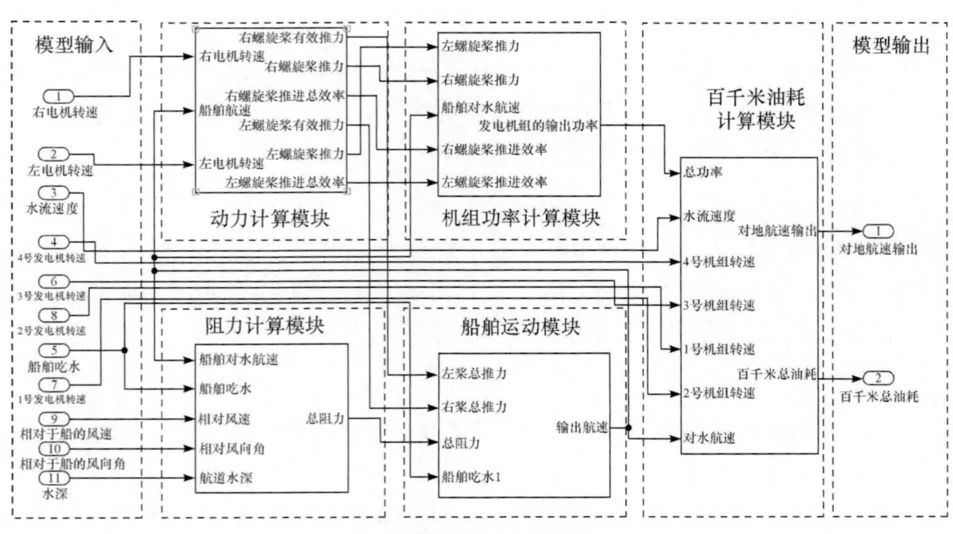

图 9-6　船舶能效仿真模型

为了保证模型能够在正常范围内工作，进行满负荷工况、停机工况和正常运行工况三种工况的仿真，相关的仿真条件如表 9-3 所示。

表 9-3　验证条件

输入变量	满负荷工况	停机工况	正常运行工况
左右推进电机转速/(r/min)	1500	0	1000
发电机组转速/(r/min)	947/947/947/947	0/0/0/0	947/947/947/0
船舶吃水/m	3.00	2.90	2.99
水深/m	10.00	100.00	33.02
相对风速/(m/s)	15	0	3.24
相对风向角/(°)	0	180	5
水流速度/(m/s)	4.00	0	1.16

9.1.3　船舶能效优化

对目标船舶而言，航速对船舶能效水平有较大影响，对航速进行优化可在一定程度上提升船舶能效水平。航速由螺旋桨转速和通航环境共同决定，但通航环境是不可控的，航速优化一般是通过优化螺旋桨转速实现的。螺旋桨转速取决于主推进电机转速，因此本节通过优化主推进电机转速来实现航速优化。

通航环境是船舶航速的重要影响因素，在航速优化时必须考虑通航环境。但通航环境是随时变化的，若不进行简化处理将会导致航速优化很难进行，因此在航速优化时必须对通航环境进行简化处理。通常对通航环境的简化处理是进行航段划分，取航段内通航环境数据平均值来表示该航段整体通航环境。因此，本节在进行航速优化时，首先进行航段划分，然后基于航段划分结果，以主推进电机转速为优化变量搭建航速优化模型实现航速优化。

1. 航段划分实现方法

根据航段划分考虑的因素，一般航段划分可分为航段粗略划分、航段细致划分和划分后单个航段长度判断三步。

1) 航段粗略划分

航段粗略划分方法：以船舶停靠的港口为航段的端点进行粗略划分，将整个航线划分为若干个航段，并将粗略划分后的航段定义为大航段。

目标船舶是一艘往返于上海—重庆航段的豪华游轮，停靠的码头分别为上海、南京、池州、武汉、宜昌、丰都和重庆，大致航线示意图如图 9-7 所示。

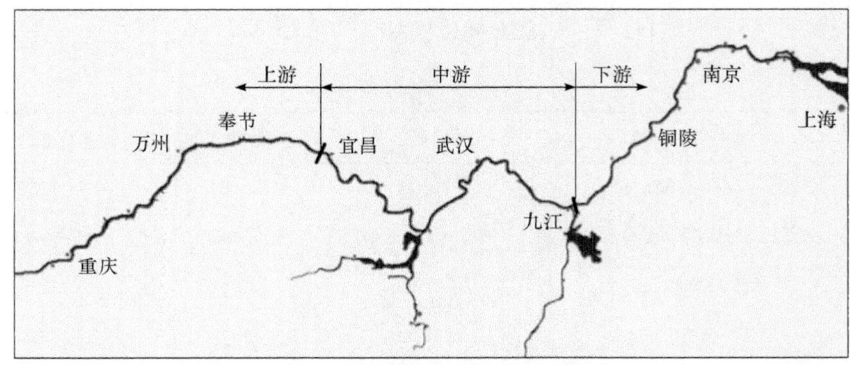

图 9-7　对象船舶的航行路线及停靠码头

根据航段粗略划分方法，结合对象船舶航行停靠的码头，可将目标船舶的航段划分为六大航段，分别为上海—南京航段、南京—池州航段、池州—武汉航段、武汉—宜昌航段、宜昌—丰都航段、丰都—重庆航段，如图 9-8 所示。利用实测的通航环境数据，计算每个航段的水深、水流速度、风速和风向角的平均值，可粗略表示该航段的通航环境基本特征，各个航段的通航环境特征如表 9-4 所示。

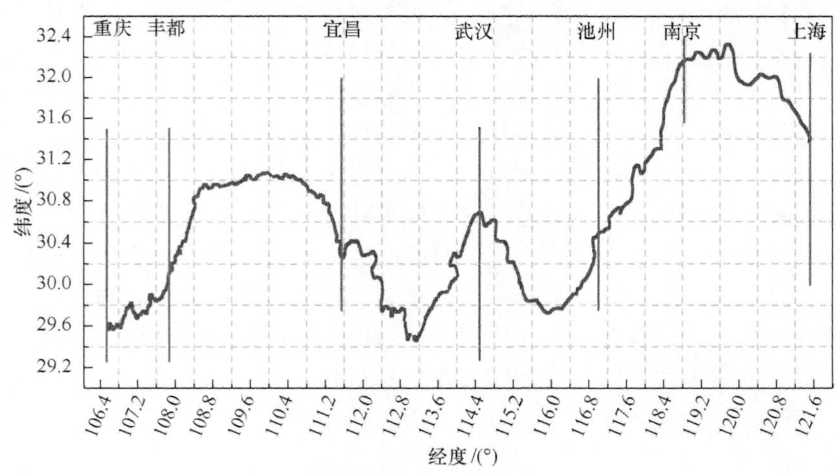

图 9-8　对象船舶航段粗略划分结果

表 9-4　不同大航段的航程及通航环境参数

序号	航段	航程/km	水流速度/(m/s)	水深/m	相对风速/(m/s)	相对风向角/(°)
1	上海—南京	340	0.9382	20.001	4.5998	−10.978
2	南京—池州	240	1.1005	16.884	4.6986	−4.792
3	池州—武汉	493	1.1225	11.882	4.0751	4.307

续表

序号	航段	航程/km	水流速度/(m/s)	水深/m	相对风速/(m/s)	相对风向角/(°)
4	武汉—宜昌	612	1.2542	18.586	3.9832	3.059
5	宜昌—丰都	494	0.9835	53.076	2.6968	2.116
6	丰都—重庆	177	1.1858	16.434	1.8044	9.646

2) 航段细致划分

航段细致划分方法：在粗略划分的基础上，基于大航段内通航环境数据本身的特征进行细致划分。航段细致划分具体可分为两步进行，首先对通航环境数据进行处理，然后对处理后的数据利用聚类算法进行聚类，依据聚类结果进行航段划分。

将采集的水深数据、水流速度数据、风速数据和风向角数据进行可视化后的结果如图 9-9～图 9-12 所示。

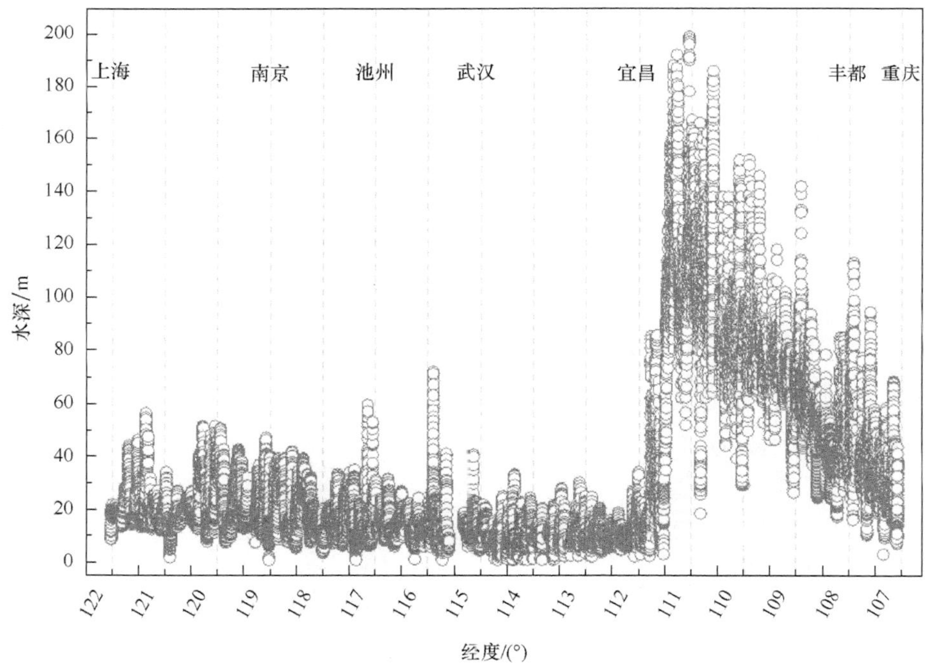

图 9-9　各航段水深统计

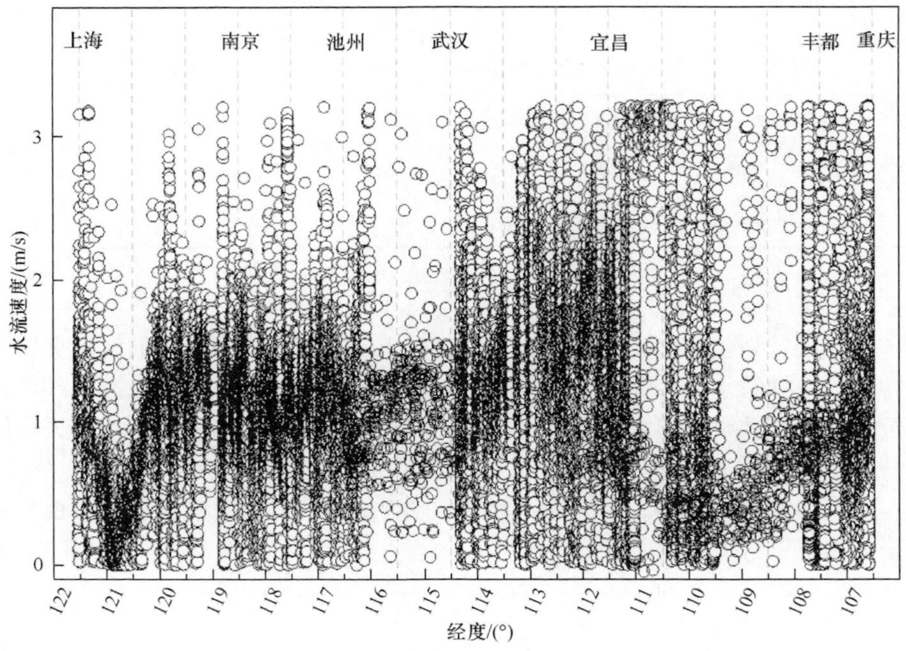

图 9-10　各航段水流速度统计

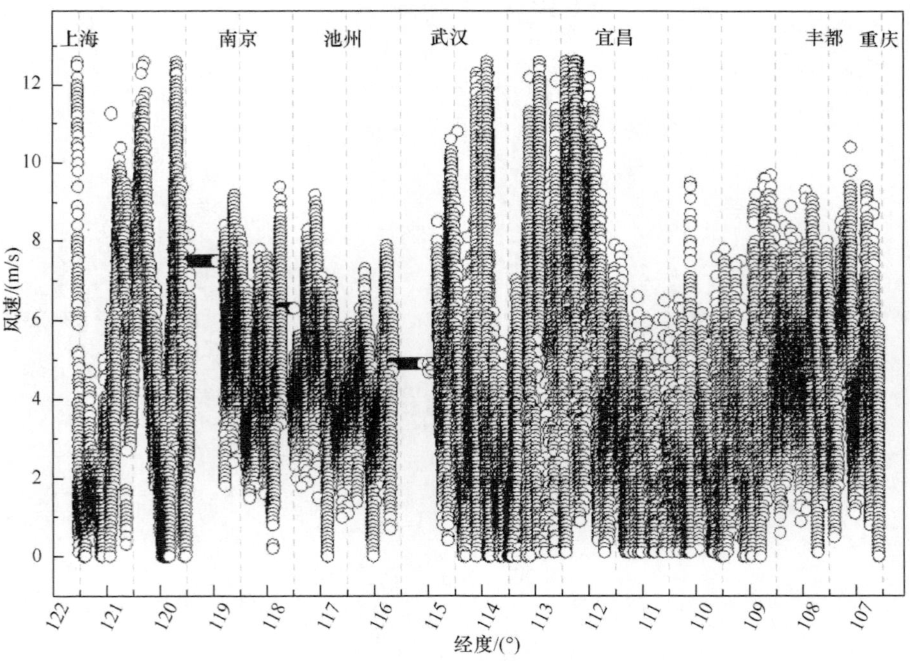

图 9-11　各航段风速统计

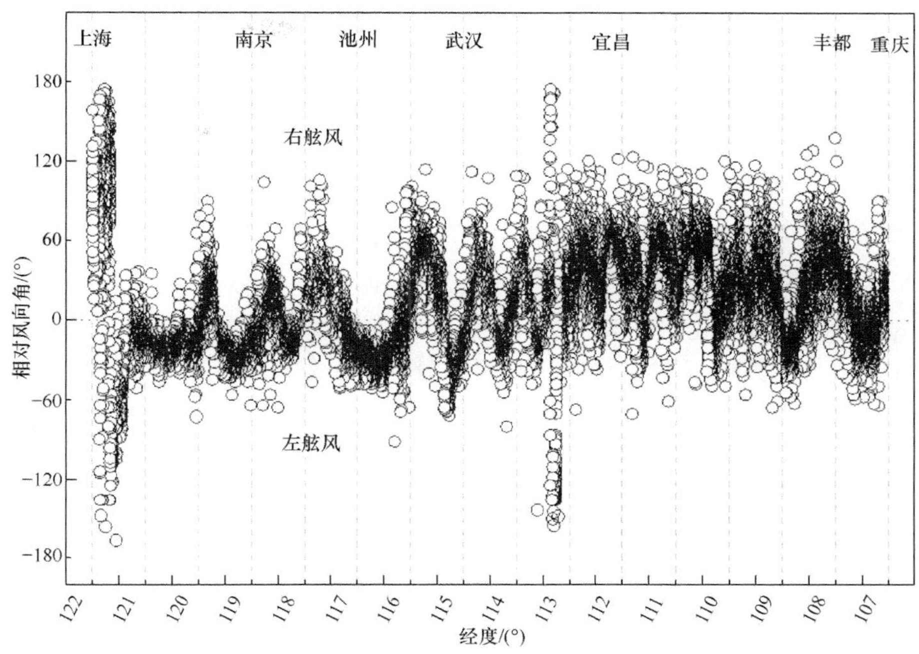

图 9-12　各航段风向角统计

由水深、水流速度、风速和相对风向角数据分布的密度及整个数据特征可以看出，上海—重庆航段的码头之间水深、水流速度以及风速、风向的特征是有较大差异的，但距离较短的航段内通航环境变化不大，这说明进行航段划分是很有必要的。

基于航段粗略划分结果和通航数据本身的特征，根据航段细致划分方法进行航段细致划分。

(1) 聚类前数据处理。根据聚类前数据处理的方法，对原始数据进行数据删除和归一化处理，并将归一化处理之后的数据与自身的权重相乘，完成聚类前数据的处理，部分处理后的通航环境数据如表 9-5 所示。

表 9-5　部分处理后的通航环境数据

采样时间	原始的通航环境数据				处理后的通航环境数据			
	风速/(m/s)	风向角/(°)	水深/m	水流速度/(m/s)	风速/(m/s)	风向角/(°)	水深/m	水流速度/(m/s)
08:35:01	5.6	76	14.7	0.779	2.878	0.444	19.156	30.980
08:35:02	5.2	62	14.7	0.703	2.672	0.362	19.156	30.783
08:35:03	5.2	62	14.7	0.731	2.672	0.362	19.156	30.783
08:35:04	6	56	14.7	0.731	3.084	0.327	19.156	30.783
08:35:05	6	56	14.7	0.725	3.084	0.327	19.156	30.783
08:35:06	4.7	56	15	0.682	2.415	0.327	19.125	30.783

续表

采样时间	原始的通航环境数据				处理后的通航环境数据			
	风速/(m/s)	风向角/(°)	水深/m	水流速度/(m/s)	风速/(m/s)	风向角/(°)	水深/m	水流速度/(m/s)
08:35:07	4.7	56	15	0.650	2.415	0.327	19.125	30.783
…	…	…	…	…	…	…	…	…

(2) k 均值聚类。将各个航段初始聚类种群依次设定为 1～10 分别进行聚类，根据误差平方和变化趋势确定各个码头之间初始聚类集群数 K，如表 9-6 所示。在上述操作的基础上，将处理后的上海—重庆航段的 50 余万条通航环境数据进行聚类，将聚类结果中的一类数定义为一个航段类别，上海—南京航段聚出了 4 个航段类别，南京—池州航段聚出了 3 个航段类别，池州—武汉航段聚出了 3 个航段类别，武汉—宜昌航段聚出了 3 个航段类别，宜昌—丰都航段聚出了 5 个航段类别，丰都—重庆航段聚出了 4 个航段类别，航段类别的分布如图 9-13 所示。

表 9-6　各个码头之间初始聚类集群数

参数	上海—南京	南京—池州	池州—武汉	武汉—宜昌	宜昌—丰都	丰都—重庆
K	4	3	3	3	5	4

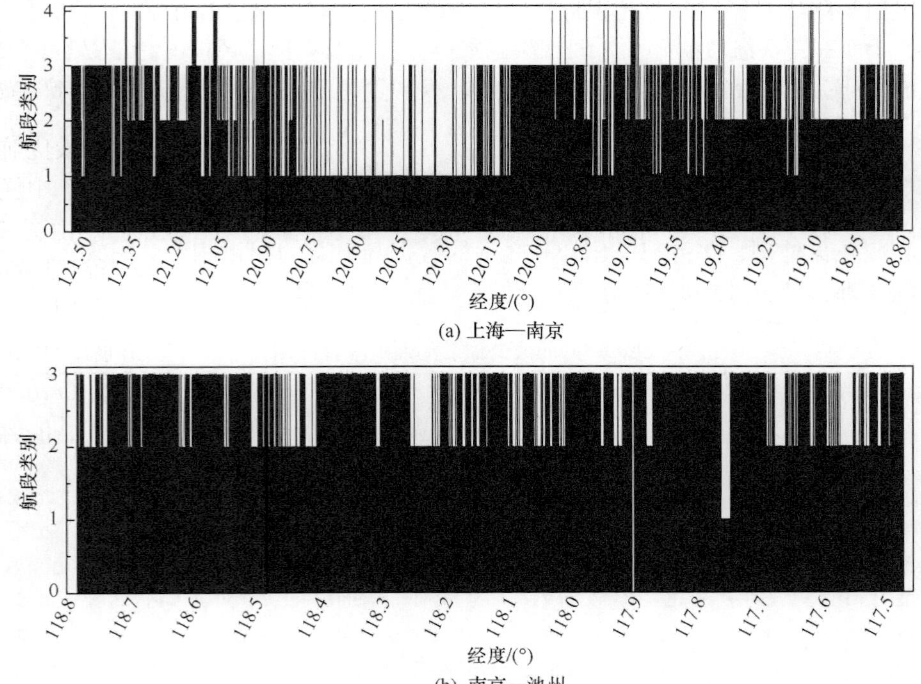

(a) 上海—南京

(b) 南京—池州

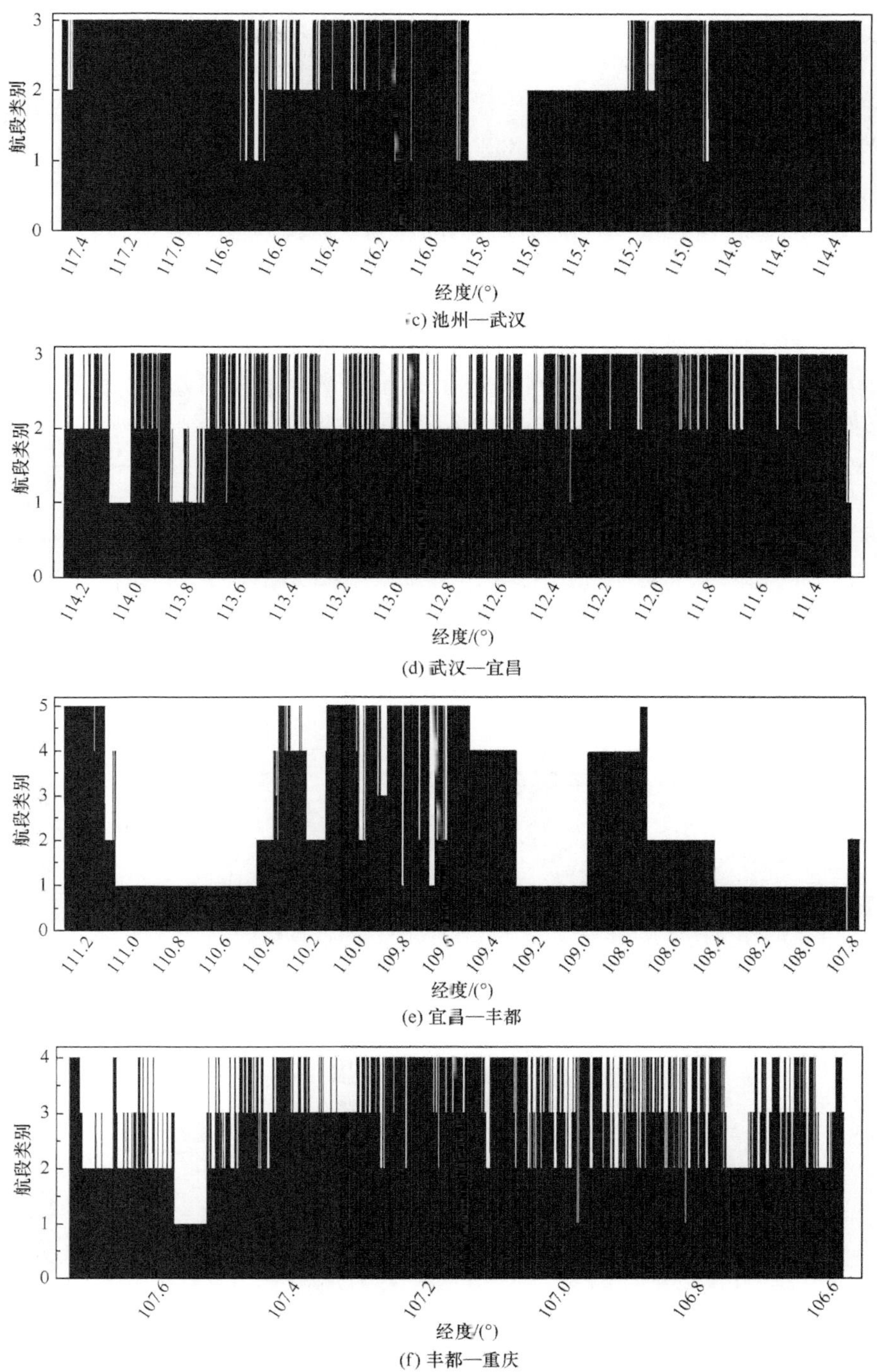

图 9-13　基于 k 均值聚类算法各大航段内聚类结果

由航段类别的分布可以看出，k 均值聚类算法将上海—南京航段分为 231 小段，将南京—池州航段分为 144 小段，将池州—武汉航段分为 57 小段，将武汉—宜昌航段分为 123 小段，将宜昌—丰都航段分为 50 小段，将丰都—重庆航段分为 263 小段，将整个航线共分为 868 段。

3) 单个航段长度判断

考虑到船舶加减速的限制，将航段细致划分后过短的航段(航行时间小于 1h)划分为邻近的上一航段，进而得到最终的航段划分结果：上海—南京大航段分为 10 小段，南京—池州大航段分为 7 小段，池州—武汉大航段分为 6 小段，武汉—宜昌大航段分为 11 小段，宜昌—丰都大航段分为 12 小段，丰都—重庆大航段分为 8 小段，上海—南京整个航程共分为 54 段。各大航段划分结果及航段类别的分布如图 9-14 所示，整个航程的划分结果如图 9-15 所示。

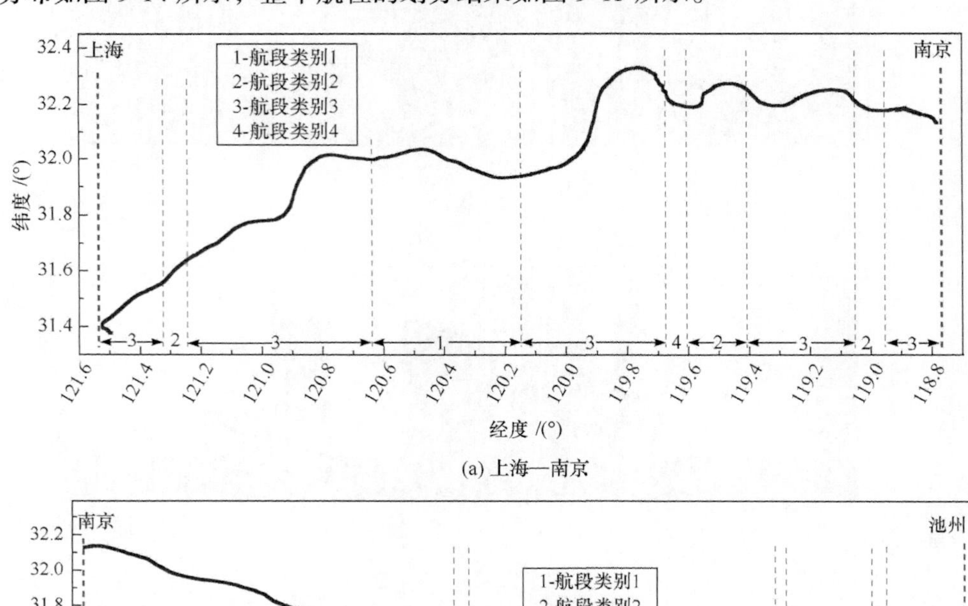

(a) 上海—南京

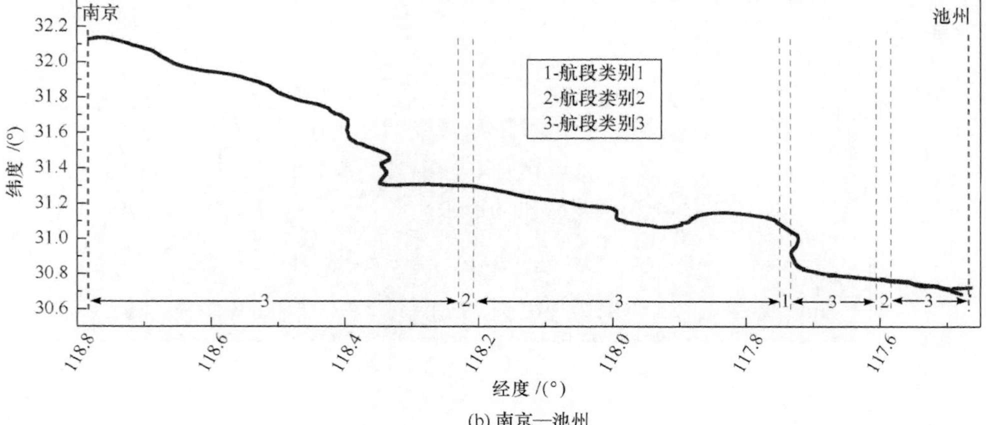

(b) 南京—池州

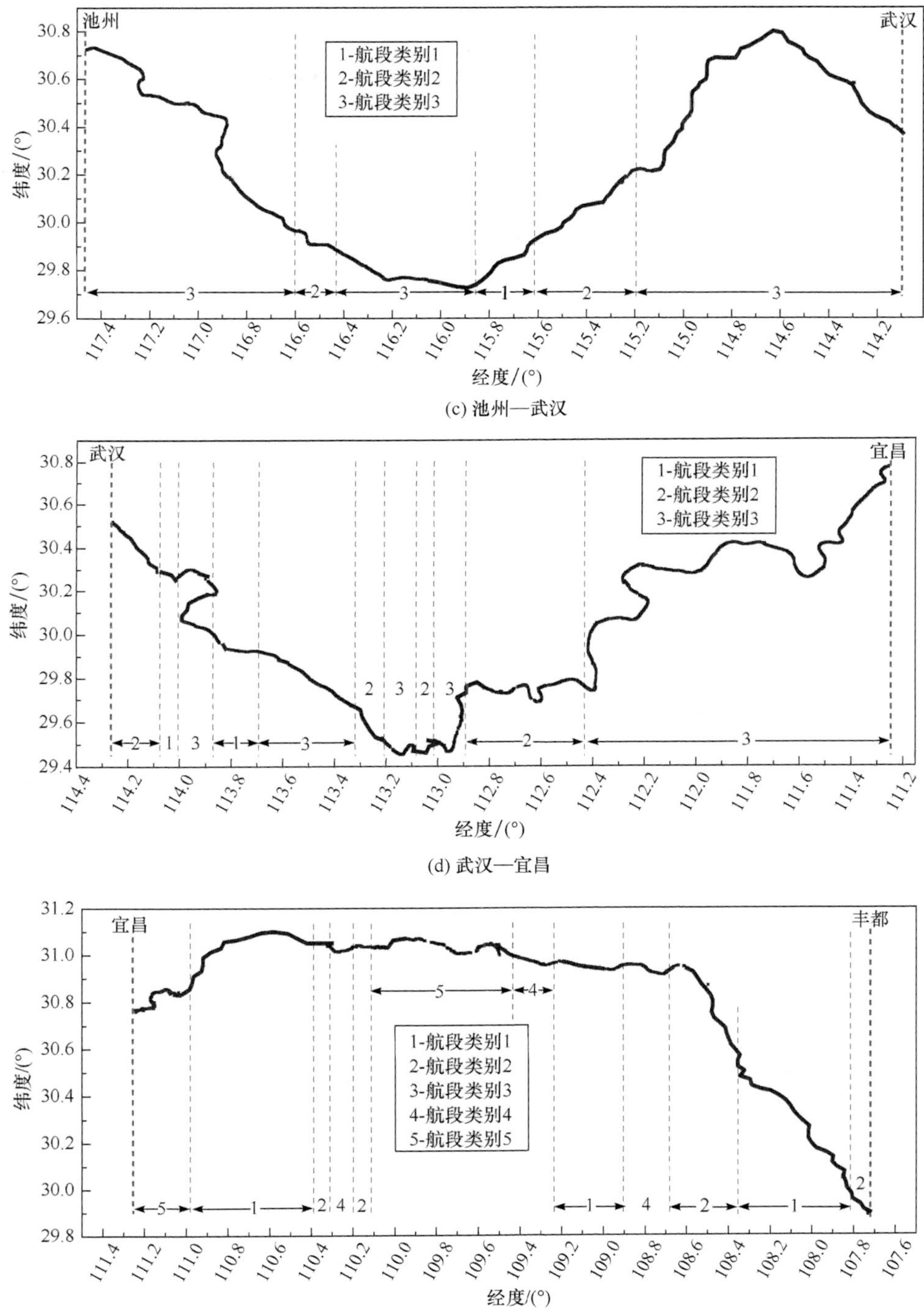

(c) 池州—武汉

(d) 武汉—宜昌

(e) 宜昌—丰都

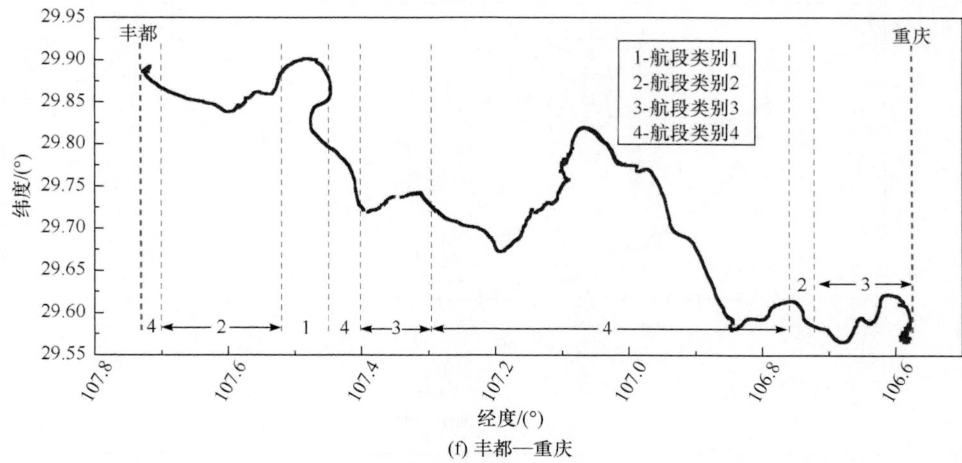

(f) 丰都—重庆

图 9-14 各码头间航段划分结果及对应的航段类别

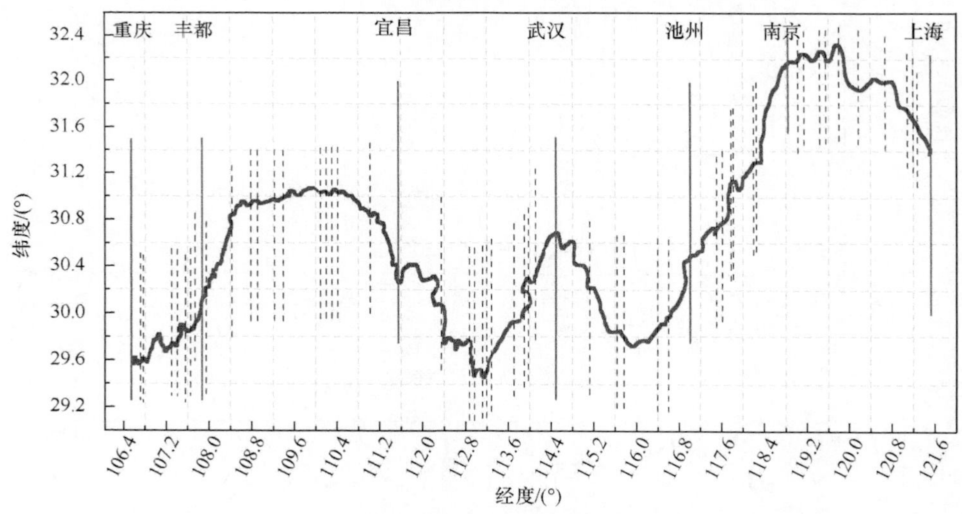

图 9-15 上海—重庆整个航段划分结果

各个航段类别的通航环境利用各聚类结果的质心还原处理来近似表示，各个区域内航段类别与通航环境的关系如表 9-7 所示。

表 9-7 基于 k 均值聚类算法所划分的航段类别对应的通航环境

航行区域	航段类别	通航环境			
		水深/m	水流速度/(m/s)	风速/(m/s)	风向角/(°)
上海—南京	1	17.69804	0.306591	4.103711	12.43275
	2	24.62263	1.391495	4.744087	3.77706

续表

航行区域	航段类别	通航环境			
		水深/m	水流速度/(m/s)	风速/(m/s)	风向角/(°)
上海—南京	3	18.09058	0.930411	4.934423	−24.35367
	4	20.93916	2.266470	3.076883	2.56288
南京—池州	1	14.22554	2.532790	5.479823	1.50998
	2	19.22293	1.097880	4.800516	−4.36152
	3	14.15618	0.756970	4.518109	15.53061
池州—武汉	1	10.62791	1.943008	3.443177	9.21488
	2	12.22041	0.634136	4.351126	−7.52532
	3	12.04043	1.215618	4.074500	5.45541
武汉—宜昌	1	21.23807	2.290119	5.158858	12.76269
	2	15.37707	1.346540	4.484474	2.53707
	3	20.91411	0.300634	2.352437	−6.82640
宜昌—丰都	1	58.77696	1.129484	2.435465	9.16937
	2	34.97944	0.155245	2.425814	15.53321
	3	51.99399	1.894959	2.708234	−2.97922
	4	49.44363	2.719651	3.123131	3.67483
	5	83.86545	0.502830	2.972441	−12.75537
丰都—重庆	1	20.08732	2.507973	2.154791	10.70080
	2	13.64405	0.811122	1.561819	−12.98400
	3	19.11943	0.335238	1.750727	6.96130
	4	24.21383	1.507472	2.720577	−9.75277

2. 航速优化模型

目标船舶是一艘内河电力推进游轮，航行的区间是上海—重庆，进行航速优化的约束条件主要如下。

(1) 各停靠码头的航行时间的限制。游轮通常需按时停靠在固定港口，因此对目标船舶进行航速优化时应考虑按时停靠码头的时间约束，以保证船舶正常营运。

(2) 主推进电机转速限制。一般主推进电机有最大转速限制，为了确保主推进电机安全可靠运行，主推进电机的转速也应被考虑。

基于航段划分结果，结合约束条件分析，以推进耗电量最小为优化目标，以主推进电机转速为优化变量，并认为在每个划分后的小航段内船舶为定速状态，建立考虑通航环境因素影响的主推进电机优化模型，具体如式(9-11)和式(9-12)所示：

$$\min \mathrm{EC}=\sum_{i=1}^{k}E_i=\sum_{i=1}^{k}\sum_{j=1}^{m}\frac{P_{ij}(n)d_{ij}}{3.6\left[V_{\mathrm{s},ij}(n)\pm V_{\mathrm{w},ij}\right]} \tag{9-11}$$

$$\text{s.t.}\begin{cases}\displaystyle\sum_{i=1}^{k}\sum_{j=1}^{m}\left\{\frac{d_{ij}}{3.6\left[V_{\mathrm{s},ij}(n)\pm V_{\mathrm{w},ij}\right]}\right\}\leqslant T_{\mathrm{t}}\\ \displaystyle\sum_{i=a}^{a+1}\sum_{j=1}^{m}\left\{\frac{d_{ij}}{3.6\left[V_{\mathrm{s},ij}(n)\pm V_{\mathrm{w},ij}\right]}\right\}\leqslant T_{\mathrm{il}}\\ n\leqslant n_{\max}\end{cases} \tag{9-12}$$

式中，EC 为航次总耗电量，kW·h；E_i 为航段粗略划分后第 i 个大航段的耗电量，kW·h；k 为粗略划分后大航段的个数；m 为第 i 个大航段被划分的航段类别数；$P_{ij}(n)$为粗略划分后第 i 个大航段中第 j 个航段类别航行时推进电机功率，kW；d_{ij} 为粗略划分后第 i 个大航段中第 j 个航段类别总长度，km；$V_{\mathrm{s},ij}(n)$为船舶在粗略划分后第 i 个大航段中第 j 个航段类别对水航速大小，m/s；$V_{\mathrm{w},ij}$ 为粗略划分后第 i 个大航段中第 j 个航段类别对应的水流速度大小，m/s，变量前的正号表示顺流，负号表示逆流；T_{t} 为航行总时间上限，h；a 为第 a 个停靠码头；T_{il} 为第 a 个停靠码头到第 a+1 个码头之间的航行时间限制，h；n 为推进电机转速，r/min；$n_{\max}$ 为推进电机额定转速，r/min。

3. 优化结果分析

根据航段划分方法和航速优化模型的构建方式，确定整个航速优化的过程：①根据船舶自身的运动特点，利用 9.1.3 节中的航段划分方法对对象船舶的航线进行航段划分；②基于航段划分结果，利用 9.1.2 节中的模型构建方式，搭建各个航段及整个航程的航速优化模型；③在航次计划、实船运行性能等多种约束条件下求解模型，确定各个航段优化后主推进电机转速，从而提高船舶能效水平。整个过程如图 9-16 所示。

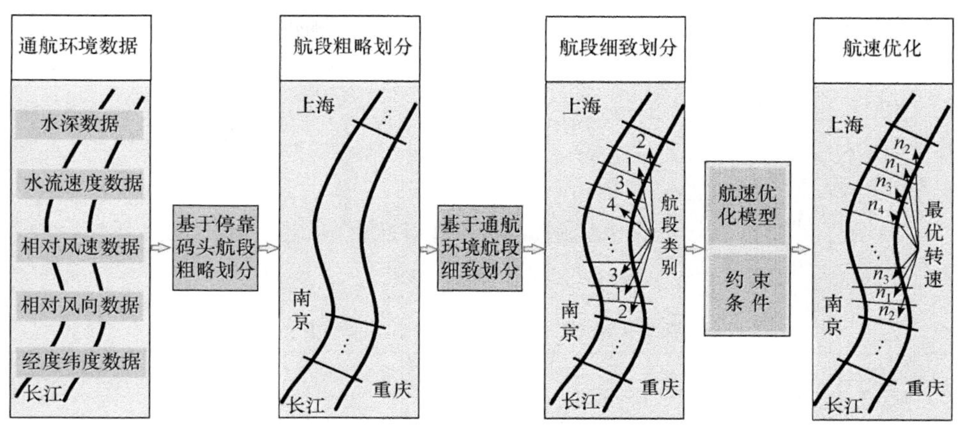

图 9-16　航速优化过程示意图

对象船舶上海—重庆航段航次计划如表 9-8 所示。

表 9-8　对象船舶上海—重庆航段航次计划

抵达/离开港口时间	停靠港口	事件
第 1 天 17：00	上海	吴淞口港起航
第 2 天 13：00～17：00	南京	上岸游览夫子庙和中山陵
第 3 天 08：00～17：30	池州	上岸乘缆车上下游览黄山
第 5 天 09：30～16：00	武汉	上岸游览湖北省博物馆
第 7 天 08：30～10：30	宜昌	上岸参观三峡大坝工程
第 9 天 09：00～11：30	丰都	上岸游览丰都鬼城
第 10 天 08：30	重庆	抵达朝天门港

由表 9-8 可以得出上海—南京大航段的航行时间上限为 20h，南京—池州大航段的航行时间上限为 15h，池州—武汉大航段的航行时间上限为 40h，武汉—宜昌大航段的航行时间上限为 40.5h，宜昌—丰都大航段的航行时间上限为 46.5h，丰都—重庆大航段的航行时间上限为 21h，整个航程的航行时间上限为 183h。

一般情况下，推进电机转速不得大于额定转速，对象船舶主推进电机的额定转速为 1500r/min，因此主推进电机转速应小于 1500r/min。

在航速优化模型中共有 4 个变化量，分别为船舶在第 i 个大航段中第 j 个航段类别中航行时推进电机功率 $P_{ij}(n)$、第 i 个大航段中第 j 个航段类别长度、船舶在第 i 个大航段中第 j 个航段类别的航速 $V_{s,ij}(n)$ 和第 i 个大航段中第 j 个航段类别对应的水流速度 $V_{w,ij}$。$P_{ij}(n)$ 和 $V_{s,ij}(n)$ 可通过搭建的内河电力推进游轮能效仿真模型获得，d_{ij} 和 $V_{w,ij}$ 可通过航段划分的结果获取。

(1) 参数拟合。将表 9-7 中各码头间不同航段类别对应的通航环境和非推进用电量(801kW)分别输入 9.1.2 节所建立的能效仿真模型中，将推进电机转速从 0～1500r/min，以 10 为间隔分别输入模型中，在每种通航环境下仿真出 150 组数据，利用仿真软件拟合工具箱对推进电机功率和船舶对水航速与转速的关系进行拟合，确定 $P_{ij}(n)$和 $V_{s,ij}(n)$。

采用三次拟合得到推进电机瞬时耗电量与推进电机转速的关系，确定系数均达到了 0.99 以上，具体关系如表 9-9 所示。

表 9-9　对象船舶主推进电机功率的确定

航行区域	航段类别	推进电机瞬时耗电量与推进电机转速的关系	确定系数
上海—南京	1	$1.122\times10^{-6}n^3-0.0007216n^2+0.5367n-63.99$	0.9999
	2	$1.542\times10^{-6}n^3-0.001299n^2+0.8182n-98.12$	0.9997
	3	$1.134\times10^{-6}n^3-0.0007434n^2+0.5443n-65.21$	0.9999
	4	$1.178\times10^{-6}n^3-0.00079n^2+0.5734n-68.11$	0.9998
南京—池州	1	$1.038\times10^{-6}n^3-0.0006231n^2+0.4828n-58.05$	0.9999
	2	$1.156\times10^{-6}n^3-0.0007708n^2+0.5583n-66.84$	0.9998
	3	$1.03\times10^{-6}n^3-0.0006063n^2+0.4784n-57.13$	0.9999
池州—武汉	1	$8.797\times10^{-7}n^3-0.0004149n^2+0.3869n-45.81$	0.9999
	2	$9.581\times10^{-7}n^3-0.0005153n^2+0.434n-51.74$	0.9999
	3	$9.492\times10^{-7}n^3-0.0005026n^2+0.4287n-51$	0.9999
武汉—宜昌	1	$1.192\times10^{-6}n^3-0.0008212n^2+0.5816n-69.78$	0.9998
	2	$1.066\times10^{-6}n^3-0.0006525n^2+0.5013n-59.87$	0.9999
	3	$1.175\times10^{-6}n^3-0.0007838n^2+0.572n-67.79$	0.9998
宜昌—丰都	1	$1.533\times10^{-6}n^3-0.001276n^2+0.814n-96.94$	0.9997
	2	$1.533\times10^{-6}n^3-0.001276n^2+0.814n-96.93$	0.9997
	3	$1.534\times10^{-6}n^3-0.001278n^2+0.8143n-97.03$	0.9997
	4	$1.535\times10^{-6}n^3-0.001281n^2+0.815n-97.2$	0.9997
	5	$1.535\times10^{-6}n^3-0.001281n^2+0.8147n-97.14$	0.9997
丰都—重庆	1	$1.161\times10^{-6}n^3-0.0007644n^2+0.5628n-66.65$	0.9999
	2	$1.003\times10^{-6}n^3-0.0005588n^2+0.4622n-54.49$	0.9999
	3	$1.143\times10^{-6}n^3-0.0007392n^2+0.551n-65.18$	0.9999
	4	$1.222\times10^{-6}n^3-0.0008476n^2+0.6026n-71.54$	0.9998

采用二次拟合得到船舶对地航速与推进电机转速的关系，确定系数均在 0.97 以上，具体关系如表 9-10 所示。

表 9-10　对地航速的确定

航行区域	航段类别	对地航速与推进电机转速的关系	确定系数
上海—南京	1	$-2.56\times10^{-6}n^2+0.007365n+0.6789$	0.9808
	2	$-2.381\times10^{-6}n^2+0.00786n+0.6065$	0.9963
	3	$-2.753\times10^{-6}n^2+0.00744n+0.604$	0.9835
	4	$-2.527\times10^{-6}n^2+0.007394n+0.746$	0.9811
南京—池州	1	$-2.611\times10^{-6}n^2+0.007328n+0.5561$	0.9805
	2	$-2.563\times10^{-6}n^2+0.007461n+0.6153$	0.9841
	3	$-2.589\times10^{-6}n^2+0.007241n+0.6523$	0.9772
池州—武汉	1	$-2.58\times10^{-6}n^2+0.006877n+0.7518$	0.9843
	2	$-2.595\times10^{-6}n^2+0.007095n+0.6747$	0.9924
	3	$-2.59\times10^{-6}n^2+0.007061n+0.6981$	0.9910
武汉—宜昌	1	$-2.56\times10^{-6}n^2+0.007539n+0.5769$	0.9966
	2	$-2.581\times10^{-6}n^2+0.007302n+0.6517$	0.9890
	3	$-2.519\times10^{-6}n^2+0.007363n+0.7834$	0.9898
宜昌—丰都	1	$-2.352\times10^{-6}n^2+0.007732n+0.7712$	0.9821
	2	$-2.352\times10^{-6}n^2+0.007732n+0.7716$	0.9821
	3	$-2.355\times10^{-6}n^2+0.007743n+0.7576$	0.9825
	4	$-2.359\times10^{-6}n^2+0.007761n+0.734$	0.9831
	5	$-2.357\times10^{-6}n^2+0.007754n+0.743$	0.9829
丰都—重庆	1	$-2.522\times10^{-6}n^2+0.007338n+0.7926$	0.9989
	2	$-2.555\times10^{-6}n^2+0.007068n+0.8248$	0.9895
	3	$-2.525\times10^{-6}n^2+0.007301n+0.8084$	0.9875
	4	$-2.507\times10^{-6}n^2+0.007438n+0.7633$	0.9924

$V_{w,ij}$ 可通过表 9-4 获取，d_{ij} 可通过航段划分结果，结合实船对地航速得到，经计算各航段类别的水流速度及长度如表 9-11 所示。

表 9-11　各航段类别对应的水流速度及长度

航行区域	航段类别	水流速度/(m/s)	长度/km
上海—南京	1	0.306591	163.7085
	2	1.391495	48.0751
	3	0.930411	64.3234
	4	2.266470	64.3234
南京—池州	1	2.532790	9.71039
	2	1.097880	135.2590
	3	0.756970	95.0305
池州—武汉	1	1.943008	75.0456
	2	0.634136	144.5808
	3	1.215618	273.3736
武汉—宜昌	1	2.290119	172.8878
	2	1.346540	319.5677
	3	0.300634	119.5444
宜昌—丰都	1	1.129484	98.4608
	2	0.155245	109.0979
	3	1.894959	66.2198
	4	2.719651	86.5672
	5	0.502830	133.6559
丰都—重庆	1	2.507973	33.3456
	2	0.811122	58.1673
	3	0.335238	24.7451
	4	1.507472	60.7419

(2) 模型求解。将确定的参数分别输入航速优化模型中，利用 LINGO 软件进行寻优求解。

目前对象船舶未下水，无法与实船数据进行对比，因此将航段粗略划分后的优化结果和航段细致划分后的优化结果进行对比，验证优化的有效性，具体结果如表 9-12 所示。

表 9-12　航段粗略划分和航段细致划分后航速优化对比

航行区域	航段粗略划分后航速优化		航段细致划分后航速优化		耗电量优化幅度/%
	推进耗电量/(kW·h)	电机转速/(r/min)	推进耗电量/(kW·h)	电机转速/(r/min)	
上海—南京	19614.12	842	19384.5	792/817/790/816	1.170687
南京—池州	12462.88	760	12374.66	789/796/761	0.707862

续表

航行区域	航段粗略划分后航速优化		航段细致划分后航速优化		耗电量优化幅度/%
	推进耗电量/(kW·h)	电机转速/(r/min)	推进耗电量/(kW·h)	电机转速/(r/min)	
池州—武汉	14541.16	537	14422.14	548/528/529	0.818504
武汉—宜昌	30359.36	684	30129.84	750/600/718	0.755945
宜昌—丰都	9796.02	357	9688.66	366/310/395/424/346	1.095955
丰都—重庆	2578.68	287	2556.12	351/271/215/311	0.874866

由表 9-12 可以看出，基于航段粗略划分的航速优化后整个航程的耗电量约为 89352.22kW·h，基于航段细致划分的航速优化后整个航程的耗电量约为 88555.92kW·h，与基于航段粗略划分的航速优化相比，基于航段细致划分的航速优化整体上节省电量 796.3kW·h，约占航段粗略划分优化后耗电量的 0.89%。船舶设计中，整个航程设计电耗范围为 9.0×10^4～11.0×10^4kW·h，基于航段粗略划分的优化结果和基于航段细致划分的优化结果均低于设计电耗最低值，表明优化方法是有效的。

9.1.4　发电机组运行模式优化

对目标船舶而言，发电机组能效水平决定船舶能效水平。在相同航速下，不同运行模式下的发电机组的能效水平是有一定差异的，因此本节首先对目前船厂设计的发电机组运行模式进行分析，然后针对目前设计模式存在的不足提出优化发电机组运行策略，并对优化结果进行分析。

1. 设计运行模式

目前船厂设计的机组运行模式为定转速、定功率运行，即发电机组始终保持以转速 947r/min，功率 1060kW 运行，油耗率为 189.8747g/(kW·h)，具体运行过程如下。

(1) 确定最小需求功率。根据 GPS 采集到的船舶位置计算得出与目的码头之间的航行距离，结合航次计划得出到达目的码头的剩余时间，确定此时按时到达目的码头的最小航行速度，依据最小航行速度估算得出用于推进的最低电功率，利用监测得到的其他用电功率 P_n 和用于推进的最低电功率确定此时最低的需求功率 P_{min}。

(2) 根据各发电机组油耗特性设定发电机组优先启动顺序。

(3) 确定投入的发电机组数目。根据 P_{min} 的大小确定并网的发电机组台数，具体确定方法为

$$\beta = \frac{P_{\min}}{P_{85\%}} \tag{9-13}$$

式中，$P_{85\%}$ 为单台发电机组额定功率的 85%，对象船舶为 1060kW，当$0 < \beta \leqslant 1$时开启 1 台发电机组，当$1 < \beta \leqslant 2$时开启 2 台发电机组，当$2 < \beta \leqslant 3$时开启 3 台发电机组，当$3 < \beta \leqslant 4$时开启 4 台发电机组。

(4) 发电机组电能分配。对象船舶为一艘游轮，供电稳定是良好乘船体验的前提，发电机组发出的电能首选供给非推进用电，剩余的电量用于推进船舶运动。

根据设计运行模式具体过程，绘制设计机组运行流程，如图 9-17 所示。

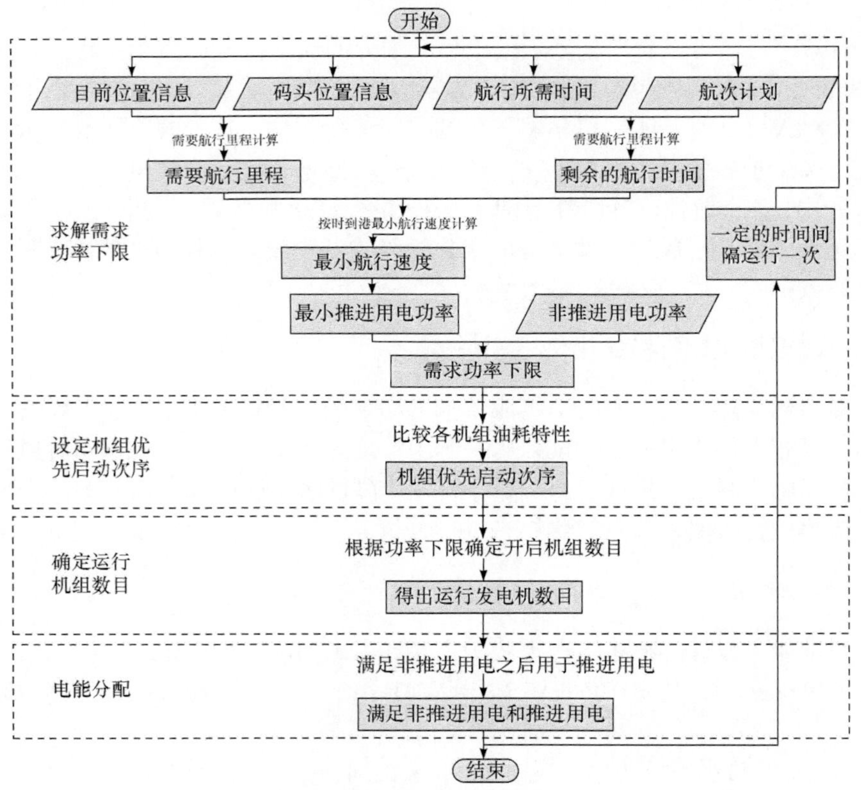

图 9-17 设计机组运行模式流程

该运行模式下发电机组的输出功率始终大于最小需求功率，既可以保证游客用电的稳定性，也可以满足推进用电需求，且简单易行。在设计运行模式中发电机组始终保持在一个较优的运行状态，这使燃油燃烧得更加充分，噪声和振动更小，发电机组使用寿命更长。

在这种发电机组运行模式下很难进行航速优化。因为发电机组输出的电功率是固定的，在电能分配中优先考虑的是非推进用电功率，推进用电功率将会随着非推进用电功率的变化而变化，而非推进用电功率是很难控制的，因此该模式下很难进行航速优化，可能会导致航速过快，造成浪费。

2. 发电机组的优化

目前所设计的发电机组运行模式主要考虑的是非推进用电的稳定性，对推进用电并未进行优化考虑，这会造成浪费。因此，综合考虑推进用电功率和非推进用电功率对发电机组运行进行优化是有必要的。

1) 发电机组优化方案

对象船舶采用直流组网技术，且配备的发电机组本身可以实现变转速发电。将设计的发电机组定转速定功率发电优化为变转速发电模式，具体思路如图 9-18 所示。

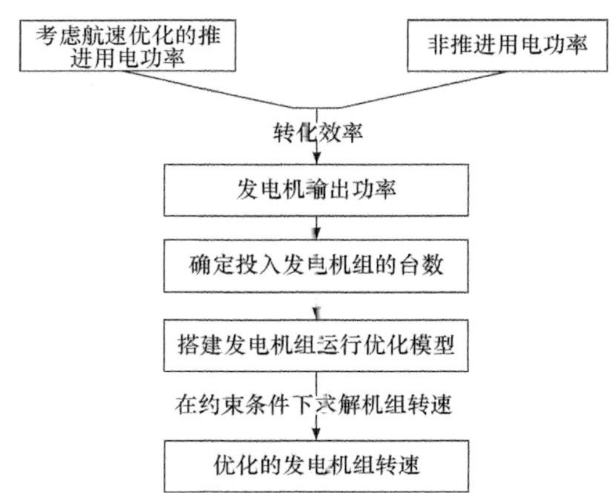

图 9-18　发电机组运行模式优化思路

根据优化思路确定优化后发电机组的运行模式，优化后发电机组运行模式流程如图 9-19 所示，具体运行过程如下。

(1) 确定需求功率。发电机组发出的电能经过整流和逆变后主要用于推进用电和非推进用电两大部分。

(2) 根据各发电机组油耗特性设定发电机组优先启动顺序。

(3) 确定需要投入的发电机组数目。根据 P_{f} 的大小确定并网的发电机组台数，具体确定方法为

$$\beta = \frac{P_{\mathrm{f}}}{P_{\mathrm{e}}} \tag{9-14}$$

式中，P_{e} 为单台发电机组额定功率，对象船舶为 1250kW，$0 < \beta \leqslant 1$ 时开启 1 台发电机组，$1 < \beta \leqslant 2$ 时开启 2 台发电机组，$2 < \beta \leqslant 3$ 时开启 3 台发电机组，$3 < \beta \leqslant 4$

时开启 4 台发电机组。

(4) 确定发电机组运行转速。发电机组运行转速可通过求解发电机组转速优化模型得出，具体模型如下：

$$\min \mathrm{FC} = \sum_{i=1}^{k} Q_i = \sum_{i=1}^{k} p_i(n_i) \times S_i(n_i) \tag{9-15}$$

$$\text{s.t.} \begin{cases} \sum_{i=1}^{k} p_i(n_i) = P_{\mathrm{f}} \\ p_{i\min} \leqslant p_i(n) \leqslant p_{i\max} \\ n_{i\min} \leqslant n_i \leqslant n_{i\max} \end{cases} \tag{9-16}$$

式中，FC 为单位时间内机组总油耗量，g/h；Q_i 为第 i 台机组单位时间内的油耗量，g/h；k 为投入的机组台数；$p_i(n_i)$ 为第 i 台机组的输出功率，kW；$S_i(n_i)$ 为第 i 台机组的油耗率，g/(kW·h)；P_{f} 为机组总输出功率，kW；$p_{i\min}$ 为第 i 台机组的最小输出功率，大小为 300kW；$p_{i\max}$ 为第 i 台机组的最大输出功率，大小为 1250kW；$n_{i\min}$ 为第 i 台机组的最小工作转速，大小为 600r/min；n_i 为第 i 台机组的最优工作转速，r/min；$n_{i\max}$ 为第 i 台机组的最大工作转速，大小为 1000r/min。

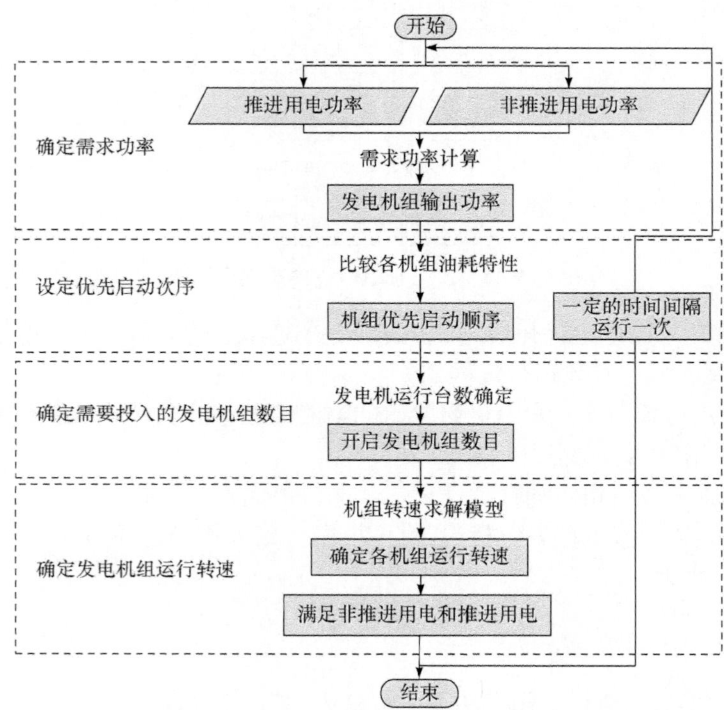

图 9-19　优化后发电机组运行模式流程

2) 发电机组优化结果对比

为验证优化的有效性，首先以上海—南京航段为例进行定量分析，然后对优化前后的机组运行模式进行定性分析。

(1) 定量对比分析。

依据设计机组运行方案，结合上海—南京航段的具体信息，确定定转速定功率模式下各步骤的具体值。

① 最小需求功率为 1818kW。根据航次计划和航行里程可求得，按时到达目的码头的最小平均航行速度约为 4.722m/s，利用所搭建的能效仿真模型和该航段内通航环境数据平均值估算出该航速下用于推进的耗电功率约为 1017kW，将上海—南京航段非推进用电功率定为设计值 801kW，确定最小需求功率为 1818kW。

② 发电机组优先启动顺序为 1—2—3—4。默认 4 台发电机组的油耗特性相同，优先启动顺序设定为 1—2—3—4。

③ 投入的发电机组数目为 2 台。将最小需求功率和发电机组自身特性代入式(9-13)，可确定投入运行的机组数目为 2 台。

④ 电能分配。由设计运行模式的分配方式可知，非推进用电功率为 801kW，推进用电功率为 1319kW。

根据推进用电功率，利用能效仿真模型和该航段内通航环境数据平均值可估算出船舶对地航速约为 5.23m/s。根据船舶对地航速、发电机组运行台数、机组瞬时油耗和航行里程，可计算出上海—南京航段的总油耗约为 3527.68kg。

依据优化后机组运行方案，结合上海—南京航段的具体信息，确定该航段优化后机组运行模式各步骤的具体值：

① 航速优化后各航段类别下需求功率。根据航速优化结果，确定各个航段类别下用于推进的功率。当船舶处于航段类别 1 时，用于推进的功率为 965.41kW；当船舶处于航段类别 2 时，用于推进的功率为 1043.78kW；当船舶处于航段类别 3 时，用于推进的功率为 961.07kW；当船舶处于航段类别 4 时，用于推进的功率为 1013.93kW。将非推进用电功率定为设计值 801kW，当船舶处于航段类别 1 时，需求功率为 1766.41kW；当船舶处于航段类别 2 时，需求功率为 1844.78kW；当船舶处于航段类别 3 时，需求功率为 1762.07kW；当船舶处于航段类别 4 时，需求功率为 1814.93kW。

② 发电机组优先启动顺序为 1—2—3—4。默认 4 台发电机组的油耗特性相同，优先启动顺序设定为 1—2—3—4。

③ 投入的发电机组数目为 2 台。将各需求总功率和发电机组自身特性代入式(9-13)，可确定投入运行的机组数目为 2 台。

④ 发电机组运行转速。将相关参数代入式(9-14)和式(9-15)得出各个航段类

别下机组的转速，当船舶处于航段类别 1 时，发电机组转速为 890.5r/min；当船舶处于航段类别 2 时，发电机组转速为 902.9r/min；当船舶处于航段类别 3 时，发电机组转速为 889.8r/min；当船舶处于航段类别 4 时，发电机组转速为 898.2r/min。

根据发电机组转速、发电机组运行的台数、油耗率与转速关系、转速与功率关系、航速优化结果和航段划分结果，可计算出变转速运行模式下上海—南京航段的总油耗，约为 3446.51kg。

由上述分析可知，当船舶航行于上海—南京航段时，机组以定转速定功率模式运行时的总油耗为 3527.68kg，以优化后的变转速运行时的总油耗为 3446.51kg，与船厂设计的定转速定功率运行相比，机组以优化后的运行模式运行时节省燃油 81.17kg，优化幅度为 2.3%，对比结果如表 9-13 所示。

表 9-13　上海—南京航段机组不同运行模式结果对比

航行区域	油耗量/kg		优化幅度/%	机组运行转速/(r/min)	
	设计模式	优化模式		设计模式	优化模式
上海—南京	3527.68	3446.51	2.3	947	890.5/902.9/889.8/898.2

(2) 定性对比分析。

在输出功率方面，原设计机组运行模式机组输出功率只能维持在某个定值，而优化后发电机组输出功率更加灵活，单台机组输出功率与转速的关系对比如图 9-20 所示，运行总输出功率范围如表 9-14 所示。

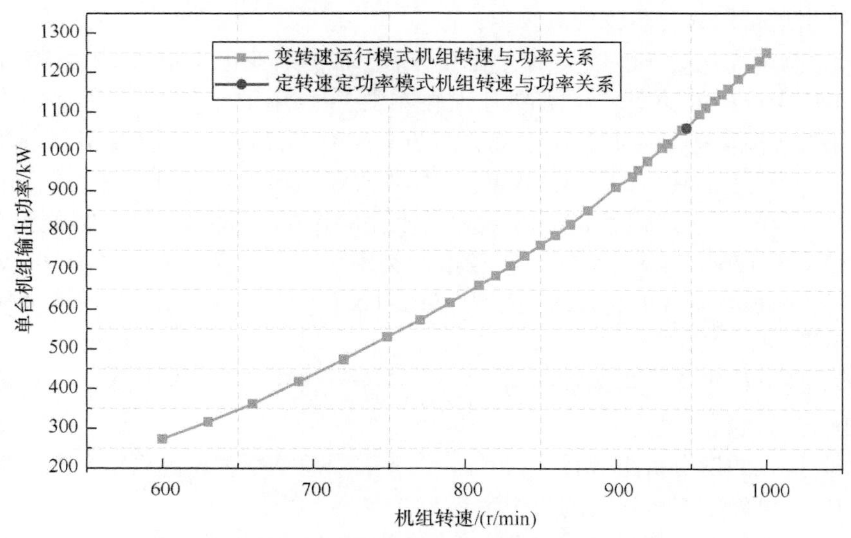

图 9-20　单台机组输出功率与转速的关系

表 9-14　优化前后机组输出功率

运行模式	可输出功率/kW
原设计发电机组运行模式	1060、2120、3180、4240
优化后发电机组运行模式	0～5000

在油耗率方面，原设计机组运行模式的油耗率是固定的，约为189.8747g/(kW·h)。优化后机组运行模式采用的是转速与功率最佳的匹配关系，在整个运行过程中，油耗率与设计机组运行模式油耗率接近。

在油耗方面，优化后发电机组运行模式优于设计发电机组运行模式。这是因为优化后机组运行综合考虑了推进用电和非推进用电，当用于非推进用电量相同时，设计发电机组运行模式未考虑推进方面的优化，它的推进耗电量要比结合航速优化的变转速运行模式推进耗电量大，导致设计发电机组的耗电量比优化后发电机组运行模式耗电量大，而两种机组运行模式油耗率是相近的，所以设计的发电机组运行模式的油耗要比优化后发电机组的油耗高。

综上所述，优化后机组运行能够提供的功率范围更广，船舶实际的需求功率与发电机组的输出功率对应性更强，油耗更低，更加节能环保。

9.2　本章小结

本章以一艘内河 690 客位电力推进豪华游轮为研究对象，对内河电力推进游轮的能效优化问题进行了研究，主要研究内容如下。

(1) 内河电力推进游轮能效模型的研究。分析对象船舶能量传递过程，总结归纳建模机理，分析并计算船舶的航行阻力、螺旋桨产生的动力、船舶运动状态和油耗，构建内河电力推进游轮能效仿真模型，以相关数据验证能效模型的准确性。

(2) 内河电力推进游轮能效提升方法的研究。根据对象船舶航段通航环境的特点，运用 k 均值聚类算法对通航航段进行了划分，以耗电量最小为优化目标，主推进电机转速为优化变量，建立了整个航程的航速优化模型，研究发电机组运行模式优化方法。

第 10 章　总结与展望

10.1　总　　结

近年来，航运业对船舶节能减排的关注度日益提高，业界人士一直致力于开展提高船舶能效优化方法的研究，以减少船舶能源消耗和污染气体排放。本书以内河船队船舶为研究对象，论证分析了内河船队船舶能效的影响因素，进行了能效数据采集与分析系统的设计，研究了三种不同的船舶能效模型建模理论与方法，开展了单船航速优化研究，并针对电力推进船舶开展了能效优化研究，还开展了考虑多因素的船队营运能效优化方法研究，形成了包含船队营运决策与能效动态优化的船队营运能效“双级”综合优化方法。具体研究工作和创新成果归纳如下。

(1) 开展了船舶能效数据采集与分析研究。设计了基于船载能效数据采集系统与岸基能效数据分析平台于一体的船舶营运能效数据采集与分析方案。船载能效数据的采集为数据分析平台提供数据支持，数据分析平台为能效数据的分析与挖掘提供必要的条件。在此基础上，基于船舶营运数据分析了不同工况下的船舶能效水平及船舶推进系统的能效状态，还分析了船队船舶能效主要影响因素之间的作用规律。

(2) 研究了船舶能效建模理论与方法。由于船舶能效影响因素较多，且影响关系较为复杂，传统的基于理论建模的方法往往都进行了一定的简化与假设，忽略了船舶使用年限、污底情况等因素的影响。研究了三种不同理论的建模方法，基于船舶航行阻力和螺旋桨推进相关理论建立了能效白箱模型，基于神经网络理论建立了能效黑箱模型，结合船舶推进相关理论和神经网络建立了能效灰箱模型。

(3) 研究了单船航速优化方法。提出了基于通航环境航段划分的单船能效优化方法，并在此基础上针对不同的优化目标建立了多种航速优化模型，通过智能求解算法获得了不同航段及航行环境下的船舶能效最佳航速，从而提高了内河船舶的能效水平，降低了船舶航行成本。

(4) 研究了基于营运数据分析的船队营运能效优化方法。在船队营运能效主要影响因素分析的基础上，提出了考虑多因素的船队营运能效优化方法。通过所建立的考虑多因素的船队营运能效优化模型，获得了不同条件下船队船舶的优化航速。案例分析结果表明，所提出的方法可有效地提高内河船队的能效水平。提出了基于营运数据分析的船队营运能效“双级”综合优化方法。通过建立上级的船队营运决策模型获得了不同船舶的优化配载及航行时间约束等。此外，通过下级所建立的基于实时信息的船队营运能效动态优化模型，可以在上级决策的约束条件下，根据实时信息进行船舶航行动态优化的调整，从而实现在满足货物运输需求的条件下，提高船队船舶的能效水平。通过案例分析，验证了所提出的船队营运能效“双级”综合优化方法的有效性。

(5) 研究了电力推进船舶能效优化方法。电力推进船舶作为未来的发展趋势，其在营运过程中的能效优化研究具有重要意义。本书针对某内河电力推进船舶建立了船舶能效模型，并研究了其营运过程中的能量流动特性，分析了复杂多变的通航环境因素对电力推进船舶动力特性的影响。在此基础上，建立了船舶航速与动力系统的能效优化模型，通过集群式智能优化算法确定能效水平最高时对应的船舶最佳航速。

10.2　展　　望

船舶营运能效优化是实现航运业降本增效的有效途径，本书在内河船舶能效的营运水平、评价方法以及优化方法等方面开展了探索性的研究。本书已经完成了一定的工作，但本书所涉及的内容仍需在后续的研究中进一步提升和扩展。

(1) 船舶高能效推进系统优化配置。目前船舶推进系统的配置主要基于船舶设计航速、船舶性能等参数进行计算和选择，未考虑船舶实际运行中各要素的影响。例如，降速航行的优化方法使大多数装机功率较大的船舶主机处于低负荷或超低负荷的运行状态，导致其能源转换效率较低，因此将船舶推进系统配置与船舶航速优化进行协同设计以提高推进系统的效率，进而提高船舶能效。此外，新型的多清洁能源混合动力推进系统及无轴轮缘推进系统的设计也是船舶能效优化研究的发展方向。

(2) 实现船队营运能效优化管理的一体化与智能化。船队营运能效优化管理涉及的内容较多，影响因素较为复杂。一个设备或系统的优化会影响其他设备或系统的工作状态，一艘船舶的航速优化也会影响船队其他船舶的营运模式。本书在一定程度上给出了多因素影响下的船队船舶航行优化方法，然而，将船队的营运决策与船舶的航行优化，以及对船舶关键能耗系统/设备进行一体化集中管理仍是未来实现船队营运能效智能化的发展方向。通过建立一体化的船队营运能效管理模型及能效优化方法对提高船队整体能效具有重要意义。

(3) 在线的船队营运能效智能优化平台研发与设计。本书所建立的船队营运能效优化模型为在线能效优化智能决策平台的开发提供了一定的理论基础。随着船舶自动化、智能化的发展，船队船舶营运能效在线智能平台的开发将是智能船舶或智能船队发展的重要一环。通过开发在线的船队营运能效智能优化平台，可以根据采集的数据，包括环境、港口、能效、船队、船员操作状态等，进行自主学习与自动控制，从而实现船队船舶能效的自动优化。

(4) 完善航速优化方法。本书在进行航速优化时，默认船舶在出发时就已知未来整个航程的海况，但在实际航行过程中，这些信息都是实时更新的，且存在一定误差，这导致理论研究结果与实际存在较大误差。在未来的研究中，需要基于实时获取天气预报的数据来确定剩余航程的最佳航速，并随着天气预报数据的更新，采用更为高效精确的优化求解算法对未来可能更加复杂的优化模型进行优化求解，不断更新剩余航程的最佳航速。

(5) 进一步研究能够实时应用的智能控制算法。基于动态规划算法的 MPC 策略具有较好的控制效果，但是受到动态规划算法计算量大和需要提前得知全船运行工况数据的限制，该控制算法距离实际应用还有一定的工作量需要补充，如提高控制器的运行速度。针对不同船舶航线的特殊性，需要通过大数据对不同季节、不同时间和不同气象条件下的工况进行分析，设计对应的能效优化策略，这将进一步提升算法的实用性和降低系统的能耗。

参 考 文 献

[1] 陈雯, 宋伟轩, 杨桂山. 长江三角洲城镇密集区的城市化发展态势、动力与趋势[J]. 中国科学院院刊, 2013, 28(1): 28-38.

[2] 金碚. 论经济全球化 3.0 时代: 兼论“一带一路”的互通观念[J]. 中国工业经济, 2016, (1): 5-20.

[3] 孙立凯. 基于航速优化的船舶能耗研究[D]. 哈尔滨: 哈尔滨工程大学, 2019.

[4] 佚名: 交通运输实现“十二五”良好开局——交通运输部发布并解读《2011 年公路水路交通运输行业发展统计公报》[J]. 交通标准化, 2012, (9): 18-27.

[5] 宋亚楠. 内河和近海船舶排放特性及排放清单研究[D]. 北京: 北京理工大学, 2015.

[6] 丁金学. 我国交通运输业碳排放及其减排潜力分析[J]. 综合运输, 2012, 34(12): 20-26.

[7] Eyring V, Isaksen I S A, Berntsen T, et al. Transport impacts on atmosphere and climate: Shipping[J]. Atmospheric Environment, 2010, 44(37): 4735-4771.

[8] Zhang Y, Yang X, Brown R, et al. Shipping emissions and their impacts on air quality in China[J]. Science of the Total Environment, 2017, 581: 186-198.

[9] 朱作鑫. 欧盟海运温室气体减排政策合法性[J]. 中国航海, 2015, 38(4): 102-105.

[10] 第一财经日报. 欧盟制订海运碳减排标准 中国企业“减速”应对[EB/OL]. https://read.cnki.net/web/Newspaper/Article/DYCJ20091203A104.html[2020-12-25].

[11] 潘家华. 哥本哈根气候会议的争议焦点与反思[J]. 红旗文稿, 2010, (5): 9-12.

[12] 何少琛. 欧盟碳排放交易体系发展现状、改革方法及前景[D]. 长春: 吉林大学, 2016.

[13] 栾晶. 英国《气候变化法案》研究及其启示[D]. 济南: 山东师范大学, 2011.

[14] 严新平. 新能源在船舶上的应用进展及展望[J]. 船海工程, 2010, 39(6): 111-115, 120.

[15] 范爱龙, 贺亚鹏, 严新平, 等. 智能新能源船舶的概念及关键技术[J]. 船舶工程, 2020, 42(3): 9-14.

[16] Sayyaadi H, Nematollahi M. Determination of optimum injection flow rate to achieve maximum micro bubble drag reduction in ships; an experimental approach[J]. Scientia Iranica, 2013, 20(3): 535-541.

[17] 白秀琴, 袁成清, 严新平, 等. 基于贝壳表面形貌仿生的船舶绿色防污研究[J]. 武汉理工大学学报, 2011, 33(1): 75-78, 112.

[18] Smith A B. Gas fuelled ships: Fundamentals, benefits classification & operational issues[C]. The First Gas Fuelled Ships Conference, Hamburg, 2010.

[19] Geertsma R D, Negenborn R R, Visser K, et al. Design and control of hybrid power and propulsion systems for smart ships: A review of developments[J]. Applied Energy, 2017, 194(15): 30-54.

[20] Simić A, Radojčić D. On energy efficiency of inland waterway self-propelled cargo vessels[J]. FME Transactions, 2013, 41(2): 138-145.

[21] Gershanik V I. Optimising main engine running mode to decrease fuel consumption of seagoing vessels[J]. Journal of Marine Engineering & Technology, 2008, 7(2): 33-42.

[22] Hansen H, Freund M. Assistance tools for operational fuel efficiency[C]. COMPIT’10 Conference, Gubbio, 2010.

[23] Bal Beşikçi E B, Arslan O, Turan O, et al. An artificial neural network based decision support system for energy efficient ship operations[J]. Computers & Operations Research, 2016, 66: 393-401.

[24] Magirou E F, Psaraftis H N, Bouritas T. The economic speed of an oceangoing vessel in a dynamic setting[J]. Transportation Research Part B: Methodological, 2015, 76: 48-67.

[25] Bialystocki N, Konovessis D. On the estimation of ship's fuel consumption and speed curve: A statistical approach[J]. Journal of Ocean Engineering and Science, 2016, 1(2): 157-166.

[26] Woo J K, Moon D S H. The effects of slow steaming on the environmental performance in liner shipping[J]. Maritime Policy & Management, 2013, 41(2): 176-191.

[27] Fan A L, Yin Q Z, Yan X P, et al. Study of energy efficient navigation method for inland ship: A cruise ship case[C]. International Conference on Transportation Information and Safety, Wuhan, 2015.

[28] Fagerholt K, Psaraftis H N. On two speed optimization problems for ships that sail in and out of emission control areas[J]. Transportation Research Part D: Transport and Environment, 2015, 39: 56-64.

[29] Kim J G, Kim H J, Lee P T W. Optimizing ship speed to minimize fuel consumption[J]. Transportation Letters, 2014, 6(3): 109-117.

[30] Lindstad H, Asbjørnslett B E, Strømman A H. Reductions in greenhouse gas emissions and cost by shipping at lower speeds[J]. Energy Policy, 2011, 39(6): 3456-3464.

[31] Corbett J J, Wang H F, Winebrake J J. The effectiveness and costs of speed reductions on emissions from international shipping[J]. Transportation Research Part D: Transport and Environment, 2009, 14(8): 593-598.

[32] Chang C C, Wang C M. Evaluating the effects of speed reduce for shipping costs and CO_2 emission[J]. Transportation Research Part D: Transport and Environment, 2014, 31: 110-115.

[33] Psaraftis H N, Kontovas C A. Ship speed optimization: Concepts, models and combined speed-routing scenarios[J]. Transportation Research Part C: Emerging Technologies, 2014, 44: 52-69.

[34] Wen M, Pacino D, Kontovas C A, et al. A multiple ship routing and speed optimization problem under time, cost and environmental objectives[J]. Transportation Research Part D: Transport and Environment, 2017, 52: 303-321.

[35] Du Y Q, Chen Q S, Quan X W, et al. Berth allocation considering fuel consumption and vessel emissions[J]. Transportation Research Part E: Logistics and Transportation Review, 2011, 47(6): 1021-1037.

[36] Wang C X, Xu C Y. Sailing speed optimization in voyage chartering ship considering different carbon emissions taxation[J]. Computers & Industrial Engineering, 2015, 89: 108-115.

[37] Lan X G, Zuo X D, Tang X. The impact of different carbon emission policies on liner shipping[J]. Journal of Marine Sciences, 2020, 2020: 8956045.

[38] Xing Y W, Yang H L, Ma X F, et al. Optimization of ship speed and fleet deployment under carbon emissions policies for container shipping[J]. Transport, 2019, 34(3): 260-274.

[39] Ding W Y, Wang Y B, Dai L, et al. Does a carbon tax affect the feasibility of Arctic shipping?[J]. Transportation Research Part D: Transport and Environment, 2020, 80: 102257.

[40] Qi X T, Song D P. Minimizing fuel emissions by optimizing vessel schedules in liner shipping with uncertain port times[J]. Transportation Research Part E: Logistics and Transportation Review, 2012, 48(4): 863-880.

[41] Aydin N, Lee H, Mansouri S A. Speed optimization and bunkering in liner shipping in the presence of uncertain service times and time windows at ports[J]. European Journal of Operational Research, 2017, 259(1): 143-154.

[42] Sheng X M, Chew E P, Lee L H. (*s*,*S*) policy model for liner shipping refueling and sailing speed optimization problem[J]. Transportation Research Part E: Logistics and Transportation Review, 2015, 76: 76-92.

[43] Wang Y D, Meng Q, Kuang H B. Jointly optimizing ship sailing speed and bunker purchase in liner shipping with distribution-free stochastic bunker prices[J]. Transportation Research Part C: Emerging Technologies, 2018, 89: 35-52.

[44] Hou Y H, Kang K, Liang X. Vessel speed optimization for minimum EEOI in ice zone considering uncertainty[J]. Ocean Engineering, 2019, 188: 106240.

[45] Sun X, Yan X P, Wu B, et al. Analysis of the operational energy efficiency for inland river ships[J]. Transportation Research Part D: Transport and Environment, 2013, 22: 34-39.

[46] 孙星, 严新平, 尹奇志, 等. 考虑通航环境要素的内河船舶主机营运能效模型[J]. 武汉理工大学学报(交通科学与工程版), 2015, 39(2): 264-267.

[47] 范爱龙, 严新平, 尹奇志, 等. 船舶主机能效模型[J]. 交通运输工程学报, 2015, 15(4): 69-76.

[48] Kwon Y J. Speed loss due to added resistance in wind and waves[J]. The Naval Architect, 2008, (3): 14-16.

[49] Yang L Q, Chen G, Zhao J L, et al. Ship speed optimization considering ocean currents to enhance environmental sustainability in maritime shipping[J]. Sustainability, 2020, 12(9): 3649.

[50] Lu R H, Turan O, Boulougouris E, et al. A semi-empirical ship operational performance prediction model for voyage optimization towards energy efficient shipping[J]. Ocean Engineering, 2015, 110: 18-28.

[51] Li X H, Sun B Z, Guo C Y, et al. Speed optimization of a container ship on a given route considering voluntary speed loss and emissions[J]. Applied Ocean Research, 2020, 94: 101995.

[52] 孙星. 内河船舶能效研究系统分析与设计[D]. 武汉: 武汉理工大学, 2012.

[53] Yan X P, Sun X, Yin Q Z. Multiparameter sensitivity analysis of operational energy efficiency for inland river ships based on backpropagation neural network method[J]. Marine Technology Society Journal, 2015, 49: 148-153.

[54] Sun C, Wang H Y, Liu C, et al. Dynamic prediction and optimization of energy efficiency operational index (EEOI) for an operating ship in varying environments[J]. Journal of Marine Science and Engineering, 2019, 7(11): 402.

[55] Zhang C, Zhang D, Zhang M Y, et al. Data-driven ship energy efficiency analysis and optimization model for route planning in ice-covered Arctic waters[J]. Ocean Engineering, 2019, 186: 106071.

[56] 孙星. 考虑通航环境要素的内河船舶营运能效研究[D]. 武汉: 武汉理工大学, 2015.

[57] Wang T S, Meng Q, Wang S A, et al. Risk management in liner ship fleet deployment: A joint chance constrained programming model[J]. Transportation Research Part E: Logistics and

Transportation Review, 2013, 60(4): 1-12.
[58] Gkerekos C, Lazakis I, Theotokatos G. Machine learning models for predicting ship main engine fuel oil consumption: A comparative study[J]. Ocean Engineering, 2019, 188: 106282.
[59] 牟小辉, 袁裕鹏, 严新平, 等. 基于随机森林算法的内河船舶油耗预测模型[J]. 交通信息与安全, 2017, 35(4): 100-105.
[60] Farag Y B A, Ölçer A I. The development of a ship performance model in varying operating conditions based on ANN and regression techniques[J]. Ocean Engineering, 2020, 198: 106972.
[61] 王胜正, 申心泉, 赵建森, 等. 基于 ASAE 深度学习预测海洋气象对船舶航速的影响[J]. 交通运输工程学报, 2018, 18(2): 139-147.
[62] Coraddu A, Oneto L, Baldi F, et al. Vessels fuel consumption forecast and trim optimisation: A data analytics perspective[J]. Ocean Engineering, 2017, 130: 351-370.
[63] Meng Q, Du Y Q, Wang Y D. Shipping log data based container ship fuel efficiency modeling[J]. Transportation Research Part B: Methodological, 2016, 83: 207-229.
[64] Yang L Q, Chen G, Rytter N G M, et al. A genetic algorithm-based grey-box model for ship fuel consumption prediction towards sustainable shipping[J]. Annals of Operations Research, 2019, (5): 1-27.
[65] Reichel M, Minchev A, Larsen N L. Trim optimisation-theory and practice[J]. TransNav, the International Journal on Marine Navigation and Safety of Sea Transportation, 2014, 8(3): 387-392.
[66] 宋磊, 童骏, 孔斌. 散货船纵倾减阻及其成因分析[J]. 舰船科学技术, 2020, 42(5): 21-26.
[67] 王伟, 孙守超, 郭春雨, 等. 船舶最佳纵倾及节能[J]. 应用科技, 2017, 44(5): 1-4.
[68] 张煜, 李俊, 徐进, 等. 港航多视角下内河集装箱船舶配载决策[J]. 计算机工程与设计, 2021, 42(1): 76-82.
[69] Norstad I, Fagerholt K, Laporte G. Tramp ship routing and scheduling with speed optimization[J]. Transportation Research Part C: Emerging Technologies, 2011, 19(5): 853-865.
[70] He Q, Zhang X C, Nip K. Speed optimization over a path with heterogeneous arc costs[J]. Transportation Research Part B: Methodological, 2017, 104: 198-214.
[71] Wen M, Ropke S, Petersen H L, et al. Full-shipload tramp ship routing and scheduling with variable speeds[J]. Computers & Operations Research, 2016, 70: 1-8.
[72] Andersson H, Fagerholt K, Hobbesland K. Integrated maritime fleet deployment and speed optimization: Case study from RoRo shipping[J]. Computers & Operations Research, 2015, 55(7): 233-240.
[73] Yu B, Peng Z X, Tian Z H, et al. Sailing speed optimization for tramp ships with fuzzy time window[J]. Flexible Services and Manufacturing Journal, 2019, 31: 308-330.
[74] Wang K, Yan X P, Yuan Y P, et al. Optimizing ship energy efficiency: Application of particle swarm optimization algorithm[J]. Proceedings of the Institution of Mechanical Engineers, Part M: Journal of Engineering for the Maritime Environment, 2018, 232: 379-391.
[75] Zhen L, Li M, Hu Z, et al. The effects of emission control area regulations on cruise shipping[J]. Transportation Research Part D: Transport and Environment, 2018, 62: 47-63.
[76] Ma D F, Ma W H, Jin S, et al. Method for simultaneously optimizing ship route and speed with

emission control areas[J]. Ocean Engineering, 2020, 202: 107170.

[77] Wang K, Yan X P, Yuan Y P, et al. Dynamic optimization of ship energy efficiency considering time-varying environmental factors[J]. Transportation Research Part D: Transport and Environment, 2018, 62: 685-698.

[78] Du Y Q, Meng Q, Wang S A, et al. Two-phase optimal solutions for ship speed and trim optimization over a voyage using voyage report data[J]. Transportation Research Part B: Methodological, 2019, 122: 88-114.

[79] Yan X P, Wang K, Yuan Y P, et al. Energy-efficient shipping: An application of big data analysis for optimizing engine speed of inland ships considering multiple environmental factors[J]. Ocean Engineering, 2018, 169: 457-468.

[80] Lee H B, Aydin N, Choi Y, et al. A decision support system for vessel speed decision in maritime logistics using weather archive big data[J]. Computers & Operations Research, 2018, 98: 330-342.

[81] 祝慧灵，计明军. 集装箱船舶全航线配载优化模型与改进遗传算法[J]. 交通运输工程学报, 2014, 14(5): 59-67.

[82] Ambrosino D, Paolucci M, Sciomachen A. Computational evaluation of a MIP model for multi-port stowage planning problems[J]. Soft Computing, 2017, 21(7): 1753-1763.

[83] Sen D, Padhy C P. An approach for development of a ship routing algorithm for application in the North Indian Ocean region[J]. Applied Ocean Research, 2015, 50: 173-191.

[84] Shao W, Zhou P L, Thong S K. Development of a novel forward dynamic programming method for weather routing[J]. Journal of Marine Science and Technology, 2012, 17(2): 239-251.

[85] Vettor R, Soares C G. Development of a ship weather routing system[J]. Ocean Engineering, 2016, 123: 1-14.

[86] 李俊，张煜，计三有，等. 不确定箱重下内河集装箱班轮航线配载决策[J]. 交通运输系统工程与信息, 2018, 18(2): 208-215.

[87] Song D P, Li D, Drake P. Multi-objective optimization for a liner shipping service from different perspectives[J]. Transportation Research Procedia, 2017, 25: 251-260.

[88] Akyüz M H, Lee C Y. Service type assignment and container routing with transit time constraints and empty container repositioning for liner shipping service networks[J]. Transportation Research Part B: Methodological, 2016, 88: 46-71.

[89] Wang S A, Alharbi A, Davy P. Liner ship route schedule design with port time windows[J]. Transportation Research Part C: Emerging Technologies, 2014, 41: 1-17.

[90] Lekhavat S, Aydin N, Lee H, et al. Decision support system for multi-objective sustainable marine shipping[C]. European, Mediterranean and Middle Eastern Conference on Information Systems, Athens, 2015.

[91] Jin X C, Quan X W, Chen Q S, et al. Speed optimization for a container shipping route in competitive environment[C]. 2015 34th Chinese Control Conference, Hangzhou, 2015.

[92] Peng Z X, Shan W X, Guan F, et al. Stable vessel-cargo matching in dry bulk shipping market with price game mechanism[J]. Transportation Research Part E: Logistics and Transportation Review, 2016, 95: 76-94.

[93] Wang S A, Meng Q, Liu Z Y. Bunker consumption optimization methods in shipping: A critical

review and extensions[J]. Transportation Research Part E: Logistics and Transportation Review, 2013, 53(1): 49-62.

[94] Guericke S, Tierney K. Liner shipping cargo allocation with service levels and speed optimization[J]. Transportation Research Part E: Logistics and Transportation Review, 2015, 84: 40-60.

[95] Zhang M, Janic M, Tavasszy L A. A freight transport optimization model for integrated network, service, and policy design[J]. Transportation Research Part E: Logistics and Transportation Review, 2015, 77: 61-76.

[96] Psaraftis H N. Ship routing and scheduling: The cart before the horse conjecture[J]. Maritime Economics & Logistics, 2019, 21(1): 111-124.

[97] Wang S A. A note on ship routing between ports[J]. Optimization Letters, 2017, 11(1): 217-223.

[98] Meng Q, Wang S A, Andersson H, et al. Containership routing and scheduling in liner shipping: Overview and future research directions[J]. Transportation Science, 2014, 48(2): 265-280.

[99] Mansouri S A, Lee H B, Aluko O. Multi-objective decision support to enhance environmental sustainability in maritime shipping: A review and future directions[J]. Transportation Research Part E: Logistics and Transportation Review, 2015, 78: 3-18.

[100] Cepeda M A F, Assis L F, Marujo L G, et al. Effects of slow steaming strategies on a ship fleet[J]. Marine Systems & Ocean Technology, 2017, 12(3): 178-186.

[101] Song Y J, Yue Y X. Optimization model of fleet deployment plan of liners[J]. Procedia Engineering, 2016, 137: 391-398.

[102] Coraddu A, Figari M, Savio S. Numerical investigation on ship energy efficiency by Monte Carlo simulation[J]. Proceedings of the Institution of Mechanical Engineers, Part M: Journal of Engineering for the Maritime Environment, 2014, 228(3): 220-234.

[103] Wang S A, Meng Q. Sailing speed optimization for container ships in a liner shipping network[J]. Transportation Research Part E: Logistics and Transportation Review, 2012, 48(3): 701-714.

[104] Song D P, Li D, Drake P. Multi-objective optimization for planning liner shipping service with uncertain port times[J]. Transportation Research Part E: Logistics and Transportation Review, 2015, 84: 1-22.

[105] Windeck V, Stadtler H. A liner shipping network design-routing and scheduling impacted by environmental influences[C]. International Conference on Network Optimization, Hamburg, 2011.

[106] Xia J, Li K X, Ma H, et al. Joint planning of fleet deployment, speed optimization, and cargo allocation for liner shipping[J]. Transportation Science, 2015, 49(4): 922-938.

[107] Górski W, Abramowicz-Gerigk T, Burciu Z. The influence of ship operational parameters on fuel consumption[J]. Zeszyty Naukowe Akademii Morska w Szczecinie, 2013, 36(108): 49-54.

[108] Achurra-Gonzalez P E, Novati M, Foulser-Piggott R, et al. Modelling the impact of liner shipping network perturbations on container cargo routing: Southeast Asia to Europe application[J]. Accident Analysis & Prevention, 2019, 123: 399-410.

[109] Meng Q, Wang S A. Liner ship fleet deployment with week-dependent container shipment demand[J]. European Journal of Operational Research, 2012, 222(2): 241-252.

[110] Kontovas C, Psaraftis H N. Reduction of emissions along the maritime intermodal container chain: Operational models and policies[J]. Maritime Policy & Management, 2011, 38(4): 451-469.

[111] Cepeda M A F, Caprace J D. Data envelopment analysis of navigation records improve ship fleet management[C]. Offshore Technology Conference Brasil, Rio de Janeiro, 2015.

[112] Xie H L, He Y F, Xie X. Exploring the factors influencing ecological land change for China's Beijing-Tianjin-Hebei Region using big data[J]. Journal of Cleaner Production, 2017, 142: 677-687.

[113] Kwon O, Lee N, Shin B. Data quality management, data usage experience and acquisition intention of big data analytics[J]. International Journal of Information Management, 2014, 34(3): 387-394.

[114] Rodseth O J, Perera L P, Mo B. Big data in shipping: Challenges and opportunities[C]. International Conference on Computer Applications and Information Technology in the Maritime Industries, Lecce, 2016.

[115] Buhaug Ø, Corbett J J, Endresen Ø, et al. Prevention of air pollution from ships (Second IMO GHG Study 2009) [R]. London: Marine Environment Protection Committee, 2009.

[116] 朱鹏飞, 艾万政, 张亮. 船舶纵倾优化节能策略[J]. 水运管理, 2019, 41(3): 26-28.

[117] 杜建军.万箱船纵倾优化与节能[J]. 航海技术, 2016, (2): 27-29.

[118] 盛振邦, 刘应中. 船舶原理(下册)[M]. 上海: 上海交通大学出版社, 2004.

[119] 邱斌彬. 船舶纵倾优化[J]. 中国船检, 2014, (2): 70-74.

[120] 王超, 何苗, 周剑, 等. 考虑侧斜及纵倾情况下的船舶螺旋桨最佳环量分布计算[J]. 哈尔滨工程大学学报, 2012, 33(2): 136-141.

[121] Wang K, Yuan Y P, Yan X P, et al. Design of ship energy efficiency monitoring and control system considering environmental factors[C]. International Conference on Transportation Information and Safety, Wuhan, 2015.

[122] 段中喆. ANSYS FLUENT 流体分析与工程实例: 配视频教程[M]. 北京: 电子工业出版社, 2015.

[123] 赵晶, 王世杰. ANSYS 有限元分析应用教程[M]. 北京: 冶金工业出版社, 2014.

[124] 李晓磊, 邵之江, 钱积新. 一种基于动物自治体的寻优模式: 鱼群算法[J]. 系统工程理论与实践, 2002, 22(11): 32-38.

[125] 赵秀春, 郭戈. 混合动力电动汽车能量管理策略研究综述[J]. 自动化学报, 2016, 42(3): 321-334.

[126] 李书臣, 徐心和, 李平. 预测控制最新算法综述[J]. 系统仿真学报, 2004, 16(6): 1314-1319, 1349.

[127] 许芳, 靳伟伟, 陈虹, 等. 一种模型预测控制器的 FPGA 硬件实现[J]. 吉林大学学报(工学版), 2014, 44(4): 1042-1050.

[128] 王景润, 武俊峰, 崔新忠. 约束滚动时域预测控制的鲁棒稳定性分析[J]. 信息技术, 2004, 28(6): 90-92.

[129] 李永富. 基于 MATLAB 混合仿真平台的智能预测控制及其应用研究[D]. 天津: 河北工业大学, 2006.

[130] 蔡麒. 集中供热回水温度的广义预测控制研究[D]. 大连: 大连海事大学, 2016.